旧制度与大革命

THE OLD REGIME AND THE REVOLUTION

〔法〕亚历西斯·德·托克维尔 著
江尚青 译

群言出版社
QUNYAN PRESS
·北京·

图书在版编目（CIP）数据

旧制度与大革命 /（法）托克维尔著 ； 江尚青译 . --
北京 ： 群言出版社，2016.5
ISBN 978-7-5193-0118-7

Ⅰ. ①旧… Ⅱ. ①托… ②江… Ⅲ. ①法国大革命—研究②史评—法国—近代 Ⅳ. ①K565.41

中国版本图书馆CIP数据核字(2016)第108334号

责任编辑：刘占凤
封面设计：王　鑫

出版发行：群言出版社
社　　址：北京市东城区东厂胡同北巷1号(100006)
网　　址：www.qypublish.com
自营网店：https://qycbs.tmall.com（天猫旗舰店）
http://qycbs.shop.kongfz.com（孔夫子旧书网）
http://www.qypublish.com（群言出版社官网）
电子信箱：qunyancbs@126.com
联系电话：010-65267783　65263836
经　　销：全国新华书店
法律顾问：北京天驰君泰律师事务所

印　　刷：北京慧美印刷有限公司
版　　次：2016年9月第1版　2016年9月第1次印刷
开　　本：787mm×1092mm　　1/16
印　　张：15
字　　数：167千字
书　　号：ISBN 978-7-5193-0118-7
定　　价：39.80元

前言

现在，我所发表的不是一部记录法国大革命历史的书，而是一部研究法国大革命的书。鉴于早有人对法国大革命的历史做过详尽的记载，我在这儿就不多做重复了。

1789年，法国人敢于直击自己的命运，试图斩出一道鸿沟截断过去与将来，这种大胆的做法从未有任何人民敢于尝试，他们也因此付出了极大的努力。他们对于自身的控制相当严格，而且还制定了各种各样的限制加诸己身，试图开辟一条与先辈完全不同的道路；他们时刻警醒自己，以免把旧的东西带进自己建造的新天地；总之，他们竭尽所能地要让自己变得焕然一新。

在我看来，他们在这项特立独行的事业中所取得的成就非常有限，完全没有达到人们所想象的那样和他们所预期的那样。在这场使得旧制度完全颠覆的大革命中，一些旧制度的情感、风俗习惯以及思维方式被他们不知不觉地继续沿用——对于这一点，我十分确定。虽然他们一直极力避免一切有关旧制度的东西，但是他们在建立新社会的大厦的时候却又不可避免地用到一些旧制度的砖头瓦砾。所以，我们要暂且忘记今天的法国，去发掘那些被斩断的、被尘封的法国，这样我们才能够全面地了解大革命和它的功绩。我现在所做的就是这些，为了做到这些，我所付出的努力和艰苦远远超乎了我的想象。

在此之前，已有大量的著作对君主制最初的几个世纪、中世纪、文艺复兴的历史做了详细深入的研究，这使得我们详细地知道了当时发生的各类事件，并且对不同时期的律法、风俗习惯、政治精神和民族精神有了具体的了解。然而，18 世纪的历史却没有人对其做详细、深入的研究。在我们的印象中，18 世纪的法国表面上看似很清晰、很精彩：那些杰出人物的历史细节我们耳熟能详，一些显赫的大作家的著作我们熟读能诵。但是，我们对当时的了解也就仅止于此，至于当时是如何处理事务的？如何保证各种制度的真实有效实施的？各个阶级相互之间的确切地位是怎样设置的？这些都不被重视。已经淡出人们视线的阶层的思想和情境如何？那时的舆论趋向又是怎样？我们都没有具体的认识，即便是有也存在很大的误差。

我要深入到旧制度的核心，虽然大革命设下的历史鸿沟阻碍了我们追寻的脚步，但是在年代上它和我们的距离毕竟相差不远。

因此，我带着很强的目的性重新阅读了 18 世纪的名著，还搜罗了一些其他的著作（知名度不高且不值得知名的作品）进行研究，一些极为真切的时代精神，恰恰能够在这些不是出类拔萃的著作中有所体现。

我对大革命前夕所有的公共文告进行了阅读整理。在这些文件中，我了解到法国人内心深处所要表达的见解和喜恶。在这方面，无论是省三级会议，还是之后的省议会记录，都给予我很大的启发。对于三个等级在 1789 年起草的陈情表，我做了深入的研究。这些陈情表的书稿有数卷之多，它们展现出了法国旧社会的遗嘱、想要实现的最高愿望，以及它们坚韧的意志。这是历史上绝无仅有的资料文献，但仍显得有些不足。

在一些行政机构强大的国家里，它的政府迟早要面对思想、希望、痛苦、利益和激情等一系列问题的陆续出现。统治者的统治手腕如何？国家的整个治理情况又如何？这些我们都能够通过阅读政府的档案有所了解。所以，如果一个外国人看了我们内政部和各省案卷中的密件，那么他很快就会了解我们，让我们在他面前变得无所遁形。

在18世纪，极度强大的政府权力变得非常集中和活跃，不断地批准、赞助或者查封一些行业。它对各方面许诺并给予支持。它所施展的不同方式所造成的影响渗透到了家家户户，甚至每个人的私生活里。由于它低调而不张扬的特点，人们也渐渐习惯在它眼前展露出自己最隐秘的缺陷。

很长一段时间里，我都沉浸在巴黎和几个省研究政府留下的档案中[1]。就像我所预料的那样，那些如同生活在实际中的旧制度、旧思想、激情、偏见和实践都一一在这些档案中体现出来。所有人都敞开心扉，不设隐私地去交谈，把他们一些最隐秘的想法都公之于众。从这些行政机构保存的隐秘资料中，我了解到了当代人所没有的许多旧社会的一些概念。

在研究的过程中，我发现昔日的法国和今日的法国在一些突出的特点上显现出了惊人的相似。那些原以为源于大革命的感情、思想和只产生于大革命的习惯，无不散发着古老的气息。大革命精神的成型、诞生及强盛，越是接近1789年越是变得尤为明显。渐渐地，我眼前也真切地浮现出这场革命的整个面貌。它的本身就是其性格和特点的独特表现。在这里，我们为革命的一切所作所为都找到了缘由，甚至还发现了它要打持久战的迹象，因为大革命分为两个时期：在第一个时期，法国人要竭尽所能摧毁一切有关过去的东西；而第二个时期，他们要恢复一部分他们认为值得保留发展的东西。1789

[1] 对于几个大总督辖区的一些档案，我做了一个详细的调查，并特别留意了图尔的档案。在图尔的档案里，资料保存得非常完整，通过这些能够很清晰地还原这个位于法国中心且会集人口达百万的广阔财政区的情形。这里，我首先要感谢的就是格朗梅松先生，他是图尔档案库最为年轻能干的保管员。像类似于法兰西岛的一些其他财政区的存在，使我了解到全国的大部分地区都存在这样的状况。——原注

年有大量的旧制度的法律和政治习惯突然消失，而在几年后又重新出现，这就像一些看似断流的河流，在不远处的下游又重新涌出地面，以同样的形式出现在一个崭新的河岸。

这场几乎整个欧洲同时酝酿的大革命为何起于法国？为何它好像自发产生于它即将毁灭的社会？旧君主制为何会如此突然而又彻底地垮台？这也是我写这本书所要阐明的宗旨。

我现在所论著的这部著作从思想上讲不应该就此完结。如果有充分的时间和精力，我想穿过这段漫长的革命史，跟随那些被旧制度造就的法国人民的脚步，与他们亲密接触，亲眼见证他们随着革命的潮流不断地变化、改造，却脱离不了旧制度潜移默化的影响。纵然在一次次的蜕变中变得有所不同，但始终能让我们嗅到那一丝属于旧制度的气息。

如果把时光转到1789年，我要和他们一起经历那段内心充斥着对平等与自由的热爱的最初时期。在这段时期中，他们要建立民主制度和自由制度，摧毁各种权利的同时建立一系列新生的权利并使之神圣化。在这样的历程中，会出现各种各样的错误，但仍旧被人们千秋万代地纪念。他们会踏过所有想要腐蚀或奴役别人的人，真切地经历一个青春、热情、自豪、慷慨、真诚的时代。

这些法国人为何最终放弃了他们最初的目的，失去自由，沦为世界霸主的仆从？是因为一些事件、错误或者失策吗？新生的政府（一个比大革命推翻的更强大且专制的政府）是如何给他的追随者们支付了一个自由的空头支票，重新夺得并整合权力的？这个新生政府又是怎样把人民主权和选举人的普选权混为一谈，使得选举人不明所以，既不能共同商议也不能进行选择？表决捐税权何时又包括了会议上的屈从和默认？这个新生的政府取消了思想、言论、写作自由等一系列权利，取消国民自治权，取消权利的种种保障（这都是新政府1789

年所取得的最高成果），但是它却始终认为自己的这一做法极其伟大。在叙述这场大革命的过程中，我将对其意义论述。

这部书我在写到整个大革命几乎完成、新社会已经成型时，我会去考察这个新生的社会，看看它与被推翻的旧社会有哪些异同，我们在这场改朝换代、轰轰烈烈的革命中到底得到了什么，失去了什么，也由此可能推算出新社会未来道路的方向。

我的第二部作品已经粗具模型，却不够完善，目前尚不能发表。我能否顺利地完成它也是个未知的定数，因为个人的命运比民族的命运更加不可预料。

创作这本书的时候，我本着一颗不带任何偏见的心去写作，不过这并不是说我没有满怀激情地去写作。一个法国人如果在谈到他的祖国、他的时代时表现得无动于衷，这是无论如何都不能够被忍受的。在研究旧社会的各个部分的同时，我也未曾忘记兼顾新社会。我所要做的就是既要弄清病人的死因，又要弄清他当初为何可以免于一死。像个医生一样，我从一个个坏死的器官中寻觅着生命的规律。我的目的是要绘制一幅图画，使这幅图画充满教育意义，于是我便特意突出一些在我们身上已经丧失的极其必要的刚强品德（独立的精神、对伟大事物的爱好、对我们自身和事业的信仰）。我在那个时代中所碰到的吞噬过旧社会，而且至今仍旧在折磨我们的某些弊病，我会将它们一一揭露，让人们知道它们在我们身上所产生的恶果，懂得它们有可能还会卷土重来重新作恶。

为了表述我的看法，我不怕得罪任何人，这其中无论是个人、阶级，还是舆论和回忆，也不会在乎他们是如何令人敬畏。

这么做我虽略有歉意，却未曾感觉到内疚，也希望我的正直无私能够得到那些由于我而感到不快的人的宽恕。

也许在现在的法国，再没有人在关心什么自由，而我在书中表达的也很可能被人们指责为是一种对自由的完全不合时宜的酷爱。但是这些对我提出指责的人可以想想，在二十多年前论及另一个社会的时候，我就几乎逐字逐句地写下了人们现在即将督导的内容，这也是我对自由的热爱久已有之。

未来虽然迷蒙难测，但人们却能够总结洞察出三条明显的真理：第一条，全世界的人民都被一种无名的力量所驱使，去摧毁贵族制度，这种无形的力量或是轻微或是猛烈，但人们只能试图去减缓它却不能够战胜它；第二条，所有的社会中，越是贵族制度不存在或是已经没落到尽头的社会，越是那种长期以来最难摆脱专制政府的社会。第三条，专制制度所产生的后果危害性会小一些，专制制度会助长这种社会制度所特有的一些弊端，这样就使得他们按着他们原来的趋势所发展。

在这种社会里，所有人都只是考虑自己的个人利益，蜷缩在狭隘的个人主义之中，游离于公益品德之外，人与人之间再没有种族、姓氏、阶级、行会、家庭等任何联系。专制制度剥夺走了公民身上的所有的共同的情感，所有相互的需求，所有和睦相处的必要，所有共同行动的机会，使得这种倾向变得畅通无阻。人们原来就倾向于自顾自的生活，而这种专制制度更像是一堵墙一般把人们彼此孤立，禁闭在私人生活中，让人与人之间的气温再度下降。

这样的社会中，时时刻刻都存在着变数，每个人都在时刻努力保持现有的地位、处心积虑地提高地位，金钱也因此成为评价尊卑贵贱的主要标志。而基于它独特的流动性，不断易手随时改变着个人的处境、家庭的地位，所以拼命攒钱、赚钱的人也就趋之若鹜。人们的感情也开始变得普遍而集中：不惜一切代价想要发财致富的欲望、对商业的嗜好、对物质利益和享受的追求等。这种感情很容易在所有阶层中传播、扩散，甚至深入到其他的阶层，这样继续下去，很快就会导致一个民族的萎靡和堕落。然而专制制度却是这种感情的受益者，因此也就一定程度上地支持和帮助这种感情的滋生和蔓延。在这场革命进行的过程中，他们慢慢脱离最初要从事的公共事务，开始对革命本身产生本能的恐惧。这时，专有制度就成了他们最值得信赖的保护所和秘密武器。在这种保护和驱使下，继续让自己的贪婪扩张，毫无忌惮地行不义之事，得不义之财。这类感情即便没有专制制度也会变得日益强烈，可一旦有了专制制度，而这就会相辅相成，使其登上统治的地位。

相反，如果想让一个社会不走下坡路，就必须给予人民自由的权利与这类社会所固有的种种弊病进行斗争。

公民独立的社会地位是导致他们生活在孤立状态的大环境因素，也只有自由才能改变这种现状，让人与人之间相互接近。

自由使得他们在接下来的公共事务中变得能够相互理解、善言善行，也慢慢地使他们感受到彼此的温暖，最终能够联合起来形成一个团体。

崇尚自由的人，不会被生活中的一些琐事所烦恼，更不会被金钱所吸引，因为在他们看来，祖国的生存与发展才是他们每时每刻应该关心的事情。自由让他们认识到一颗伟大的事业心比发财致富更重要，让他们从幸福的沉溺中摆脱出来，拥有更强烈、更高尚的激情，为人们能够清晰地区分善恶去创造新知识、新篇章。

社会中如果没有自由民主，那么它的平头百姓就会变得举足轻重，在这里我们能够看到私人品德、家庭良父、诚实的商人、值得尊敬的产业主，甚至一些优秀的基督教徒，这些基督教徒诞生于最腐败的时尚中，在腐败的时尚中坚持着他们的宗教和荣耀，在最恶劣的政府下成为优秀的基督教徒，其中罗马帝国就有优秀的基督教徒充斥在罗马最腐朽的时代。整个社会会因为他们而变得富丽堂皇、华丽而文雅，但是这种社会绝不会出现伟大的公民的，因为平等和专制的相结合会导致心灵与精神的普遍水准不断下降。

20年前我想说的也就这么多。在我看来，从那时候到现在，并没有发生什么能够让我改变想法和说法的事情。我有自己对自由的独特追求：自由存在，我会表现出对自由的由衷赞赏；自由不存在，我也会执着地去追寻，对此我相信我会得到人们的肯定的。

也许大家应该深思一下，虽然我与大多数反对者在这个问题上有分歧，但这种分歧要远比他们想象中的要小。

一个人，如果他所在的民族有善于享用自由所必需的品性，但他生来就习惯于被奴役，依附在他人的好恶之中，并不遵循他亲身参与制定的法律，会有这样的人存在吗？至少我认为不会。专制者也同样承认自由的美好，不过也只有他们才配享有自由，对此大家的意思都是一致的，然而在对人的尊重程度上却是各有己见，所以说人们对专制政府的爱好和他们对国家的轻蔑是大致相同的。而我暂时却不能够违心地顺应这种潮流。

在我看来，我现在要发表的这本书被称为是一部饱含无数心血的工作结晶也不足为过。书中的一些章节虽然字数不多，但却是我花费一年多的时间研究所取得的成果。我没有把大量的注解放在每一页的下边，而是把它印在了卷末，并且一一注明了页码。读者能够在这本书中找到一些史例和证据，如果有读者对本书颇有所得，想要寻求更多的例证，我很愿意为其提供。

托克维尔

目 录

第三篇

第一篇

第一章 人们对大革命爆发的各种看法

法国大革命史是一部源远流长的伟大历史，看似已经酝酿成熟的时局却又充满了变幻莫测，它的存在时刻提醒着哲学家、政治家们要谦虚谨慎。

伟大的天才弗里德里希[1]同样没能预料到这场革命的爆发。虽然一些革命的苗头已经被他所感知，但却没能引起他足够的重视。他可以说是这场大革命的先驱、代理人，在这场大革命爆发之前就按照大革命的精神行事，然而在大革命来临时，他却没有识别出来。而爆发的法国革命和人们所知道的历史革命截然不同，它独特新鲜的面貌使人民忽略了它的到来。

大革命的爆发引起了各国的关注，它的影响极大，给了各国人民一些模糊的概念和朦胧的希望，那就是旧制度将要被毁灭，新的时代即将来临，一切都会得到变革和改良。但是，大革命的真实样子却让人难以琢磨。这种即将到来的变革使得人民一见到大革命就开始骚动不安，但是各国的君主和大臣却是不以为然。在他们看来，所谓的革命不过是一场周期性疾病，这种疾病在每一个民族都会有所体现，而它的最终作用也不过是给邻国的政治开辟了新的领域，并不会造成其他的影响。即便他们有意无意地说出了革命的本质，也是没有任何道理和依据的。

1791 年，德意志的各国君主在匹尔尼茨举行会议，并得出结论说法国君主制所面临的威胁是欧洲一切旧政权的共同威胁，他们和法国一样危险。然而对这样的结论他们自己都不相信，从他们当时的秘密文件中可以看出，他们只不过是在巧立借口，找一个掩饰、粉饰意图的理由而已。

[1] 即腓特烈大帝(1712—1786)，普鲁士国王（1740—1786），军事家、政治家、作家、作曲家。

他们以为法国的大革命只是一次极为普通的地方小事儿，是一次可以从中牟取利益的机会。抱着这种思想，他们开始出谋划策，充分准备，形成一个秘密联盟。面对眼前的这块肥肉，他们开始相互撕咬争夺，又不断相互联合。可谓是渔利八方面面俱到，却没感觉到身边即将爆发的危险。

英国人长期实行政治自由，对于自己的历史还能历历在目，所以有着丰富的经验和见识，他们很轻易地洞察到了迅速来临的伟大革命，但却对它的形式一无所知，更是远远没想到法国革命对世界命运的影响以及对英国命运的影响。在大革命即将爆发之际，在法国游历的阿瑟·杨格[1]虽然确认了这场革命的不可避免，但却未能看透这场革命的最终意义，还推测这场大革命的后果会给贵族带来更多的特权。他曾说："如果这场革命给予贵族更多的优越地位，那么我想，它就弊大于利。"

法国革命爆发后，伯克[2]心中充满了仇恨，但是他对大革命的走向也没有一个精确的预期。按照当时的情况，很可能就像他认为的那样——法国会因为大革命的到来而逐渐削弱，甚至消亡。他这样说道："好战是法兰西人所具有的一种品性，这一点毫无疑问，但是现在却即将长久地消失，甚至是永远地消失，而在后人的口中则会出现与那位故人极为类似的说法：听说，高卢人[3]曾经是以好战、崇尚武力而闻名的。"

有的时候，适当地放远距离更能精准地判断历史事件。在法国大革命爆发前期，人们并没有清楚地认识到这场革命即将成就什么样的事业。在陈情表中，我仅找到了两份记载有关人民的某种惧怕心理的资料。人

[1] 阿瑟·杨格（1741—1820），英国农业经济学家，1767年开始考察英国、法国等地的农村，根据当地的农业状况写出了一系列的游记，如《爱尔兰游记》（1780）、《法兰西旅游》（1792）等。

[2] 埃德蒙·伯克（1729—1797），爱尔兰政治家、作家、演说家，辉格党领袖之一，曾对法国大革命进行强烈地批判，曾发表《对法国大革命的反思》。

[3] 高卢人即是居住在高卢的凯尔特人，据说是今天法国人的主要祖先之一，许多法国人也自认为是高卢人的后裔。

们害怕能够压倒一切优势的王权（也就是当时的宫廷）继续存在。三级会议召开的时间很短，其胆小怕事的表现也让人无法放心。人们非常害怕这些尚存在的王权对他们施加暴力，尤其是那些贵族们，更显得惴惴不安。陈情表的很多篇章中都有提到："御前卫队应宣誓绝不把枪口对准公民，哪怕发生骚乱或暴动。"需要改革的工程看似巨大，其实也很简单：只要三级会议召开的自由，所有的弊端都会一扫而空。

法国的大革命有着它自己的发展趋势。革命在蔓延的过程中，它不同于以往的奇特形式也慢慢地展现出来——政治机构被摧毁，民事机构被废除，法律遭到变革，就连风尚、习俗，甚至语言都不可避免地遭到了冲击。这样的革命不但摧毁了政府的结构，更是动摇了社会的根基，就差连上帝也要清算一下了。大革命中的那些闻所未闻的手段、新战术、致命的准则，即皮特[1]所谓的武装理论，很快便跨越了国界，打破各个帝国的阻碍，击碎一顶顶王冠，践踏一个个民族，最后把这些民族变为自己的部下和追随者！革命爆发后的一切变革不断冲击着人们的思维，最终使人们的观点开始发生变化。法国革命所呈现出的诸多变化与人们所认知的历史完全相悖，然而它却又是那样普遍、恐怖，甚至让人费解，使人们有一种这个被欧洲各国君主和政治家视为小事儿的法国革命，一炮而红。有些人甚至猜测，这场大革命将会把人类社会逼向最终的毁灭，因为这场全新模式的革命根本就是无休无止，不可阻挡，仿佛会自生且永存的。有些人认为，魔鬼的现世作祟是大革命的主要根源。德·梅斯特尔[2]先生在1797年就曾言："法国革命具有恶魔的特点。"与此相反，

[1] 小威廉·皮特（1759—1806），英国第14位首相，也是英国历史上最年轻的首相，就任时年仅24岁，也是英国历史上在任时间最长的首相之一（近二十年），小皮特以财政改革支撑了对拿破仑的战争。

[2] 约瑟夫·德·梅斯特尔（1753—1821），法国政治家、作家和哲学家，法国君主主义者，反现代派人物，著有《法兰西论述》（1796）、《论教皇》（1819）等书，鼓吹君主制和教皇权，对大革命持坚决反对的态度。

也会有一部分人看到大革命闪光的一面，革命使法兰西处处都是改旧换新的面貌，而且要蔓延遍布全世界，创造一种全新的人类。这种带有宗教色彩的恐惧心理就好像当时萨尔维[1]见到蛮族一样，在当时的好多作家身上都有体现。伯克继续发表他的想法，高亢地喊道："法兰西岂止丧失了旧政府，简直丧失了一切政府，与其说法兰西必当成为人类的灾难与恐怖，不如说它几乎成了屈辱与怜悯的对象。但是，从这座被谋杀的君主制的坟墓中，却走出来一个丑陋、庞大、超出人类全部想象力的可怕怪物。这个丑陋的怪物径直向目的地奔去，不为危险所惧，不因悔恨却步，它无视一切固有的准则，无视一切常规的手段，谁要是对它的存在不理解，便被它击倒。"

法国革命是否真如当时人们所感觉到的那样超乎想象？真的如同他们所说的那样是一场颠覆一切的极端革新吗？它有什么突出的地方？它又造成了什么影响？这场新奇可怖的革命是否真的有价值？它毁灭了什么？它又带来了什么？

现今我们所处的地位恰好使我们能够更全面仔细地洞彻这个伟大事件的本质，做出精确的决定和判断。我们早已与那个大革命时代相去甚远，只能凭借细微的感觉去体会革命参与者当时的革命热情，但大革命又好像近在眼前，让我们以一个革命参与者的身份深入到大革命的精神之中。然而革命一旦取得胜利，那么许多导致革命爆发的原因也就相继消失，革命也因为最终的胜利而变得让人难以琢磨，所以用不了多久，人们很难再深入地去了解这场大革命。

[1] 萨尔维（约 390—484），历史学家、基督教护教论者，著有《论上帝政府》。

第二章　大革命的最终走向已不单单是要毁灭宗教权力和瓦解政治权力

法国革命爆发之初，首当其冲的就是宗教教会，这种在大革命中产生的反宗教的激情贯穿了整个大革命的首尾。为了得到安定，人们可能不得不奴颜婢膝，又或者对自由的渴望已经消磨殆尽，然而即便在这种境况下，他们仍念念不忘要和宗教权威做斗争。拿破仑可以斩去法国革命崇尚自由的天性，但却如何都遏制不了人们反基督教的本能。直到今天，仍有人不信奉基督教，不相信上帝，在他们看来，他们对上帝的不敬只是弥补了自己曾经对政府小兵小吏卑躬屈膝的过失。他们与大革命信条中自由、崇高的一切完全相悖，却始终认为自己是忠于大革命的，因为他们是无神论者。

然而，反宗教战争只不过是这场伟大革命的冰山一角，一个能够表现出大革命面貌的细微的特征，是孕育这场革命及其后续的思想、热情和一些事件的临时产物，而并非是大革命的全部本身特征。

18 世纪哲学的非宗教思想很深刻，这也是 18 世纪的哲学引起这场大革命的一个主要原因。但是我们仔细地观察分析，发现它分为两个完全不同的部分。

其中一部分阐述的是一些新的观点和革新的观点，内容涉及了社会地位、民事、政治律法准则，这些新的或革新的观点重在强调人类生来就彼此平等，所以应该消除种族、性别、阶层、职业的所有特权，推行人民民主，使社会权力神圣化，设立新的制度和准则……这些信条不单单是法国大革命的原因，甚至与法国大革命所要强调的内容基本相同。它们是大革命最根本的成就，从时间上讲，更是大革命最长远、最实在的业绩。

18世纪哲学家们所阐述的另一部分的思想就是仇视教会。为了彻底使教会土崩瓦解，他们攻击教士、教会等级、教会机构、教义，他们甚至还想将教会的基础连根拔掉。但是，这部分哲学思想产生在这场大革命时期的各种事实中，也必定会随着这部分事实消失不见，被大革命的胜利埋进坟墓之中。介于我还要在后续的章节中重新提到这一问题，我还要补充一句，使我所阐述的意思更加明白：基督教激起如此强烈的仇恨的原因，并不是因为它是一种宗教教义，也不是教士们自命来世管理者的使者身份，更不是它在新建社会根本没有存在的位置，而是因为它以一种政治制度的身份出现，他们的大部分成员是俗世的地主、领主、行政官吏和什一税[1]征收者，他们在即将破灭的旧制度旧社会中占据了最优厚的特权、最优势的地位。

我们可以回顾总结一下，经过时间的洗涤冲刷，时时刻刻都证明了下面的这一事实：大革命的政治体系稳固之后，它的反宗教事业也会随之没落走向尽头；在大革命的攻击下，一切旧制度和旧的政治体系被彻底泯灭，那些为大革命所不容的权力、影响、阶级也被彻底消灭，丝毫不留，它们曾经所激起的仇恨也会随着它们的失败慢慢消退，最后消失；之后，那些纯粹的教士会从这些败落的废墟中脱离出来，教会的力量也会在人们的精神中日渐恢复，变得更加牢固。

这种现象并不是法国教会所特有的，在法国革命之后，欧洲的很多基督教会都是以这种形式再度兴盛起来的。

有些人认为民主社会与宗教是天生处在敌对面的，其实这是错误的，

---

[1] 什一税是源起于旧约时代，由欧洲基督教会向居民征收的一种主要用于神职人员薪俸和教堂日常经费以及赈济的宗教捐税，这种捐税要求信徒要按照教会当局的规定或法律的要求，捐纳本人收入的十分之一供宗教事业之用。由征收什一税而建立的制度亦称什一税制，简称什一税。

因为无论是基督教还是天主教，都没有与民主精神绝对相悖的东西，反而有很多东西是对民主社会大有裨益的。历朝历代的史实表明，富有生命力的宗教是始终根植于人民的心中的，那些已经消失在历史的河流中的宗教在人们的心中都会有自己的归宿，而那些偏向于人们的感情和思想所建立的制度，很奇怪地会把人类的精神引向不信奉宗教。

上述对宗教问题的阐述，相对社会权力更加适用些。

看到维系社会等级和制度的一切机构和那些系着枷锁的风俗、习惯被大革命一朝破灭，人们就可能单纯地认为大革命不单单是要推翻个别的社会秩序，更是要推翻一切的社会秩序；不单单是要推翻一个政府，更是要推翻政府所掌控的权力；进而做出结论，法国的大革命是以一种无政府主义的形式进行着。但是我认为，这些都只是肤浅的见解。

法国大革命爆发还不足一年，米拉波[1]就私下向国王致函道："请把现在的革命形势与存在的旧制度做个对比，您会从中得到安慰和希望。虽然国民议会中存在一部分对君主政府有利的重要法令，但是取消高等法院、三级会议省份，取消教士、特权阶级和贵族集团是多么好的一件事情啊！我相信黎塞留[2]会很高兴这种将繁杂的阶级变革成一个单一的公民阶级的做法，因为这种看似能够实现人人平等的阶级更加有利于权力的施行。很多时期的专制政府都是倾向于加强国王的权力和威严，但是他们所做的都没有革命这一年所做的更有意义，更有效果。"米拉波是这样理解大革命的，同时他也是有能力领导大革命的人。

---

[1] 米拉波（1749—1791），大革命初期著名政治家、演说家。1789 年他以第三等级代表的身份入选三级会议。法国大革命初期成为核心人物。曾当选制宪议会议员，曾揭露专制制度，但坚决维护君主立宪政体，阻止革命深入发展。参与起草《人权宣言》。1790 年开始接受王室贿赂，为宫廷奔走。次年病死。

[2] 黎塞留（1585—1642），法国首相（1624—1642）、枢机主教、政治家。他是欧洲大陆上最伟大的外交家之一，曾主导席卷欧洲的三十年战争，并因此结束了哈布斯堡王朝长达数十年的欧陆霸权，最终在外交桌上亲手规划了欧洲大陆在未来近两百年的权力平衡，开启了一个前所未有的大国时代。

法国大革命所要做的不只是对旧政府的变革，还有对旧的社会结构的废除，所以，这就注定了它要去挑战一切现存权力，推翻一切公认的势力，消除更新各种传统思想和风俗习惯，也可以认为是把人们脑海中所有固有成型的那些尊敬服从的思想清洗一空。这也就形成了法国大革命所特有的无政府主义的局面。

透过这种所谓无政府主义的掩饰，你就会发现一个极其庞大的中央集权，它把旧制度中分散的从属机构、阶级、等级、职业、家庭和个人等一切散布于社会中的零散权力全部吸纳融合为一个统一的整体。这样一个庞大的政权与当时已经崩溃的罗马帝国极其相似。大革命衍生出了新的权力，然而这种新的权力却是诞生于它所摧毁的一切权力。虽然大革命新建立的政府更加脆弱，但是相较它所推翻的政府却表现出前所未有的空前强大。基于同一种原因，它包含脆弱与强大的两面性，我会在下边另外论述。

米拉波从即将解体的旧制度的缝隙中看到，这个简易、正规、庞大的东西已然凝聚成型，尽管人们还没发觉这样的一个权力分布模式的形成，但是会随着时间的推移，终将被昭告天下。此时，各国的君主对此尤为关注，他们既赞赏又羡慕这个中央集权的形成，不管是大革命所袒护的人们，还是走在大革命敌对面的人们，都对这种权力表现出了由衷的认可，他们各自努力地消灭豁免权，消除特权。他们与不同的等级相融合，让这些不同的社会地位慢慢变得平等，用官吏制度取代贵族制度，用统一的规章制度来取代地方特权，用统一的政府来代替零散分散的权力机构。这样一份事业，他们处处小心，一旦遇到阻碍就会借用法国革命中的种种手段和准则。在需要的时候，他们使穷人与富人、平民与贵族、农民与领主形成尖锐的对立。法国革命对于他们来说，既是一场灾难，又是使他们进步的老师。

第三章　大革命以宗教革命的形式拉开政治革命帷幕的原因

无论是国内革命还是政治革命，都会有一个国家范围的限制。然而法国革命却是个例外，它不但突破了疆界的限制，甚至将地图上的所有旧世界全部抹除。它的这种影响力已经超越了法律、风俗习惯、性格和语言的束缚，形成了一种理念上的共和国，它把各国人民都当作自己的公民，并控制着他们的情感左右亲疏，并能够使同胞反目成仇，也可以使兄弟成为路人。

在法国政治革命的革命史中，很难触摸到与法国大革命特点相同的影子。相反，在一些宗教革命中，这种相似的触感却是更加清晰。所以必须要将法国革命与宗教革命做一个仔细的比较才能充分解释这一反常现象。

在16世纪，一场伟大的宗教改革给予了各国人民新的、共同的信仰，使得并不相互熟悉、相互了解的各国人民突然之间变得关系密切起来，并且联合起来建立统一战线——这是席勒[1]在《论战争史30年》中做出的非常正确的描述。从所发生的一切中我们也确实看到了这些事实：在法国内部战乱的时候，英国人便插足进来，言称协调互助；在德意志境内的核心地区更是出现了那些远自波罗的海的守护者，那些自称要保护德国人的陌生人。内战与外战俨然是一对双生儿，彼此共生。一系列的原则性问题取代了领土的问题，新的利益取代了各民族的旧利益。令当

[1]　席勒（1759—1805），德国著名诗人、作家、哲学家、历史学家和剧作家，德国启蒙文学的代表人物之一。席勒是德国文学史上著名的“狂飙突进运动”的代表人物，也被公认为德国文学史上地位仅次于歌德的伟大作家。

时的政治家瞠目结舌的是：当时的所有规章制度都混为一炉，杂乱不堪，这也使得他们大为头疼。这便是欧洲在 1789 年后出现的情况。

所以说，法国革命本质就是一场政治革命，只不过它的本质被那些宗教的革命方式和宗教革命的外表所掩盖。这场革命与宗教革命一样具有飞速的传播性，更像宗教革命一样通过预言和布道在人们心中埋下革命的种子，这是我们所能了解到的它与宗教革命的相似之处。这场政治革命的布道精神激烈蔓延在人群之间，人们不仅在自己所在的国度内满怀激情地进行革命，更是积极地向国外传布这种革命精神。可以想象，这是多么壮观的场面！在法国革命向世界所展示的新奇事物中，这件事表现得尤为突出和新鲜。然而我们不该就此浅尝辄止，我们该进行更深一步的研究，追寻这种类似的效果是否还有其他埋藏在更深处的类似原因。

宗教的特性就是以人类本身为出发点，并不会去考虑国家律法、风俗习惯给人们灌输了什么特殊的思想和观念。宗教建立的初衷就是不以社会的现有形态为枷锁，潜移默化地影响人和上帝之间的关系，调解人和人之间简单的权利和义务。宗教所涉及的行为规范的范围主要是父子、主仆和邻里，并不会有时间和空间的限制。宗教这一从人性本身出发的特点能被所有人认同，在整个世界都是一样的。所以，宗教革命很少能像政治革命那样被国家、种族所束缚，宗教革命也因此能够有更广阔的施展空间。通过对宗教的更深一步研究，我们会得出这样的结论：宗教中人们所要信仰的东西越是抽象且普遍，越是能够快速传播蔓延，不受律法、气候、种族的限制。

在古罗马和古希腊曾经所出现的异教都会与各国人民的政体或者当时的社会背景有关。这样的异教，它所呈现出的既定的民族色彩和城市风貌极为浓烈，所以异教都会受限于国土、疆域，并且很难突破。异教的狭隘很可能会导致不宽容的出现，甚至会出现宗教迫害。而布道热忱却是避开了异教的所有弊端，所以西方的宗教在基督教来临之前并没有展开大规模的宗教革命。基督教降临之后，很轻易地越过了那些曾经阻挡异教的拦路石，并且在极其短暂的时间内便被大部分人所认可。不同于其他宗教的束缚重重，基督教更能够摆脱单一民族、政府形式、社会大背景以及某个时代和某个民族所独有的东西，这是它成功的原因之一，这是我带着崇高的敬意对圣教能够盛行的一个论述。

以宗教革命的形式发起的法国革命影响的是现世，然而宗教革命所影响的却是来世。法国革命遵循宗教革命的形式，去抽象地看待公民，超脱了一切的具体社会，就如同宗教社会把人看作一般的，不因国家和时代而转移的人一样。法国革命不单单研究法国公民的特殊权力是什么，而且还追寻人类在政治上的一般权利与义务。

法国革命一直在社会与政府的问题上挖掘更普遍、自然的东西，也正是因为这样，法国革命既能得到全世界的认同，又能被各国人民所效仿。

法国革命不单单是法国的改革，它更是致力于人类的新生，所以它燃起了一股曾经最激烈的政治革命都没有的激情。大革命激发了人们对信仰的渴望和传播的热情，一场大革命的宣传运动拉开了帷幕。对此，大革命终于显现出了它富含宗教革命特色的一面，让当时的人尤为震惊。可以说，大革命本身已经形成了一种尚不完善的新宗教，这个宗教没有上帝、没有礼拜，也没有来世之说，然而它却将它的信徒、士兵和苦难者遍布世界，就像伊斯兰教一样。

法国大革命所采取的手段和所宣传的一切思想在历史上并不是无迹可寻的。这样积极的宣传者在各个世纪甚至是中世纪兴盛时期都极为普遍，他们运用人类社会的普遍法则去颠覆、改变已经存有的风俗习惯，借人类的天赋权利去冲击本国的政治体系。然而，他们最后都以失败告终，在 18 世纪能够星火燎原的星星火种，在 15 世纪却是显得脆弱不堪。

革命的生成不单单是靠学说造势那么简单，还需要已经产生变化的社会背景，例如人们的地位、风俗习惯已经开始松动，这时的学说才能够被人们所吸纳接受，最后深入人心。

不同的时代，人和人之间的理解力和敏感度有着很大的区别：在有的时代，他们连最为普遍使用的法则都不能够理解；而在另一些时代里，只要将一些法则的朦胧概念或者模糊的表象展示在人们的面前，他们就立刻洞彻玄机并且赶上前进的脚步。

法国大革命的伟大之处并不在于它运用的各种手段和诸多思想，它的伟大之处在于，众多民族竟然能够准确辨认并且有效运用这些手段和思想，他们以一种难以预料的民族水平高度很容易地接受了这些准则。

第四章　为何完全相同的制度会蔓延整个欧洲，它们又是怎样到处陷于崩溃的

那些在战争中取得胜利的民族在推翻罗马帝国以后，最终建立了近代国家。他们的种族、语言和国家都迥然不同，唯独在野蛮与好斗上表现出了出奇的相似。他们定居于罗马帝国的土地之后，很长一段时间都是陷于混乱与厮杀中，待这场战乱终于平息后，他们才发现身处自己所造成的一片废墟之中，并使得彼此分隔开来。这场战乱几乎毁灭了文明，涤荡了公共秩序，使得人际关系变得更加紧张，使得整个庞大的欧洲社会支离破碎成千百个小社会。这些小社会各不相同，不相来往，彼此之间敌意仿佛已经深入骨髓。然而，就是在这样的情况下，统一的法律出现在了这片已经分崩离析的土地上。

人们根据与罗马法相对立的法制创造了这些法制，并且依据罗马法去改造、废除它们。p185 与人们之前建立的法律迥然不同，它们以一种全新而独特的面貌出现在人们的面前。这种高深的法律是用于半野蛮社会的，它们相互之间匀称对应，连接紧密，最后多个这种紧密连接的部

分组成了一个大的整体，这个大整体的严密程度和我们现代的法典条文相当。

我不想过深地去讨论这种立法为什么会形成，推广最后蔓延整个欧洲，可以确定的一点就是，早在中世纪的欧洲，各个地方就开始多多少少地出现这种立法，而且它在许多国家里排除一切立法，确立、维护自己的统治地位。

我对英、法、德等国家中世纪的政治制度也多有涉猎。在研究之中，我惊奇地发现，各国的法律之间存在着令人震惊的相似之处，我不得不感叹，这些彼此之间各不相同又鲜有融合的民族竟会有如此相似的法律。这些法律虽然因为地域的不同而呈现出不间断、无休止的微末变化，但是它们都无疑是共用着一个最基础的原型。我曾在古老的德意志立法中发现了一些政治制度、规章和权力，在后期的研究中，我在英国和法国的立法中也找到了与其本质上完全相同的东西。在德、英、法三个民族中，研究出一个，其他两个民族也就水到渠成了。

在这三个国家中，政府的行事准则是一样的，会议的组成成分以及被赋予的权力也是一样的。此外，它们还以同样的方式划分整个社会，在不同的阶级之间设立同样的等级制度；给贵族赋予同样的地位、特权、面貌和禀赋：可谓是处处相同，没有任何出入。

它们把城市的结构建造得一样，用同样的方法治理农村，使农民的处境基本相同，按同一种土地分配制度让人民拥有土地、耕种土地，并且承担相同的任务。从波兰的边界到爱尔兰海，随处可见那些相似的制度，例如：采邑、征收年贡土地、领主庄园、领主法庭、服徭役、封建义务、行会等，甚至有的连名字都一样。让人们值得关注的是，这些彼此相似的制度都是基于同一种精神。与当今的制度的相似性相比，14世纪欧洲的社会、政治、司法、文学和经济制度更具相似性，哪怕现在的文明致力于广开路数、大道求同。

我并不是在陈述欧洲旧政体逐渐削弱衰败的过程，而是想通过这些来说明，18 世纪的欧洲政体正四处面临颓败崩溃。p187 虽然这种衰落的现象主要体现在大陆西部，在大陆东部表现得还尚不明显，但是旧政体的老化和颓败却已经随处可见。

中世纪的各个领地都建有一本名为“土地税收登记簿”的本子，它记录着每个世纪采邑和征收年贡土地的界限，以及拖欠地租、服劳役和当地的惯例。虽然知识水平已经得到大幅度的提高，但是相较于 14 世纪土地税收登记簿的清晰准确、井井有条，反而离我们生活的年代越近，土地税清册的记录情况越是杂乱无序、模糊不全。所以，市民社会日渐文明的同时，伴随着的是逐渐衰退的政治社会。

德意志在某种程度上比法兰西更多地沿袭了一部分欧洲的古老政体，即便如此，它所建立的一部分制度还被摧残得遍体鳞伤。细看这些在摧残中留下来的东西，我们会感叹时间的力量竟然如此强大。

在 13 世纪和 14 世纪，德意志就开始实施自治市的制度，这也使得德意志的一些主要城市变成了一个个开明、富饶的小共和国，这种情况一直延续到 18 世纪。但是今天，它们仍按部就班地使用同一种方法，甚至连行政官员的名称都没有丝毫改变，而且还让它们管理同样的事物。在这样没有变化和进步的制度下，很多东西开始慢慢流失，甚至消失不见，例如城市制度所激起的积极性、活力以及爱国主义和取之不竭的刚毅品格，这些旧制度仿佛是一幢从不修葺的高楼，日益腐朽，最后沦为一片废墟。

中世纪权力所呈现出的老化和衰落，现今依然存在。p187 一些中世纪政体之外的东西也因为沾染上了这同一毛病，而变得毫无生气。中世纪政治自由的成就随处可见，然而今天，中世纪的这些东西无异于洪水猛兽，使得贵族虚弱甚至丧失生命力，使得现今的权力了无生气、病入膏肓。

这种古老的政治形式已成为文明进步中的拦路石，即便省议会让其原封不动地保存下来，但它与新时代的精神却格格不入，这使得它对文明的进步没有任何推动作用，反而阻挡了其发展。同时，省议会还失去了民心，让人们向君主靠拢。这些旧制度并不是像古董一样越老越值钱，它们在不断老化的过程中被人们所唾弃，一天比一天衰落，所造成的危害也越来越小，然而这却引来了人们变本加厉的仇恨。一位坚持旧制度并与处于旧制度时期的德意志作家曾说道："当前存在的一些事物已经让人感到厌烦，甚至可恶。然而，人们对这些旧事物却表现得非常淡漠。这种新生的思想也渗入了家庭内部，冲击着家庭秩序，就连主妇们都对那些古老的家具产生了浓烈的厌恶。"这一时期的德国和法国社会活跃而繁荣，到处呈现出一片繁荣的景象，但是要确定一点：新的根源是一切活着、动着、生产着的东西的根本，这些根源不仅是要新的，而且是要与之截然不同的。

王权便是这个所谓的根源，它所拥有的特权、地位、精神和感情与中世纪的王权完全不同，它是一种全新的国家行政机构，它替代了地方权力，并以之为中心向四周扩展，最终形成了取代贵族统治的官吏等级制度。这种新的权力的行事方法和准则完全超越了中世纪人们的认知，它会带领中世纪的人民开创出一个闻所未闻的全新的社会。

英国也遇到了同样的问题，人们以为欧洲的旧政体会继续在英国实行，但是透过那些旧名称、旧形式，人们了解到，自 17 世纪以来，英国已经基本上废除了封建制度，使各个阶层渗透融合，开放了贵族政治，并且取消贵族阶级，让财富变为了一种势力，使人们在法律、税收面前人人平等，公开言论自由。这些都是中世纪社会所不存在的新原则。这具古老的躯体慢慢地汲取这些新生的事物，慢慢地进行复苏和重组，在保持本来面目的同时更具生命力。所以说，17 世纪的英国已经完全蜕变为了一个现代国家，它只保留着中世纪的一些影子作为对历史的祭奠。

要想将法国革命剖析地更加彻底，就必须去了解除法国以外的其他国家的情况，所以我所做的对法国以外的情况的概述，是为了让读者更方便地理解下文。

第五章　法国革命取得了怎样的独特功绩

我在最初就提出了这样的疑问：大革命的根本动机是什么？它本身的特点有哪些？为什么要以这样的方式发生？它最终做到了哪些？我之前所做的一切论述都是为了阐明这个主题，帮我解决最初的疑问。

摧毁宗教信仰的权威只是大革命开启时的一个表象，它的本质就是一场社会政治革命。从政治制度上讲，它势必要增加公共权威的力量和权力，因为它并不想像那些反对者所讲的那样要延续混乱的局面，使无政府状态条理化。它所造成的影响与人们想象的不同，它没有阻止文明的进步，也没有改变我们文明迄今具有的特点，更没有在本质上改变西方人类社会所依存的根本法律。忽略那些不同国家、不同时期改变大革命的偶然事件，从大革命本身来讲，这场革命其实就是以一种更统一、更简单、人人地位平等为根本的社会秩序，来代替无数个世纪以来绝对统治欧洲大部分居民的封建政治制度。

由于古老的制度与欧洲几乎一切的宗教和政治法律交织混合在一起，而且还衍生出一整套的思想、感情、风俗习惯和文化道德，这就势必会引发一场规模巨大的革命。革命的意图就在于通过一场可怖的动乱来摧毁旧的社会体系，并从中消灭那些能使一切相互连接的东西。它看似摧毁一切，其实只是斩断那些能够连接一切的东西，这就显现出了这次大革命的伟大之处。

然而无论大革命是如何激进，其创新程度都没有人们想象中的那么多：这个问题我们先暂且搁下，将在后边再做论述。旧社会中贵族制和封建制所衍生出的一切，或者以各种形式与之有联系的一切，甚至是稍微沾染贵族制和封建制气息的一切都被大革命所不容，它们终将被大革命彻底毁灭。而那些曾经与旧制度始终格格不入，或者独立于制度之外的东西，却从大革命中保留了下来。它的发生有着历史的必然性。突然袭来的大革命使得整个世界都手忙脚乱，但是它也仅仅是过去十代人劳作的完成和终结。古老的社会建筑早已腐朽不堪，即使没有这场突如其来的革命，它也会最终崩塌，或早或晚，只不过它不会瞬间崩塌，而是会一点点坍塌而已。完全避开了需要日积月累，甚至要耗上几代人的时间才能完成的事业，大革命如同快刀斩乱麻一般把长痛化作短痛，直接带领民众们开创了新的时代。这便是大革命的独特功绩。

人们可能会疑惑，为何当初在那些智者眼中始终模糊不清、乱成一团的东西，现在看来是如此的简单明了？

那个叫伯克的英国人对法国人讲道："你们何苦要通过创新来纠正你们政府所存在的弊端呢？你们完全可以依照你们古老的传统，恢复你们古老的特权来解决。如果你们祖先的体制面貌无法恢复，也完全可以把目光转移到我们英国。在英国，也存在着欧洲共同的法律。"伯克对近在眼前的事情竟然毫不清楚，而革命的目的正是要摧毁这些欧洲共同的法律。他完全没意识到，他的这种观点正是这个问题的关键所在。

为什么这场到处都在酝酿、对到处都产生威胁的革命会在法国爆发，而不是其他国家？下面各篇的宗旨就意在考察这场大革命在法国所具备的独特特点，这些特点都是他国家所不曾拥有的，或者只是在个别国家出现一部分。

第二篇

第一章　为什么法国人民对封建权力的憎恶要远胜其他国家？

大革命的主要目的就是要清扫一切中世纪的残余制度，但是与人民想象中的不一样，革命却不是发生在那些中世纪制度保留最多、受其迫害最深的地方，而是出现在那些受封建制度影响不大的地方。因为受封建制度的影响越小越是能突显出封建制度的刺眼和难以忍受。

18 世纪末的德意志，大部分地方的人民仍旧被封建制度束缚、统治着，和中世纪几乎没什么两样：农奴制度得以在这片土地上继续施行着。农奴也是弗里德里希二世和玛丽娅·特蕾西娅[1]的军队的主要生力军。

在 1788 年，德意志的许多邦国中，他们限制农民的自由，并将其局限在领主的庄园之中，那些敢私自离开的农民会被四处追捕、擒拿，押回领地。在领地上，主日法庭[2]约束、管制着农民，监督着他们的私生活，并处罚那些酗酒偷懒的人。

农民的地位、职业很难得到提升和改变，而且他们能否结婚还要看主人的心情。为主人尽劳役占用了他们生活中的大部分时间。他们年轻的时候，还要在领主的庄园中做多年的仆役。为领主尽劳役仍旧是义务，劳役期在某些邦国中竟达每周三天之久。此外，农民还承担着一系列的费用：领主翻盖、维修房产开支，向市场运输领地产品以及经营的花销，传递信件的费用等。农民虽然能够成为土地的所有者，但是他们所持有

[1]　玛丽娅·特蕾西娅（1717 — 1780），奥地利女大公，匈牙利和波西米亚女王，罗马帝国皇帝查理六世之女，皇帝弗兰茨一世的妻子，皇帝约瑟夫二世的生母，哈布斯堡王朝最杰出的女政治家，在任期间与其子约瑟夫二世实行“开明君主专制”，奠定了奥地利成为现代国家的基础。

[2]　主日（dles dominicus）即为星期日。主日法庭即为星期日法庭。

的所有权却是残破不堪的。他们不能决定自己的地里应该种什么，也不能随意地转让和抵押土地，这一切都得看领主的眼色和命令。他们产品的销售同样受领主的制约，有时被强迫卖出产品，有时被阻止出售产品。这些农民一直是被强制地去耕种土地，而且他们的子嗣不能够完全继承他们的产业，通常，其中一部分要上缴给领主所有。

这些规定，我无须在那些陈旧的法律条文中查阅。它们在由伟大的弗里德里希拟定，经他的继位者在大革命刚刚爆发之际颁布的法典里，就已经存在了。p189 然而在法国，这种境况已经完全消失：农民耕作不受限制，可以任意处置、买卖产品，自由往来。只有在东部的一两个被征服的省份中还残留一些农奴制的踪迹，在其他的所有地方，农奴制已经彻底废除。关于废除的时间，因为时间太过久远，大部分人都已经忘却了。当今还能寻得到的考据证明，诺曼底在 13 世纪就已经彻底废除了农奴制。

同时，法国还发生了另一场革命，这场革命关系到了人民的社会地位。农民摇身一变，成了土地真正的所有者，而不再是农奴。虽然这一说法直到今天都没有得到充分的说明，但是它的影响相当深远，基于此，我不得不驻足给予论述。

长期以来，人们一直认为土地划分只是大革命的产物，它是源于大革命的。然而各种证据证明，事实却是恰恰相反。

在大革命之前的 20 年，土地的过度分割就使得一些农业协会感到不满。蒂尔戈[1]当时曾言：“原来能够维持一家人的土地，现在被过度地瓜分给五六个孩子。这点土地是完全不能够支撑这些孩子及其家庭的生活的。”在很多年以后，内克尔[2]指出，法国农村小地产主已经遍布全国。

---

[1] 蒂尔戈（1727—1781），也译作杜尔哥、杜尔阁。法国政治家、经济学家，曾任路易十六财政总监，推行改革。代表著作是《关于财富的形成和分配的考察》。

[2] 雅克·内克尔（1732—1804），法国路易十六的财政总监（任职时间为 1777—1781、1788—1790）与日内瓦银行家。他倡导改革。

我在一份大革命前总督接到的秘密报告中了解到下边的进谏之言："所有人都想得到一些土地，所以人民正以一种绝对平等的可怕的方式来进行土地的划分，一块块土地也因此被无止境地一再划分下去。"这很像是现代人说出的话。

我付出了很大的努力，并成功地复原了旧制度的土地册。1790年新颁布的土地税法律对各教区的地产清单做了一个征集汇总。虽然寻找这些已经失散的清单很难，但我还是在一些村庄发现了它们的踪迹，并与我们今天的名册做了比较。一个很令人震惊的现象出现在了我的眼前：这些村子地产主的数量已经达到当今数量的二分之一，更多的甚至达到了三分之二。而按照当时那个时期法国人口的增长速度来说，地产主增加的数目是非常惊人的。

自古至今农民都没有减退对土地的热爱，而这一刻，占有土地的欲望在他们身上更是达到了峰值，让他们亢奋不已。当时目睹了这一切的观察者曾说："由于人民热衷于成为地产主，使得土地供不应求，并使其以高于本身价值的售价出现在交易市场上。在法国，一些下层阶级为了购置土地，将所有的积蓄都投入了公积金或放给了个人。"

当时，法国大量的土地在农民中被划分，使得首次旅法的阿瑟·杨格极为震惊，他估算到法国有一半的土地已经归农民所有，是他旅行中所见过的新鲜事儿中最为特别的一件。他经常说："我完全没有预料到竟是这样一种形式。"相信，这样的形式也只有出现在法国或其近邻中。

这些拥有地产的农民在英国也曾出现过，只是数量已经不多。**在德国，这些拥有完全土地所有权的自由农民充斥在各个时期、各个地方。p193** 然而这种地产并不是普遍存在的情况，所以小地产主的数量也是少之又少，尽管关于农民地产的一些稀奇、特别的法律在日耳曼的最古老的习俗中出现过。

18世纪末的德意志也凸显了大革命带来的影响，在法国革命传播地最早，而且始终最富生气的莱茵河流域，农民们像法国农民一样拥有了土地的所有权。然而，值得注意的一点是：在德意志，那些长期未受到大革命渗透、洗礼的地方，是没有任何类似的变化发生的。

由此可见，土地划分其实已经远远早于大革命，而那些法国土地划分源自大革命的说法是错误的。大革命确实出售了教士的全部土地和贵族们的大部分土地，但是根据当时的土地拍卖记录，我们会清楚地了解到，在所有的这些被出售的土地中，它的大部分买家是那些已经拥有其他土地的人。所以，**这些土地只是简单地易手而已，地产所有者的数目并没有得到明显的增加。p194** 就连内科尔对法国的土地划分现状都一语中的：“当时法国已经有大量的土地所有者存在。”

确切地说，用大革命暂时解放了土地比大革命划分了土地更为确切。因为那些小地产主在经营土地时承受着许多无法摆脱的劳役，并且深陷这种痛苦之中。

和欧洲的其他地方不同，这些农民已经摆脱了领主的管辖，这些本应该减轻的负担突然转变为更加沉重的负担使他们觉得无法忍受。但这同样又是一场新的革命，一场与让农民变为土地所有者一样伟大的革命。

每天都会有人在旧制度的法律下出生，这使得我们产生了一种旧制度离我们依然很近的错觉，事实上，旧制度早已消失在历史的长河之中。这场革命将我们彻底与旧制度剥离开来，并使得一切被摧毁的东西变得模糊不清。所以，像是“1789 年前的农村是怎样治理的？”这样的简单问题已经很少有人能给出精确的答案。如果想精确、详尽地论述这个问题，就必须再度去研究那个时代的政府档案。

我还听闻一些观点错误的流言：贵族虽然不参加国家治理，但却保留有农村的全部行政权力，人民仍受领主的统治和管辖。

在 18 世纪的教区，主持事务的不再是领地的代理人，也不是由领主选定的人，而是一些官吏。这些官吏的任职分为该省总督任命和农民自己选举两条路。公社的财产以及一些用项都由这些权力机构进行监管和规定，在提出、维持诉讼的时候也常常以公共团体的名义。同时，这些机构负责分派捐税、建立学校、修葺教堂，还负责堂区大会的召开和举行工作。一些地方的琐碎事务已经不再归领主管辖和监督。政府或中央政府管辖着教区的所有官吏，我们将在下一章再做具体地说明。官吏开始接手领主的一些权力和扮演角色，例如在郊区的代表权以及国王和居民之前的中介人等。实行国家普遍法律的权力，招收民兵的权力，捐税征收的权力以及颁布国王敕令和分发救济的权力都不由领主掌控。所有的这些权利和义务都是他人所有的。而领主已经与一个普通居民无异，唯一不同的只是多了一些免费权和特权罢了，他不再有与人民不同的权利。总督们写给属下的信中言道："领主只是待遇最好的居民而已。"

倘若我们身处堂区之外，对区进行考察，那么一种相同的景象将会再次出现在我们的面前。在法国，就出现了这样绝无仅有的情况，贵族作为一个整体开始放弃管理工作，当然如果作为个人的话就另当别论了。然而这种拥有土地且能够对居民进行统治的地方依然存在着，不过只是出现在一些其他地方罢了，这使得古老的封建社会的一些特征得以保存和延续。

英国主要的土地所有者管理和统治着整个英国。而德意志的国王则是在摆脱了贵族在对国家一般事务控制的各个部分的同时，还给贵族们保留了大部分的农村管理权，就像是普鲁士和奥地利，即使在一些国王强大到能控制领主的地方，他们仍旧保留了领主的位置。

很久以来，法国贵族除了司法权之外就不再接触国家的任何行政。然而，法官们仍要以这些还保持有权力的贵族的名义裁决某些诉讼，而且领地内治安规章的制定也由这些持有权力的贵族中的首要人物主持。针对王权的逐步剪除、限制领地司法权，领主们开始把刑事司法权当作了一项收入。

贵族所有享受的特殊权力的政治部分都已经被剥离出来，只留下了时有增长的金钱部分。

与人民最为息息相关的权利就是那部分尚未失效的特权，也是名副其实的封建特权，同时也是我唯一想论述的尚还存在的特权。

这些特权有一些早已经消失或转化，更因为它们数量和种类的庞杂，让我们很难去考究 1789 年这些特权还存在多少。所以，对于我们来说很难理顺当时人们就已经含糊不清的词义。经过对 18 世纪封建法专家著作和地方习俗的研究，我们了解到现存的所有权利都可以简化为数目很小的几种，而其他的确实还存在的一切权利，只不过是孤立的个别现象。

各地几乎已经全部取消了劳役制度。虽然在不少省份有好几种道路通行费仍在实施着，但是大部分大路通行费已经被取消或者变得低廉。领主负责征收所有省份的市场税和集市税。领主在法国享有狩猎权是人人皆知的，鸽舍和鸽子只有领主才会拥有。当地的居民被强迫在其磨坊里磨面，用压榨机压榨葡萄。土地的转移和变卖需上缴捐税，而且变得极为普遍而苛刻。人们在领地范围内购买或出售土地，每一次都必须向领主交付捐税。地产主还必须向领主交纳一些不能够赎回的捐税，就是整个领土上土地所担负的现金税、实物税以及年贡和地租。虽然这些权利被弄得花样十足，但是无疑都是在侵害土地耕种者的利益，因为这些权利都与土地或者土地所产出的产品有着千丝万缕的联系。

不同的职教、铁事司铎、修道院长都拥有各自采邑或征收年贡的土地。修道院建立的地方，一般都会买下附近的一个村庄作为自己的领地。**修道院成了法国唯一还拥有农奴的地方。****p195** 这些修道院备有烤炉、磨坊、压榨机和公牛，村民使用需捐付税用。此外，它还使用徭役，收取集市税和市场税。另外，跟整个基督教世界一样：在法国，教士们还被赋予了征收什一税的权利。

这样完全同样的封建权利在当时的欧洲随处可见，而且在欧洲的大部分地方要比在法国沉重得多。在这里，领地徭役只是我做的一个引证，相比之下，法国和德国的徭役出现了两个极端现象：一个罕见而温和，一个却是普遍而残酷。

另外，一些从封建制度中起源的权利，它们曾引起我们的先辈激烈的反抗，被认为是有违反正义、有悖文明的。在18世纪，土地奴役盛行，有一部分出现在英国并且沿用至今，它主要包括：什一税、土地转移税、变卖税、不得转让的地租和终身租税等，然而它们的存在感在英国人民面前却是微乎其微，甚至是可以忽略的。在英国农业最终成为世界上最为完善、富庶的农业的过程中，它们也未造成任何影响。

法国人民已经完全摆脱了领主的统治，并且成了土地的拥有者，因此，在法国人民的心中，对封建权利的仇恨极为强烈，直到这些封建权利消失后，他们都久久不能平息心中的怒火。这也是法国人民如此憎恶封建制度、产生强烈仇恨的主要原因，至于其他的一些次要的因素，我在这里就不多说了。

农民如果没有土地，他们就不会在意封建制度强加在地产上的各种负担。

封建制度强加在地产上的一系列负担都是建立在拥有土地的基础上的，倘若农民没有土地，这一切便归诸为零。同样道理，什一税是建立在他是承租人的基础上的，地租是建立在他是土地所有者的基础上的，而经营中的层层截取利益也是建立在他是替别人经营的基础上的。

如果法国人民继续被领主们统治，出于国家体制的必然结果，他们会觉得封建权利还是可以接受的。

当贵族同时掌握特权和政权，并进行政治管理时，他们的个人权利会变得更大，但不会引人注意。封建时代的贵族，他们所承担的角色和我们今天的政府相似，人民依靠无条件接受贵族强加的负担来取得贵族给予的保障。虽然贵族的特权可以使人痛苦，可以让人难以忍受，但是贵族同时也维持了公共秩序、主持公正、扶弱济贫、处理公务、执行法律等。贵族们一旦失去这些权利便会显得无足轻重，特权也会变得扎眼，以至于会影响到贵族的存在。

我们可以回忆一下自己所了解的农民，想象一下18世纪始终如一的法国农民，他们的性格并没有随着他们地位的变化而改变。下面是我引用一些例子对他们的描述：他们对土地由衷的热爱使得他们不计任何代价地购买土地，哪怕是花光全部积蓄。他们想要得到土地，必须先向邻近的地产主缴付税用，而不是政府，这些地产主是和他一样的法国普通公民，无权无势，与政府没有任何牵连。他终于拥有了一块属于自己的土地，在那里，他种下了自己的希望和种子。他有时会感到无比的自豪和满足：世界那么大，终究还是有一小块天地是属于他自己的。然而，那同一帮邻人却突然闯入在他的生活，强迫他离开自己的土地去为他们义务地干活儿。那帮人阻止他去保护他的种子，任由他们的猎物对他的种子进行糟蹋。他们占据河流的渡口，向来往的他索取通行税。在市场上，他想要出售自己产的粮食还必须向他们缴付市场税。

回到家里，他打算把这些亲自耕种的、还残留不多的麦子作为自己的口粮，他想要磨面，烘烤面包就不得不用这帮人的磨坊和烤炉。就这样，他缴付给这帮人的租金就耗去了他那一小片地的部分收入，而且这部分租金既不能被赎取也受时间的制约。

这些令人厌恶的邻人已经渗透到了他生活中的各个角落，阻碍他的劳动，分食他的产品，影响他的幸福。当他终于摆脱了这群人时，另一群身穿黑袍的人又骤然出现，他收获的绝大部分又被劫掠一空。我们可以想象得到这位农民所面临的艰难处境、他所迫切的需求和他此时复杂的情感，他心中所郁积的仇恨和嫉妒是多么的强烈。

虽然封建制度已经退出了政治舞台，但是它在民事制度中的影响却是变本加厉。p195 由此激起了民众们更加强烈的仇恨。就像人们所说的那样，使一部分中世纪制度被摧毁，就使得那些剩下的制度更加扎眼，更加令人反感起来。

第二章　中央集权制并不是如同人们所说的是大革命和帝国的业绩，而是旧制度的一种体制

我曾经听过一位演说家谈论中央集权制，那个时候法国的政治会议还存在，他说："这是一个让欧洲引以为标杆的、法国大革命的伟大成就。"的确，中央集权制是一次伟大的成就，而且被欧洲所欣赏，但是它却不是大革命的成就，而是旧制度的一种体制，这种体制也是所有旧制度政治体制中唯一能够适应大革命所建立的新天地的一部分。我就我的这一论点在本章给出了足够的论证，只有细心的读者才能深有体会。

我们先避开谈论那些三级会议的省，即那些自治的省或者表面上部分自治的省。

法国差不多仅有四分之一的人口来自远离王国中心区域的三级会议各省，在这些省份中，实实在在具有生机活力的省自由权的只有两个。关于三级会议省我将在后续中再行论述，我会说明，中央集权以共同的规章来约束这些省份，已经到了多么令人难以想象的地步。

在当时，被政治术语命名为财政区省的地方，选举权要远小于其他地方，它将是我这里的主要论述对象。这些财政区遍布整个巴黎，并且形成了一个整体，是整个法国的生命凝聚和精华所在。

通过观察王国的旧的行政制度，人们了解到多种多样的规章和权威、各种错综复杂的权力。他们凭借一种买到的权力参加政府，使得行政机构的官吏遍布全国，并使得这些官吏彼此孤立，互不依赖。他们的权限也往往彼此接近，使得他们在同类事物中避免不了相互碰撞和摩擦。

一些强制性的规章制度是在法庭的监管下制定的，这说明，一定程度上法庭已经间接地参与了立法权。行政机构有时会遭到法庭的反对，一系列措施受到谴责，而且政府官员要听其调遣。城市和乡镇的治安法令都是由居住在当地的普通法官来制定。

在城市中，体制繁多，行政长官的名称也各式各样，在这个城市称市长，到了那个城市或许就称行政专员，而在别的城市又会称行会执事。这些行政长官获得权力的方式也五花八门，有些是国王钦定，有些是旧领主或有封地的王族推荐，有些只能在任一年的，是当地百姓推选出来的，还有一些拥有无任期的其统治权是花钱买的。

这些都是旧势力的遗毒。但是有一种新兴的事物或是改良过的事物，正在这些遗毒中悄然兴起。不过这是后话，后文再详述。

御前会议以一种全新的模式将所有权力集中，在国家的权力中心建立了一个能够行使特殊权力的行政机构。

御前会议自古就有，只是最近人们才发掘到它的大部分职能。它集最高法院与高级行政法庭于一身，包括取消一切普通法院的判决权和所有特殊的管辖权。

秉承国王意志享有立法权的政府委员会，可以探讨提出大部分法律，参与制定和分派捐税。对政府官员存在指导作用的总规章是最高行政委员会特有的效用。所有的重大事务都由它来决定，下属的政权也在它的监督之下。最终它需要去处理所有的事务，成为整个国家运行中枢。然而，真正的管辖权并不是掌握在御前会议的手中。御前会议只是发表结果，而真正的决断权是掌握在国王的手中的。高等法院的谏诤书中曾说：“御前会议的主要组成部分是那些提供意见的人，并不是真正地享有司法权。”

御前会议的成员有平凡的人、出身低下的人，还有资历高深的前总督和实际经验丰富的人，并不包含大领主，所以御前会议的成员具有可调换性。

御前会议有权力却不失低调，它的行动经常悄无声息、淡出人们视线。相比于它身边耀眼的王权，它丝毫没有存在感。御前会议这种本身强大而行事低调的行事风格，险些使其被历史所遗忘。

与领导国家行政的统一机构一样，总监是唯一一位负责管理所有内部事务的官员。

每个省份都有自己所特有的大臣，但是这些大臣大多都没有起到重要作用，我们可以从旧制度的年鉴中和记载行政机构的卷宗中一一得到印证。总监——国家事务的日常管理者，开始容纳一切与钱财有关的事务，使得几乎整个法国的公共管理都归于自己手下。这也使得总监在国家中所扮演的角色不断改变：财政大臣、内政大臣、公共工程大臣、商务大臣等。

巴黎，乃至各个省，只有单独一位中央政府的代理人。在 18 世纪，我们仍然能够发现一些带有省长头衔的大领主。他们是旧封建王权的统治者，而且常常世袭。

他们失去了所有的权力，只剩下人们授予的一些荣誉。所有的这些统治实权，都落在了总督的手上。

总督一职是由年轻、需要不断高升的人担任的。他出身普通，与外省没有任何联系。他获取权力方式很唯一，不是通过选举、出身或者买官职的方式，而是由政府直接从行政法院的下属官员中直接选拔，而且随时服从调换。他出身于行政法院，并且作为行政法院的代表担任总督一职，所以他也被当时的行政语言称为派出专员。行政法院所拥有的几乎全部的权力都掌握在他的手中，并且在初审中就开始行使。他如同行政法院一样，扮演着行政官和法官的双重角色。总之，总督秉承着政府的意志与所有的大臣交涉通信，有唯一代理人的位置。

他在所管辖的各地各县设置总督代理，并且可以对这些行政官员随意撤换。总督被人们视为是新晋贵族，而总督代理却始终是平民。总督在整个财政区代表着整个政府，而总督代理在其被指派的范围内代表着总督。所以总督和大臣是一个紧挨着的层级，而总督代理和总督又是一个紧挨着的层级。

在达尔让松伯爵所写的《过往史》中，约翰·劳[1]曾对他这样讲过："我担任财政监督时的所见所闻真是令人难以置信！整个法兰西王国竟然仅由三十个总督所统治。这三十位总督是各省的行政法院审查官，他们代表着最高法院，包揽等级会议、省长的一切作用和职能，关系到各省的贫富祸福。"

总督的权力虽然很大，但是与残存的封建旧贵族相比仍旧是米粒之光，很难在那个时代散发出引人注目的光辉。所以，尽管他们已经开始掌控法兰西的角角落落，但是仍被人们所鲜见。与他们不同，贵族们在社会上拥有财富、地位和敬重，比他们的社会地位更优越，而这种敬重根据一些旧事物总是有迹可循的。整个宫廷由国王和贵族组成，同时贵族还拥有陆军和舰队的指挥权。所以，贵族不仅在那个时代令人瞩目，甚至还吸引了子孙后代的目光。在他们看来，再没有什么比提议任命一位大领主位总督更侮辱人的事情了。即便是最贫穷的贵族也对总督一职不屑一顾。在贵族们的眼中，总督不过是代表着农民和资产者的一群新职人员，是一群无名小辈，是一个借以行使权力的傀儡而已。然而，这些人却实实在在地统治着法国，就像约翰·劳所讲的那样，在后续的篇章中我们将会看到。

捐税权囊括了一切其他权利，那么我们就先从捐税权说起。

包税[2]是捐税中大家所熟知的一部分。它由御前会议和金融公司洽谈，并确立契约的各项条款和征收方式。中央政府官员则是监督或亲自

[1] 约翰·劳（1671—1729），苏格兰金融家，致力于金融银行研究，曾任法国财政总监。

[2] 包税是指国家或官府不直接按规定税率向纳税人征税，而是采取招标承包方式，将某一种捐税把要征收的税款数额，包给富豪私商，由承包人运用官府授给的征税权，自行确定征收办法，向纳税人收税。

确定和征收军役税、人头税和二十分之一税等其他捐税的确定和征收。

御前会议每年都会召开一次秘密决议，会议中会确定捐税的总额以及各省所摊派的捐税总额。这次决议的捐税主要包括军役税和它附带的许多捐税，这就使得人们无法提前知道直接税是逐年增长的。

捐税中，军役税可谓是很古老的一种。以前，它都是由地方官员接受委托来规定计税依据，并进行税务征收的。由于地方官员所行使的权力是凭借出身、选举权或者依靠买来的官职而得来的，所以他们与政府会有些许的出入。这些官员包括领主、教区收税人、法国的财务官、财政区内直接税间接税征收官等。然而在18世纪，军役税却是遭到了遗弃，很多依然存在的权威人士选择完全不管军役税，即使管的也只是把它放在了次要地位或者从属的地位。最后军役税大多被总督和总督助理所掌控，而他们在教区中摊派军役税，指挥监督收税员，给予减征或缓征却是显得手到擒来。

此外，还有一些其他的捐税，像近期才有的人头税，因为它没有那些古老的权力的制约，政府完全可以按照自己的行事方式去做，不为统治者所左右。每项纳税的总金额已经由总监、总督和御前会议确定，所以我们可以直接去关心人的问题，而不再去关心钱的问题。

让我们感到十分震惊的是，法国人在大革命接下来的时期，竟然能够那样顺从地忍受兵役的束缚和压制。但我们应该始终明白一点，长期屈服于这种制度之下的法国人对此早已变得习以为常。

自卫队是后来征兵制的前身，它所征集的兵员虽然很少，但却担负着更加重要的责任。自卫军团由若干名士兵组成，他们大多是人们根据抽签选出的农村青年，有六年的服役期。

自卫队是一项很现代化的制度，已经完全超出了旧封建制度所能及的管理范畴，所以关于自卫队的所有事情都是由中央政府的代理人全权负责的。国家政府总的征兵量和各省的征兵量由御前会议决定。总督决定各个教区应该征兵的数量，而总督代理则负责决断免征的比例，一般是通过抽签来决定哪些自卫队可以继续在家中驻守，哪些自卫队需开拔，最后这些应征者将被交与军事当局。对于那些想要要求免征的人员，只有通过总督和御前会议来解决。

所以说，在三级会议省之外，中央政权的代理人决定和领导着所有的公共工程以及那些最特殊的公共工程。

像是领主、财政局、大路政官这样独立的地方当局仍旧存在，他们影响着这部分公共管理。通过考察一些政府文件我们能够了解到，这部分古老的权力在各处的影响不大，甚至根本没有什么影响。一个城市内的所有大路，乃至城市与城市之间的大路的开辟和维护都是建立在普遍捐助的基础上。御前会议有制造和修订规划的权力以及确定管辖权的权力。工程师听从总督调遣，与总督代理所召集的徭役相配合进行施工。而地方旧政权所管理的范围却是限制在那些始终无法通行的村间小道上。

与我们现今的社会相同，桥梁公路工程局是中央政府在工程方面的重要代理人。在这里，一切仿佛不受时代的变迁而改变。

在桥梁公路管理当局，督察员每年都要跑遍整个法国，马不停蹄地进行监督工作；工程师们则是住在施工现场，根据督查管所下达的命令，进行整个工程的领导工作；这可以说是桥梁公路管理当局的一个会议和一所学校。渗入新社会的旧制度的机构的数量远远超乎了人们的想象，虽然它们还保有一些固有的形式，但是它们的名称却在转变的过程中丧失、改变。然而与众不同的是，桥梁公路工程局不但保留了形式，而且还保留了名称。

各省的治安有人单独负责和维持，这些人大多是中央政府的代理人。总督指挥骑警队分成小队遍布全国，并总控全国各地。面对意外的危机，流浪汉和乞丐的四处蔓延增加以及粮价上涨引发的骚动，这些士兵就成了总督最好的依靠和工具。必要时，不惜动用军队。他们从未像过去那样去召唤被统治者前来协助政府来完成上述的使命，除非是在城市里。在城市中，总督挑选士兵，设立军官，形成城市里的保安警。

制定治安条例是司法机构的一个主要权力，这项权力也经常得到运用。这些条例大多是限制在一部分地区的某一个单独地点实行。当关系到下级的管辖权时，御前会议就会取消这些条例，而且它任何时候都有这个权力。这些问题，或不同于法院所制定的规章内容，或不同于法院的处理，却与之内容相一致，但都是制定应用于整个王国的普遍条例。随着大革命的临近，这些数量庞大的御前会议的判决也会不断地增加，这也是当时人们关于这些条例的看法。御前会议的裁决权和修改权在大革命前四十年里仍然发挥着它所特有的效用，影响着当时的社会经济和政治组织。

在旧制度的封建社会，领主拥有的权力越大，所承担的责任也就越大。他需要接济那些自身管辖的领地内的穷人。我们在1795年的普鲁士法典中抓住了欧洲这一古老历法的最后痕迹，法典中阐述："领主们应该给予穷苦人民受教育的机会，并监督他们。在力所能及的范围内，让他们的那些无土地的追随者获得最基本的生存手段。领主有义务解救他们于危难之中。"

在法国，这种类似的法律早已经消失。随着领主的旧权力被剥夺，一些旧义务也就不复存在。领主的位置也不会被其他的任何地方政权、会议、省或者教区联合会所取代。这种照管乡村穷人、救济穷人的工作也就由中央政府顺理成章地接管下来。

每年根据总税收的情况，御前会议会确定拨给各省基金的数量。这些基金会被总督分配到各教区，作为救济基金。贫穷的人民只有向总督求告才会寻得帮助，也只有总督能够在饥荒时期向人民发放小麦或稻米。每年，御前会议都会做出决定，在一些专门指定的位置建立慈善工厂，工厂会召集那些穷困、难以维持生计的农民来这里工作，争取一些微薄的收入。**很显然，那些把手伸得很长的救济大业不是盲目地进行，就是**

一些突如其来的想法，永远满足不了人们的所需。p196

中央政府所做的不只是授之以鱼，而且还要授之以渔，他们发放赈济解决贫困农民的当时之需，教授他们致富的方法，甚至在必要的时候还要强制他们去致富。所以，中央政府开始印制一些关于农艺的书籍，并通过总督和总督代理向民间发放。除此之外，还建立农业协会，设立奖金制，用巨资开办苗圃，向农民分发所生产出来的苗种。

如果中央政府能够意识到农业重担分布不均这一问题，并及时给予调整，使各重担间的不平等缩小，我想它的救济和帮助效果会好很多。

御前会议有时候不会考虑个人的想法，而一厢情愿地想要强迫个人发家。p197 像强迫手工业者使用某种方法生产商品就是一个活生生的例子。一些新规定的不断增加使得总督应接不暇，不能够贯彻实行每一项规定，因此就出现了来往于各省之间并进行控制的工业总监察。

御前会议不允许在他们认为不适合的土地上种植一些作物，甚至让人们拔掉他们认为贫瘠的土壤上种植的葡萄。由此可见，政府正由一个统治者的身份向监护人的身份改变。

第三章　今天的政府管理监督仍是旧制度的一种体制

在法国的封建制度土崩瓦解之后，城市自由仍具活力。即使领主不再统治乡村，城市依旧拥有自治权。像这样自治的城市，我们在 17 世纪末依然能够发现，这样的城市遍布许多小型的民主共和国。人民自由地选举出对自己负责的行政官，公共生活积极活跃，这些城市为自己的权利和自治感到万分的荣耀和珍惜。

选举制度直至 1692 年才第一次大范围取消。**各种职务得以在城市中通过购买获得，国王开始在各个城市中向居民们出售可以永久统治他人**

的权力。p198

这就把城市自由和人民应该享有的权利一起推向了坟墓。法官的完全独立是一个好的司法的先决条件，当问题只与法官有牵扯时，官爵的买卖双方都是受益的，但是当关系到行政体制的时候，买卖官爵一直是十分有害的，因为他们很难保证购买官职的人达到所要求的责任感、服从和热诚。旧君主制政府却是深谙此道，为防止那些强加于城市的制度用在自己身上，他们步步谨慎，始终不会出卖总督和总督代理的职位。

这场伟大革命的掀起不带有任何政治目的，然而它却很顺利地完成了，这实在是难以引起历史的重视。出于对民主性的害怕，路易十一限制了城市自由，而路易十四把城市自由卖给所能购买的城市，也间接地摧毁了城市自由。这一切都是出于财政的目的，想以城市自由为交易换取一些收益。即使他不想废除城市自由而又不小心废除了城市自由，那也是意外或者暂时的。更让人难以理解的是，这种做法竟没有丝毫改变地坚持了 80 年。在这一段时期，选举城市官员的权利曾经在城市中七次出售，当城市感觉到其中的好处时，这种权利又被收回再度出售。这种行为的目的可谓是昭然若揭，自然也不会去在意人们的讨论。1722 年敕令的前言中讲道："因为财政所需，我们需要一种减轻负担的最妥善的办法。"这种办法虽然妥善，但是对于承受这奇怪捐税的人却无异于是毁灭性的打击。在 1764 年一位总督向财政总监写信说道："让我感到十分吃惊的是，历来购买城市官职所付的钱，数额竟然如此之大。这笔财政收入本应该是投入到城市中那些有益的事业中，为城市赚取利益。然而结果却是城市只感觉到了这些官职所享有的特权和来自政府的重重压迫。"这可以说是旧制度的最可耻的一个特点。

我们很难精确地描绘出 18 世纪城市管理的情况。古老的体制在每一个城市都有残留，并且以其独有的方式被各个城市所运用，无论城市政权的根源如何改变，这也与我们方才所讲的相吻合。在法国，两座绝对相同的城市或许不存在，但是相似的存在却不可避免，只是被这种差异性所产生的错觉所掩盖。

一项治理城市的专业法规在1764年由政府监制而成。各个省的总督必须以奏文的方式将整个城市当时的行事方式记录下来。根据这次调查我所搜集到的部分文献获知，差不多所有的城市的行事方式及管理方式都基本相同。哪怕是存在一些差异，也只是表面上的，并没有更深层次的不同。

有两个会议来决定政府的一切职权的方式是最为常见的一种，不论是大城市还是小城市。

第一个会议的主要成员是城市官员，并按城市规模来确定会议人数，这叫作城市政府，是市镇执行权力的结构。它的成员是在国王设立选举制或者能够在城市中买卖官爵时，经过选举产生的，他们所行使的权力都是临时权力。每当国王要收回这些官职并再度出售时，他们便通过一些财政手段，长期享有这种职权。不过，这是一种很少见的特殊情况，因为这种职权会随着中央政权的吸纳和集中而变得一文不值。城市官员是没有薪金的，取而代之的是他们享有的免税政策和一系列特权。他们拥有集体的行政权，所以彼此之间不存在任何等级顺序。市政不能由行政官独自掌控。市政府的主席被称作市长，而行政官则是城市中另一个独立的存在。

在选举制尚还存在的地方，全民大会选举市政府并参与各个城市的主要事务，它便是我们所说的第二个会议。

在15世纪，全民大会由所有人民组成。因为一份调查的奏文中曾有这样的建议，认为这种习俗更契合先辈的人民特性。那时全体人民掌握着城市官员的选举权，官员们甚至要采纳人民的意见并向人民汇报。这种办法一直沿用到17世纪末。

在18世纪，这个全体会议的人民已经不再是一个整体。代议制成了全民大会的主要形式。民众选举、民众意志已经被全民大会所遗弃，这是我们所必须注重的地方。全民大会的组成成员变成了一些显贵，有的人是由于特殊的身份参加会议的，有的人是由行会或团体所派的，他们所有人都是承载着一些特别的小社会赋予他们的权力。

全民大会的参与者随着时间的改变而出现了大格局的变化：大会中那些享有特权的达官显贵成倍增加，而工业行会的代表却是不断减少或消失。在会议中，手工业者被遗弃，只保留了资产者，因此在全民大会中也只有一些团体代表出席。当时的人们已经开始怀疑甚至看穿了那些自由的假象，所以人们开始对与他们密切相关的政务和事物漠不关心，像隐士一样生活在自己的世界之中。为了改变这一现状，行政官员们曾做过很多努力去唤醒人们在中世纪所建立的城市爱国主义精神，然而人们仍旧抱以一种漠不关心的态度。甚至面对一些相当重要的城市利益，他们都不为所动，对于那些徒有其表的自由选举，人们甚至因为懒得去应付而直接选择弃权。这种重复上演的历史剧目早已变得不再新奇。自奥古斯都开始，废除自由却又想营造一个自由的表象来避免世人的诟病，几乎是所有君王的通用手段。在他们看来，这样做可以将公认的道德力量和唯有专制力量才能给予的种种便利相结合。然而，人们很快就会明白，这种徒有其表而没有任何实实在在的东西在内的所谓的自由终将被人们识破，所以，这样的尝试几乎全部都以失败告终。

因此，18 世纪各个城市的政府呈现出了少数人掌权的政治局面。在整个法国，这种小寡头的行政制度很容易导致一些家族掌控城市的所有事务，并且避开公众的耳目，不对公众负责，这样的弊病是这种行政制度最常见的毒瘤。这样的弊病也早已被总督发觉并提出，缩减地方权力，使更多的权力隶属于中央政府是他们所想到的唯一有效的方法。

经常被城市居民所忽略的是，一些制度未经过调查，而是根据总督的建议直接制定出来。这些规定虽然没有进行注册，但是却推翻了各个城市本身的法规，因此，尽管所有城市的行政制度都在被一道道敕令改革着，仍然很难做出一些改变。

某一城市的居民在城市受到如同裁决一般的攻击时说道：“他们万万没想到会有这样的措施，让城市中的所有阶层为之大吃一惊。”

城市的一系列权利被取消，只有得到根据总督报告而发出的御前会议裁决才能够设立入市关卡、征收捐税、抵押、买卖和诉讼，才能够租赁城市财产并施加管理，才能够使用城市收入中富余的部分。御前会议负责城市所有工程的方案制订工作和工程预算工作，而城市的所有工程也必须按照御前会议的指示进行。工程招标一般由国家工程师或建筑工程师主持，由总督或总督代理在一旁监督。这使得人们大为震惊，并不是法国所有的东西都是新的。

中央政府在城市管理中的权力要远大于它的权力，其涉足管理的程度也远大于这项规定所表现出来的范围。

我们在一份 18 世纪中期财政总监发给各省总督的一份报告中看到这样的内容：“你们必须要特别注意发生在城市会议中的所有事情。会议中的所有决定，以及你们的意见，我必须要得到最为精准的报告，并且第一时间寄送到我这里。”

城市中一切大大小小的事务都在政府的掌控之中，这一点我们在总督和总督代理的通信中就能确定。总督对于每件事都有自己的独特建议，甚至是在节日庆祝的问题上，因此一切事务都必须征求总督的意见。总督有的时候会参加并主持一些公众的喜庆活动，活动中灯火的点燃、房屋彩灯的悬挂都要听从他的号令。一位资产者民团成员在唱《赞美诗》时由于缺席，被总督罚了 20 里弗尔。这使得城市官员感觉到了自己的权力的弱小。

他们中的一些人向总督写信这样说道：“总督大人，我们虔诚地祈求您的关爱和保护。我们将以大人马首是瞻，定不辜负大人的厚爱。”

还有一些以本城贵族自居的人这样写道："总督大人，我们一直都是尊重您的看法的。"

正如他们所准备要做的那样：政府为资产阶级所掌握，自由为人民所获取。

城市并不像人民想象的那样，只要密切地依附中央就能维持自己的财政。有人认为中央集权制和城市就像水和鱼的关系，没了中央集权制，城市很快就会濒临灭亡，对此我不做任何见解，但是我却找到了两者之间的另一种关系：18 世纪城市走向灭亡却不是中央集权制所能阻止得了的。城市行政的混乱已经成了当时行政史的主要内容。

村庄和城市一样，同样是依附中央的，只是所表现的权利和形式不同而已。

在中世纪，所有的村庄都建有这样的集体，它们与领主有着明显的区别，而且有迹可循。这样的集体虽然受领主的统治、监督和利用，但是它却有着独立的财产权并占有某些财产。这样的集体遵循着民主的管理方式，并通过选举来确定自己的首领。

在从封建制度一步步走出来的国家中，或是在仍存有这类法律痕迹的国家中，我们都可以看到这种古老的教区制度的存在。这种古老的教区制度遍布英国的各个角落，在 60 年前的德国还非常流行，这一切你都可以在著名的弗里德里希法典中得到肯定的答案。同样还有很多的遗址遗留在 18 世纪的法国。

为了了解旧制度教区的情形，我首次查阅了一个总督所管辖地区内的所有档案。在这些档案中，我得到了一个惊人的发现：这些穷困潦倒、饱受奴役的社区的教区制度竟然和许多美国农村村社有异曲同工之妙。它们的这些相同之处曾一度被我认为是新社会所特有的特征。它们都没有施行代议制，也没有设立市政府，而是在整个社区的领导下，由官员分别进行治理；它们经常进行全体会议：城市的官员、重大的事务都是由这些聚在一起的居民选举和决定的。这两者之间都极为相似，就像失散多年的双胞胎一样，没什么不同。

这两者有着相同的起源，然而命运却截然不同。

中世纪的农村教区摆脱了封建制度，完全自治，就成了后来新英格兰的镇区（township）。虽然摆脱了领主的统治，但是仍旧在国家的掌控之中，这就使得它在法国以一种特殊的面貌展现在世人面前。

在 18 世纪，因为省份的不同，教区官员的数量和名称也各不相同。我们从古老的文献中得知，一个地方官员的多少，取决于这个地方的生活活跃与否，即一个地方的生活越活跃，官员的数量也就越多，反之亦然。在 18 世纪，大部分教区都是由征税员和理事这两类官员组成。这些市政官员已经不再是社区的代表，因为他们不论是不是依靠真正的选举产生的，他们都已经沦为国家获得利益的工具。人头税由总督指挥收税员直接进行。政府的公共秩序和所有的事务，都是由理事在总督代理的指导下代表总督代理处理的。他是以总督代理的首要代表的身份出现的，这种情况一般都出现在有关自卫队、国家工程和所有普通法执行的时候。

政府取消了领主管理一些琐碎小事的职责，这与我们之前所看到的相吻合。领主不再进行协助和监督，虽然他们也曾经参与这些事务力图以此使自己的力量得到保全，但是随着他们的权力不断被取缔，力量被削弱，他们开始对这些事情报以轻蔑的态度。如果今天让他们继续参与这些事务，那是对他们自尊心的一种侮辱。虽然他已经失去了统治权，但是他所享有的特权却依然存在，这就使得新生的统治无法彻底进行，进而不能建立一个可以取代他的统治的教区管理机构。这样特殊的人物，是如此的特立独行、秉承上天恩泽，而他在教区内无疑是一切法规的破坏者。

受他的影响，差不多全部的居民都往城市逃去，在下文中我会继续提到这些，仍旧与领主居住在郊区内的就只剩下了一些没文化的迂腐农民。对他们而言，领导治理政治事务无异于天方夜谭。蒂尔戈说得很有道理：“一片茅屋、一群被动如茅屋一样的居民构成了教区。”

由于收税员和理事的无能与愚昧，使得在18世纪的行政公文中充满了人们对他们的怨言。对此抱怨的还有大臣、总督和总督代理，甚至于一些贵族，然而却没有人去寻找造成这种局面的原因。

法国农村的教区管理制度，依旧保留有中世纪曾有过的民主特色，尽管只是一部分，但这种特色在大革命之前一直存在。当有公共事务需要讨论或者需要选举市政官员时，人们就会通过钟声将农民召集在教堂门廊前，进行会议，而出席会议的人没有贫富之分。在会议中，既没有真正的协商也没有投票选举，但是每个人都有权发表自己的意见，还专门邀请一位公证人进行露天记录，将不同的发言记入会议纪要，并且制成证书。

某些最民主的形式，甚至能够结合起最专制的政府，于是，这个政府在压迫人的时候，却滑稽得装作若无其事。我们要具体而微看到这一点，只需如此对比一番，即这些自由的外表是空洞的，而与其相联系的真正自由，又显得不足。这种教区民主会议与城市政府极其相似，都没有权力在行使过程中遵循自己的意志，尽管它们能够全面地表达出各种想法。想要召开会议，还必须明确地得到总督的准许，而且还要达到人们所说的那种全部听凭您的指挥的地步，由此可见，它就像是一个装着话语的匣子，你不去打开，它就一直沉默。未经御前会议的许可，它们不能够擅自做主，更不能进行出租、买卖、申辩，哪怕会议的意见是统一的。御前会议掌控裁决权，只有得到它的允许，人们才能够去修葺被风吹坏的教堂房顶，去重新组建已经断壁残垣的本堂神父住所。所有的教区都必须遵循这种规章，不管它们离巴黎远还是近。御前会议曾接到了这样的要求——批准一些教区有权开支25里弗尔，这些有幸被我看到。

选举团的候选人一般都由总督钦定，并且能够以全票通过，而居民所拥有的能够选出自己的官员的普选卷，其实就是个形式罢了。这样的例子不胜枚举：有几次自发举行的选举都被总督撤销，所有的新选举也都被无限期地中止，总督开始亲自任用收税员和理事。

这些社区官员身处桎梏之中，其命运之严酷简直让人难以想象。由于这些地方保证公民不受专横侵害的制度已经被取消，所以他们常常受到中央政府最下层的代理人（总督代理）的逼迫，尽管他们百依百顺也经常会被处以罚金，甚至被迫入狱。1750 年，一位总督这样说道："有几个村社的负责人私底下抱怨，我把他们押入了监狱，连带他们所在的社区也被我强行缴收一些费用，用作骑警队骑兵巡逻的开支。我便是如此轻易地制服了他们。"所以，人们开始想方设法地脱离这些职务的束缚，在他们看来，这些职务没有丝毫荣誉可言，更多的是负担。

教区自由是迄今为止所有公共自由中唯一得到农民广泛接纳的，所以对于农民来说，那些教区政府的旧残迹还是弥足珍贵的。教区自由也是能让人民上心的仅有的一件公共事务。这种徒有虚表的形式在人民心中甚至有着举足轻重的位置：他们认为，能够在村政府中畅所欲言，要比避免将全国的政府置于一人之手重要得多。

凡是独立自主，或者具有集体特点的团体，差不多都存在我刚才所讲的有关城市和教区的论述情况。

今天，法国仍然没有一个团体拥有自己的独立意志，并运用于各自的独立事务之中，财产也不能依照自己的想法随意处置。这些团体如修道院、济贫院、学院、工厂、小村、村庄、乡镇、城市等，跟在旧制度下一样，置身于政府的监督和管理之下。尽管当时还没有这样的说法，但是已经作为一个既定的事实存在着。

第四章　又一旧制度体制——行政法院与官员保证制

相比于其他国家，法国的普通法庭更加独立于政府，是整个欧洲绝无仅有的存在。然而，特别法庭在法国的运用相较于其他国家要频繁得多。超乎人们的想象，这两方面竟能够紧密地融合在一起。法庭的这种独立性使得国王产生了深深的恐惧，因为它开始影响国王的一些行动。且法官的命运已经完全脱离了国王的控制范畴，所以像是撤职、外放或者晋升这样的王权已经形同虚设，使得威逼利诱已经完全失去了效果，这般，法官们便更加脱离国王的控制。在这种局势下，国王开始着手建立一种为他所用的法庭，这种法庭与普通法庭表面上相类似，但是它更多是受理一些涉及王权的案件，使得国王更加放心自己的统治地位。

不同于法国，在一些其他的国家，例如德国的某些地区却不存在这些防范措施，更没有行政法院的存在，因为在这些地方，普通法庭并没有独立于政府之外。在那里，法官的命运完全为国王所掌控，就没有了多设专员的必要。

在当时，政府每实施一项新措施都会有这样的说明：总督和御前会议负责处理这项措施所带来的一切争议和诉讼。对此，在君主制最后一个世纪里国王所颁布的宣言与敕令中，还有同一时期御前会议的决议中，我们都可以寻觅到它的踪迹。下面便是最为常见的行文公式："总督和御前会议负责裁决由于执行命令和一些附属条令所引起的所有争议，这些并不在我们法庭和法官的管理范畴之内。"

这一防范措施并没有显现在那些依照法律或古老惯例处理的案件中，有些案件甚至牵涉到了政府，需要御前会议亲自处理，这就要依仗不停地调案来进行干涉，最终从普通法庭中夺走这些案件。像这类有关调案的命令，在御前会议的登记册中有很多记载。这种极为个别的调案现象慢慢地开始变得很常见，但是他们已经不满足于这些已经既定存在的事实，他们更需要一种合理的理论来阐述自己的正当行为。普通法庭只能接手涉及私人利益的案子，而无权宣判那些触及公共利益或因为解释政府法令引起的争讼。这是一种源于旧制度的思想，我们只需找到那个行文公式就好了，仅此而已。

总督和御前会议自此便掌握了审理大部分有关征税的诉讼问题。行政法院对于涉及政府的讼案很清晰，总督和御前会议负责处理公共车辆治安和车辆运输、大路路政、河流航运的所有事务。

为了扩大这种特殊的司法权限，总督竭尽所能地去给财政总监旁敲侧击或者刺激御前会议。为了调案，理由更是一种可己为不可人为的态度，曾有一位调案官员说：“这些既定的法规出于某种实用性的目的可以对御前会议暂时无效，但是对于普通法官要绝对执行，以督促他们必须去镇压违法行为。”

总督和御前会议基于这种原则，开始将一些与政府无关或者关系不大的议案也作为调案越权审理。有这样一件要求被宣布为调案的案件，原因只是有位贵族和邻居出现了纠纷，又对法官的判决不满意。监察官调案时给出了这样的说辞：“毋庸置疑，国王在自己的意愿下具有审理一切案件的权利，虽然这起案件只是私人权利的纠纷，本应该由普通法院受理。”

自此，总督和骑警队队长便经常接手一些平民以暴乱影响社会秩序的调案。这类调案很大一部分是由于粮食价格过高而引起的骚乱。面对大量的案件，总督开始着手于建立一个能够审理刑事案件的类似于省法庭的机构，这个机构的组成人员由总督亲自选定并指派，由很多具有大学学位的人构成。我曾查询过有关此判决的资料，发现用这种方式做出的判决有很多，甚至有些人被判苦役或者死刑，尽管如此，总督手里的刑事案件在17世纪末仍没有明显地减少。

行政法自大革命以来取得了匪夷所思的进步，这一点近代的法学家也能给我们做出充分的解释："自大革命之后，人们开始将司法权和行政权区分开来，使其各司其职，免于混淆。"我们可以通过两个方面去深入地了解行政法所取得的进步：其一，旧制度下的司法权始终是越权的；其二，司法权的职权从未贯彻实施。所以我们要想全面、正确地看待事情，就必须对这两个方面同时有所了解。法庭的本职是审理一些真正的诉讼，然而有时候这一本职却被禁止，加之以参与制定政府规章之中，这也充分印证了之前我们所讲的它越权的一面和未全面履行职权的一面。在旧制度中，司法权早已不适合出现在行政领域内，我们也确实将它摘离了出去。然而，我们所不乐见的事情就在眼前发生，政府屡屡干涉法庭，却没有一个人站出来反驳，殊不知权力的混乱对两个方面都会造成损害：法庭对政府的干涉只会有害于整个案件，而政府对法庭的干涉则会导致人们变得堕落，集奴性与革命性于一身。两相比较之下，后者的危害性更甚之。

60年来，法国永久确立的宪法有9部或者10部，其中一部就有这样的规定：没有经过提前的准许，政府的任何官员不得在普通法院提起诉讼。介于这个小规定的特殊性，它并没有在革命的摧残中消失，反而被有心人从革命的废墟中挽救并保存了下来。让行政官们所始料未及的是，君主制的政府跟今天几乎相同，都是极力维护政府官员的面子，让他们不至于像普通公民那样在法庭上认罪，这使得那被授予1789年的伟大成果的小条款显得如此不切实际。大革命前后，政府也有了一定的转变：庇护政府官员的手段也从依靠非法、专横转变到可以让他们合理地去违反法律，这是两个时代之间所存在的唯一本质上的区别。

在旧制度下，中央政权的任意一位官员被法庭提起诉讼时，御前会议都会收到法庭这样的判决：法官无权对被告进行审理，需调案给御前会议任命的专员审理。当时一位行政法院的官员给出了明确地解释，普通法官会在脑海中对被起诉的官员形成偏见，进而威胁到王权。无论是国家要员，还是芝麻绿豆般的小官，都会在这类调案中出现，而且每天都有发生。抛开政府，他们开始对所有的事情变得无所畏惧，只因攀上了那与政府相关联的微末关系。在桥梁公路工程局，一个饱受残虐的农民对负责指挥徭役的监工提起了诉讼。这宗案件被御前会议定为调案，总工程师便私下给总督写信发表了自己的看法："这名监工的确有错误，而且需要改正，但是我们不应该使这样的诉讼得以延续。普通法庭对于役工上诉监工的案件应持以不予理会的态度，这样才对公路桥梁局最为有益。这样的风气一旦掀起就会使那些得罪过民众的人不断地被诉讼，进而影响整到整个工程。"

还有面对"国家承包人被邻人指控拿了人家地里的物资"这种情况，总督是向财政总监这样讲的："普通法院的原则和政府的原则一直都是相悖的，如果让它来审判政府的承包人，很难想象它会对政府的利益造成多大的损失和影响。"

虽然这几句话为一个世纪以前的政府官员所写，却和我们同代人有着几乎相同的思想。

第五章　避开摧毁的途径直接将旧政治权力取代，中央集权制是如何做到的

之前三章我们所表述的内容，就是中央集权制的外在表现：全国政府被王国中央的唯一实体所管辖；差不多所有的国内事务都由一个大臣全权负责；各个省的一切琐碎的事务也都有一个官员来领导；所有的部门都要提前获得准许才能够行动；与政府有关的所有案件都由基于某些

目的新组建的特殊法庭来审理，并维护所有政府官员的利益。作为同一事物，相对于过去而言，它所呈现的形式更加确切，步骤更加规范，存在更加稳定，然而无论是过去还是现在，它始终是我们所熟悉的中央集权制，这一点确定无疑。从那时到现在，这座建筑物只是被一些滋生的其他东西所蒙蔽，却并没有使其主体部分增加或者缺失。倘若排除一切阻碍视线的表象，它还是本来的模样。

虽然，我们之前所讲的很多制度被许多不同的地方争相仿效，但是它们仍然存在法国所特有的特点。 p199 它们对于法国革命以及后果所产生的影响即将呈现在我们面前。

那些近期才生成的制度能够在封建社会的废墟中重现生机，它们是如何做到的？

单单凭借武力和权谋是不能够成就这项为时长久的事业的，我们还需拥有耐心和机智方可达成。法国这座古老政府的大厦并没有因为大革命的爆发而土崩瓦解，相反，它是以人们新建造的另一座大厦的基础和大框架的形式出现的。

面对这项困难的工程，旧制度政府是否借鉴了那已经酝酿多时的憧憬？这一切都无迹可寻，我们唯一清楚的是，政府是依靠某种本能来行事的，并能借此独揽大权。而且这种本能具有唯一性，并不会随着官员的多样性而改变。旧政权机构的一些古老的名称和荣誉被政府保留了下来，但是它的权力却被政府抽丝剥茧般慢慢夺走。它采取了比较舒缓的方式对它们进行移物换型，而不是大毁灭、大革新的路子。人们的惰性和自私都能够为它所利用，并以此占据它们的位置；旧政权机构的所有弊端也都是为它所用，它只是倾尽一切权力去取代它而不是去纠正它。总督，作为政府的唯一代理人，在当时的旧政权根本不为人知，但是他却是取代了旧政权中差不多所有的人员。

司法权在此番大业中扮演了钉子户的角色，使得政府难以下手。然而政府在最终还是掌握了权力的本质，只给它的反对者留下一些权力的影子。高等法院依旧存在于行政领域之中，整个行政领域几乎全部被政府所扩充的势力占据。像饥荒时期这种短暂而又不平常的情况下，法官们的雄心也随着鼎沸的民情不断飙升，也因此得到了政府更高的全力支持，例如高等法院被中央政府允许暂时理事，可以热闹一下，这在历史上也常常产生一些响应，但时间不会持续很长，这个位置就会被中央政府无声无息地再次收回，私下里重新控制所有的人和案件。

不同于政府问题，政策问题是高等法院反对王权的斗争的主要问题，细心一点儿，我们就能有所察觉。由于敌对双方都无权占有立法权，所以立法权便成了双方所争夺的对象，新税法就是一个最容易引起两方争论的问题。

形势随着大革命的临近而变得更加严峻，中央政府和它的代理人也逐渐变得更加精干，这使得跟着鼎沸的民众激情进入政治的高等法院再无心理会真正的政治问题，它也渐渐由一个行政官慢慢转变为了一个保民官。

中央政府的活动范围随着时代的变化不断扩大，而缺乏灵活性的法庭与之比起来，更显先天不足。法庭里新的案件又是接连不断，还不能在法院里寻得先例，这与法院的常规已经完全背离。中央政府作为一切需求的实现者，在急速发展的社会中有着不可比拟的优势，因为新的需求会随着社会的发展接连不断地出现，成为中央政府一个又一个的新的力量源泉。

中央政府与法院在行政范围上的区别很是明显：一个是存在范围的可变化性，一个是范围的固定不变性，而前者更是会随着文明的进步而不断扩大。

法国人的思想开始遭受迫近的大革命的冲击，那些只有中央政府才能使之实现的无数新思想潮涌而至。中央政府在被大革命推翻之前，取得了更深地发展。中央政府跟一切事物一样，开始慢慢变得完善。这一点在我们研究政府档案时感到十分震惊。由于政府已经完全改头换面，所以1780年与1740年同样是总监和总督两个职位却出现根本性的差异。政府的官员虽然没有发生变化，但却有了全新的精神面貌。中央政府开始朝着更加规范与开明的方向步进，这一切都得益于新生政府包容一切事物的特性。所有的领域都开始有了中央政府的影子，此时的中央政府开始遵循减少压迫，堵不如疏的策略，手段显得异常柔和。

君主制在大革命之初被摧毁，但是在1800年又再次登上了历史的舞台。与人们所说的不同，最终取得胜利的不是1789年国家行政问题上的原则，而是旧制度的那些原则。当时这些旧制度的原则全部恢复，稳定下来，并得以实施。

针对新社会是怎样容纳了整个旧制度，并与之相结合的，我总结出这样一个看法：如果中央集权制自身就是这场大革命的标志或者开端，那么它就不会在大革命中被摧毁。当贵族政治自内部被人们摧毁时，中央集权制在人们中间有着特殊的凝聚力，这时的人们就如同水流一样，顺流而下要远比逆流而上更加容易。所有的权力在人民的内部都趋于空前的统一，想要使之再次分裂开来，就不得不再次运用各种手段。

虽然旧制度的很多体制遭到了民主革命的大清洗，但是这无疑使中央集权制变得更加稳固。人们习惯于在革命之后盘点存在的东西来确定功绩，而中央集权制恰恰是在这场大革命中生存了下来，并且找到了合适的位置，因此把它作为大革命的功绩之一，人们觉得无可非议。

第六章　谈谈旧制度的行政

在政治制度上，那个时代与我们时代竟然如此相似，甚至令人惊叹的是两个时代的行政官都宛如出自一个时代一样，这一点，那些读过旧制度的总督和与总督通过信的上下级都深有同感。他们好像完全不被大革命所造成的历史鸿沟所阻碍，轻松地走在了一起。被统治者的情况也是与之相类似。在人们的精神上，立法所展现出来的力量以这次最为显著。

一种想要看清所有事物，并在巴黎亲身处理一切的愿望在大臣的内心萌发出来。而且对这种愿望的渴求也开始随着时代的脚步和政府的完善，与日俱增。18 世纪末，总监开始负责所有边远地区建立慈善工厂的工程，并亲自为慈善工厂拟定厂址，监督开支以及制定规章制度。创办乞丐收容所也必须将所有乞丐的名字和他们精确的进出时间整理出来，上报给总监。早在 1733 年——18 世纪中期，达尔让松先生就提出了这样的言论："大臣们所接受到的是上层派下来的无休止的琐碎事务。大臣们是解决这一切事务的主体，只有通过他们，这些事务才得以顺利实施，一旦他们现有的智慧难以支撑上层给予他们的庞大权力，他们就不得不将这些分配给办事员去做，所以，真正的掌控权力的人是这些处理事务的人。"

总监对收到的报告的要求具体侧重在两个方面：报告中要有相关的事务和与之对应的个人的详尽资料。总监则是以一种如同亲身经历似的语调给总督代理写信，重新将报告中所得到的情报逐字逐句地复述一遍。

政府不停地开发研究出数以千计的审查方法，试图在巴黎就能够了解一切事务，并且遥控一切。行政程序的缓慢与拖延使得大量书面文件积压成山，像是教区重新修建钟楼、修葺本堂神父住所这样的要求，基本上都要两三年才能获批，哪怕是最少也要在一年以上。

在 1773 年 3 月 29 日御前会议的一则判决中有这样的记载："行政手续有其存在的必要性，但是它如此没有期限地拖延误事，只会让它引起人们更为强烈的怨愤。"

我曾经错误地认为只有今天我们的政府官员才会对统计有特殊的爱好，其实早在旧制度末期，统计就以小型报表的形式体现在人们与总督之间，这些报表大多由总督代理和教区理事负责。总监呈上来的报告记述得极为详尽：从土地的特性、农作物耕种的种类和产量，到畜牧业的产量，工业发展以及居民的风俗习惯，应有尽有。通过这种渠道得来的情报往往在准确度上还是有出入的，当然，这也是与同一情况下的专区区长和市长所提出的报告相对比而言的。在那种场合下，总督代理的属民们的品质就会遭到总督代理的差评。在行政官员中，有一种经济学说非常流行："农民的懒惰与生俱来，他们肯干活儿只是为了能活着。"这样的学说经常被政府官员们重复叨念。

从本质上讲，两个时代的政治语言大体相似，并没有很大的差别。在风格上，它们同样都是那样平淡无奇，表述冗长，没中心没主旨，看不出一丝凌厉。在这庸俗、平常的文笔中，很难还原出撰写人的独特面貌。语言上，省长和总督的文字如出一人之手。

狄德罗[1]和卢梭[2]的独特语言在18世纪末开始流行并广泛传播，当时的行政官员和财政界都深深地被这些作家书中满载的多愁善感所感染，沉溺于这种用通俗的语言进行冗长的陈述中。当时的行政文风也受其影响由一些枯燥的套话转变为温柔感人的文风。曾经有一位巴黎的总督就接到总督代理这样的感叹："在履行职责的过程中，他时常感觉到那颗饱含怜悯的心在这种强烈的痛苦中的挣扎与伤痛。"

居民做出一定的贡献是政府向各区发放慈善赈济的先决条件，这一点和今天几乎相同。总监会根据他们奉献的额度在分派清单上附以不同的评语，例如份额充足，他便会批以"好，表示满意"；而份额巨大时，

---

[1] 狄德罗（1713—1784），法国启蒙思想家、唯物主义哲学家、作家、百科全书派的代表人物，曾主编《百科全书》，另外还有大量著作，如《哲学思想录》《对自然的解释》等。

[2] 让·雅克·卢梭(1712—1778)，法国伟大的启蒙思想家、哲学家、教育家、文学家，是18世纪法国大革命的思想先驱，主要著作有《论人类不平等的起源和基础》《社会契约论》等。

会批以“好，表示满意与感动”。

行政官员中很少有不是资产者的，他们所独有的精神层面、道德标准、文化传统以及自尊心和荣誉感，无不预示着他们俨然是以一个阶级的形式存在的。这些行政官员可谓是新社会的显贵，已经气候初成并准备在大革命中占有一席之地。

那些对政府深埋强烈仇恨的资产阶级或贵族，企图从它的外部去影响公共事务，这便是法国行政当局的特点。政府开始畏惧那些不依靠政府扶助就自行建立起来的小团体，即便它们是最小的独立团体。无论它们是出于何种目的，都使政府感到不安。而那些由政府一手组成并由它（指代政府）主持的社团则是它的主要支持对象。它排斥竞争，哪怕是坚守贫乏也是甘之如饴。公民不管通过何种方式干涉到它对他们自身事务的考察的时候，都会引起它的反感，即便是大工业公司也同样为它所排斥。为了给那些曾经遭受过奴役的法国人聊以安慰，它便适当地给予法国人一些甜头让他们稍作放纵，所以那些有关宗教、哲学、道德乃至政治的一些普遍的或者抽象的理论，他们都得以自由地讨论。政府能够容忍的范围也很明显，倘若人们不再去恶意评论政府的一些小官职，政府便能够容忍他们批判当时社会赖以生存的基本原则，甚至一些政府认为那些与自己无关的关于上帝的问题也可以讨论。

在 18 世纪，被人们称作“迦梓特”（gazettes）的报纸引起了政府的极度关注，哪怕它所刊载的四行诗句多于争议性的文章。由于不能用特别强硬的手段去监管书籍，政府就不得不把目光转向了报刊，并力图使之为己所用。所以相较于书籍而言，政府对报纸的要求则更为严格。《法兰西时报》转为由政府全程监督和编排是国王路易十五在一次通告中宣布的，恰好，我查到了这份 1761 年国王给各省总督的通告，大体意思是这样讲的：“为了使该报刊凌驾于其他刊物之上，使此刊物变得更加有品位，你们必须要寄一份简讯给我，标明你们财政区内激发公民好奇心的所有事物，特别是关于物理学和博物学的一些稀奇见闻。”报纸的出版相比于其他报纸出版得更加频繁，内容也是有增无减，但是订阅费却便宜下来，这是通告中附带的介绍。

总督一收到这些文件就给总督代理致信，命其贯彻实施，然而可笑的是，总督代理却是一副毫不知情的样子，因此在大臣的第二封信中外省被训为无能：“我向你们传达了国王陛下的命令，你们就必须去严格执行，并将命令下达到你们的下属。”总督代理开始着手于这件事，而且确实搜集到了一些稀奇事儿，例如：某区有个偷运私盐的被处以绞刑，其表现出来的勇气令人赞叹；某区有个产妇一胎生下三个女孩儿；某区受到了一场暴风雨的袭击却毫无损失等。有一个人曾经发出这样的言论，说他不但自己订阅了一份如此有用的报纸，而且还建议所有有教养的人都前来订阅，尽管他十分上心这份报纸，却未在报纸上发现一件有意义的事情。对此，大臣在另一封信中提到：“国王陛下为了把报纸办好，不畏艰辛，亲自去了解各项措施，甚至不惜给予它应有的特殊荣耀和威望，然而他的旨意如此被人们轻视，使得他极为恼火。”

由此可见历史就如同一个画廊，赝品的数量要远远多于原作的数量。

在法国，我们需明白一点：中央政府仅是为了使一切再次归于无管理的状态，并没有效仿欧洲南部的那些政府。对于自己的任务，法国政府经常表现出了十分的理解和超乎寻常的积极性。然而它有时却致力于那些自己能力范围之外或者不能为人们所掌控的事情上，这就注定了它的积极性终将是一无所获，乃至危及自身。

一些最为必要的改革很少得以实施甚至直接被政府所抛弃，因为这一类改革想要取得最后的成功必然要花费很多时间和精力。相反，一些小的规章制度和法律政府则会适当地做出更改。在它所处的范围内，一切不得安宁。新规则如此迅速地不断改变使得深受上级控制的官员有些无所适从。总监接到了市府官员的抱怨，他们直指附属立法的不稳定性，认为“市府官员仅仅会因为一个财政条例的变化而不得不一心投入到各种新规章的研究之中，从而懈怠了本身的职务，哪怕他是终身制的”。执行法律的方法每天都会变化，并不会随着法律的变化而变更。从旧制度保存下来的秘密文件中我们能够了解到，当时既没有政治会议也没有报纸，大臣和他的官署不受任何约束，为所欲为，这使得法律形同虚设，任意被践踏。

一些新近制定、颁布但尚未实行的法律常常被引用到御前会议之中。在执行的过程中，国王的敕令、宣言和诏书都会经过很多层的改变，尽管它们之前都已经过庄重的登记注册。引用例外的情况不断发生，政府行事已经完全脱离了它自己的命令，这些我们能够在总监和总督的通信之中得到印证。虽然它与法律几乎不发生任何冲突，但是出于方便的想法，在每天遇到超乎寻常的情况时，它就会试图悄然改变法律的方向。

就国家工程招标者要求免交入市税这一问题，总督向大臣提出这样的想法：“根据我刚刚引证的敕令和严格的判决规定，王国内的所有人都应该缴纳捐税，然而尽管这些敕令、宣言以及判决已经得到确立，但仍会出现一些例外的举措对此造成影响，这些完全不能改变的强制性行为和与之俱来的各项处罚相类似，熟悉法律的人都应懂得这些。”

虽然一些条例、规则强硬而苛刻，但是实际施行起来却是怯懦、松懈而怠慢的，这便是旧制度所报露出的原形，也是它所独有的特殊之处。

那个时代的政府，是不能够通过法律汇编来判断的。1757 年国王颁布了一个这样的宣言——凡是依靠文字违反现行制度和宗教的人，一律处以死刑。贩卖、销售这类书籍的商人和书店也都会受到相应的刑事处罚。有人会问这样是否会让我们回到圣多米尼克时代，答案是否定的，这个时代将铸就一位文坛巨擘伏尔泰[1]。

[1] 伏尔泰（1694—1778），法国启蒙思想家、文学家、哲学家、史学家。伏尔泰是 18 世纪法国资产阶级启蒙运动的旗手，被誉为“法兰西思想之王”“法兰西最优秀的诗人”“欧洲的良心”。主张开明的君主政治，强调自由和平等。

法国人经常藐视法律的存在，这使得人们不能够理解，也不知道他们何时才会开始重视法律。在旧制度的人们的脑海里，根本不存在法律的概念。用法规来制约法规是人们反对某一法规时所特有的体现，那些恳请者要求将现行法规抛在一边的态度，俨然如同一条新的法规一样，要求人们去遵守它。人民与当局始终是保持着细微的平衡的，倘若人民情绪激动，暴动将会因为一些细小的事物而引发，而这时的法律将不再起到任何效用，取而代之的是暴力和专权，这也是当局借以强力压制人民的有效手段。所以人民遵从当局并非是出自意愿，而是遵循着某种习惯，以一种完全、周密的方式来服从当局。

为何在个人与中央政权之间，只存在毫无边际、毫无阻碍的空间？为何在个人的眼中，催动社会这一庞然大物的绝无仅有的力量源泉就是中央政权？为何在个人眼中，公共生活中必不可少的绝无仅有的授权代表也是中央政权？这一切皆源于中央政权摧毁了所有的中间政权机构，尽管 18 世纪的法国中央政权还未形成一个健全有力的整体，这为它后来所拥有。

污蔑政府的人的文章是最能够证明这一点的有效证据。随着大革命之前很长一段时间的疑惑的推动，各种与社会有密切联系的新的政府体系接踵而至。改革家们的手腕是大致相同的，尽管他们所要达到的境地或标准各不相同。这些人认为，中央政权是唯一能够摧毁一切的机构，所以他们想要借助这一力量废旧立新，依照自己的新规划，重塑河山。“如果我们掌握了如何使它正确应用自己的力量，那么国家力量就不该受到任何束缚，像国家权利一样”，他们是这样说的。有一位十分喜好贵族权利的贵族——劳米拉波，他曾直言称总督为僭越者；他曾宣布，为了防止法庭演变为特派员团伙，任命法官的权力是无论如何都不能交予政府的。劳米拉波认为，他的幻想只有依仗中央政府才能够实现，因此，他也是中央政府的忠实信徒。

这些思想开始渗入到所有人的精神领域之中，并与之风尚相结合，融入人们的习俗中，蔓延至各个领域，直至实际的日常生活之中——它们已经完全脱离了书本。

要搞好一切事务，必须要有国家的介入，这是大家所普遍认同的道理。如那些从事耕种的农民竟然相信，农业没有得到明显的改善，政府要承担主要责任，是由于政府不提供充足的咨询以及足够的帮助。要知道，在平时，对于那些墨守成规的制度最为抵制的无疑就是那些从事耕种的农民。其中一位耕种者致信给总督，信中难掩愤怒之气以及大革命来临的气息："种田人的耕种方法，管理、饲养牲畜的方法，出售以及在哪里上市牲畜的流程，都需要政府的扶持和帮助。政府为何不指派一名巡视员，使其每年都在各省巡视一遍这些情况并加以指导？应当以丰厚的报酬来犒劳这些巡视员，并对那些耕种出色的耕种者也给予特殊的荣耀。"

萨福克郡的农夫从来都没有想到，这世上竟然还存在"巡视员和十字勋章"这种方法。

不同于人民的惧怕，骑警队在有产者的眼中是最为值得信任的对象，所以对于只有政府才能够保证公共秩序的说法为大多数人所认同。对于人民和有产者而言，骑警队骑兵是集秩序的本身和捍卫者于一身的。

"大家都能看得见，只要骑警队骑兵一出现，即便是那些看似无畏无惧地要超越天地的人也都要像老鼠见了猫一样安分起来。"这是基耶纳省议会所阐述的观点。所以，门口能有这样一队骑警队的骑兵是所有人的期望。p200 貌似完全没有人会料到，主宰者就隐藏在这些保护人的身后，这类申请一直不断，这在总督辖区的档案内都有记录且数量繁多。

这样的自卫队在英国却不存在，这是令那些逃亡到英国的贵族最为震惊的事情。

其中就有一位德才兼备的流亡贵族，因教育所限他对眼前发生的一切显得有些措手不及，他曾这样记录道：“一个英国佬在被人行窃之后竟然觉得很幸运，这说明在这个国家没有骑警队，这件事的的确确在我眼前发生了。这些人对法律条文有着超乎想象的信赖，这就导致了他们既会恼火于一切破坏治安的事情，又会在那些破坏者重返社会时寻求自我安慰。”他又进一步说道：“然而，一些有智慧的人是不存在这些错误思想的，而是与之相对立的，时间久了，这些人的思想必将成为主流。”

这位流亡的贵族对于英国的这种奇怪现象百思不得其解，更不会联想到这与他们的自由或许有所关联。针对这种现象，他更信赖于自己擅长的科学思想：“这些人的性格和思想感情是偏于阴暗面的，造成这种结果的原因是这里的气候潮湿，空气流动性差。这也是造成这个国家的人民喜欢一些严谨、有法度的事情的主要原因。完全不同于法国人民的秉性，关心重视爱国之道是英国人民先天具有的品质和性情。”

政府一旦站在了上帝的位置，就会受到那些需要的人的祈求。一些细小而繁多的有关私人利益的诉状大多都冠以公共利益之名，使得诉状的数量大大增加起来。集中旧制度社会一切等级的唯一所在恐怕就是那些装着诉件的文件箱了。这些诉件的投诉者有农民、富裕的所有者和工业家，他们投诉的内容也各有特色：或是要求自己牲畜和房屋的损失得到赔偿，或是要求帮助自己开发土地，抑或要求自己在一些对自己有害的竞争中被付诸某项特权。一些制造商以买卖境况不佳为名请总督向总监申请借贷或援助，这种情况颇为多见。其中有一笔基金就是为此设立的。

贵族对自己的身份优势有着先天的骄傲，因此哪怕他们变成了恳求者，他们祈求时的态度也是一如既往地高调和傲慢。导致他们形成依赖性的关键所在还是在二十分之一税上，大多数人都是这样。由于贵族的税收额度是御前会议根据总督每年的上报情况而制定的，所以总督经常接到贵族们一些要求延缓或减免税务的信件。他们常常以“写请求书是因收入不足或境况不佳”作为自己写信的缘由，而且写这些信件的人差不多都是有封号的贵族，甚至大多都是大领主。在他们的请求书中，总以“阁下”来称呼总督，而不是像平常那样以“先生”来称呼的，这使得他们资产者的气息十足。贫穷与高傲有时候会在请求书中以一种滑稽可笑的方式相结合。其中一位贵族就在请求书中这样写道：“像对待平民的父亲一样对待一个贵族的父亲，分文不爽地要求他交纳二十分之一税，我想这是您那颗感觉敏锐的心所不允许的。”

在 18 世纪，饥荒频频，总督就如同各个财政区居民的唯一救星，使得居民们蜂拥求助，仿佛总督是粮食的唯一持有者。政府接受了每一位贫困者的指责，这是不争的事实。他们甚至认为，一切都是因为政府的过错才导致了一些无法避免的灾难、祸事以及气候季节的反常。

我们不必震惊为何中央集权制在本世纪初（译者按：指 19 世纪，后面的“本世纪初”皆是指 19 世纪）的法国重建起来竟是如此地容易。在 1789 年，那些摧毁者在将这座建筑彻底颠覆的同时，也将它的基础铭记在心，是以才能轻而易举地将其重建起来，并使其坚固程度更胜从前。

第七章　法国怎样才能在欧洲各国中成为一个以首都为中心、掌控各省的国家

在一个帝国内，政府的性质决定了首都对其他地区的政治优势，而与地理位置、宏伟、富饶这些特点无关。

大不列颠的命运从未被伦敦所左右，尽管伦敦的居民已经多到可以抵得上一个王国。

美联邦的命运同样不受纽约人民的左右。今天，纽约居民的数量已

经与法国大革命爆发时巴黎的数量相差无几，但是仍然没有人会去设想纽约市的单独意志，并借此独揽指挥权操控一切事务。

在法国的宗教战争时期，与王国的其他地区相比，巴黎的总人口与1789年的巴黎人口不相上下。这也仅仅是一个数量上相互比较而已，再无其他意义。巴黎在投石党运动时期只是一个法国的最大的城市，而到了1789年，它就已经成了法国的标志。

孟德斯鸠[1]在1740年就曾致信给他的朋友以这样的观点：巴黎和偏远的外省现在还只是各自独立的，并没有彼此接纳融合。米拉波侯爵是一位幻想爱好者，有时候也会发表一些见解，他在谈及巴黎时，并没有指名道姓地说："首都就像人的大脑一样，是整个身体的指挥中心，如果大脑过于臃肿庞杂而不精细，那么它就很难去控制整个躯体。同样的道理，倘若将外省居民以二等臣民的身份置于直接依附的地位，我们是否就做到了大脑的瘦身？倘若断绝外省所有获得功名利禄的职业和道路，将所有人才聚集到首都，我们是否就做到了大脑的精益求精？如果这些都做到了，我们可以想象会得到怎样的结果。"米拉波认为，这是一场潜在的革命，它无疑是给外省一个釜底抽薪，让外省的显贵、商人和才智之士向首都靠拢。

前面几章对于这一现象的缘由已经做了阐述，细心的读者应该有所发现，我在这里就不重复啰唆了。

城市的壮大引起了政府的高度注意，这也使得这场革命在政府面前无所遁形。巴黎的日益壮大使得政府开始担忧这个巨型城市的治理问题。在17世纪和18世纪，国王们开始着手于阻止城市的不断壮大，而且颁布了大量的敕令。君主们希望巴黎能够维持小规模，但又不得不将整个法国的

[1] 孟德斯鸠（1689—1755），法国启蒙思想家、社会学家，西方国家学说和法学理论的奠基人。曾被选为波尔多科学院院士、法国科学院院士、英国皇家学会会员、柏林皇家科学院院士。他是法国首位公开批评封建统治的思想家。

公共生活引向巴黎城内或者巴黎郊区。建立新房屋已被政府所禁止，而不能避免仍需要建筑的就要用最昂贵的建筑方式，而且建筑地点也已经被事先指定，大多都是一些不怎么吸引人的地方。在所有的敕令中，巴黎遵循着所有的可能性继续扩大。巴黎不断扩大的趋势已经势不可当，条条敕令在其面前显得柔弱不堪，哪怕是在路易十四全盛时期做过六次的努力，也没能阻挡其脚步。相较于巴黎的不断向外扩张，巴黎的重要地位的增长则更为突出。而这一切都是源于外部因素，而非内部因素。

地方自由权此时却是处在不断流失的状态。那些象征自由的征兆以及事物开始消失或者迷惑不清，例如那些曾经存在的独立生活、不同省份的清晰面貌以及那些旧的公共生活等。当然这并不是国家衰退的表现，这只是地方的削弱。巴黎作为原动力的中心，依然强大，不停运作着。我只抽出无数例证中的一个例子。我曾查询了这一时期大臣接到的关于出版状况的很多报告，发现在 16 世纪和 17 世纪初，外省的许多曾经存在的大印刷厂现今都没有了印刷工或者没活儿可干。18 世纪末出版的各种书籍要比 16 世纪多出很多，而且这些书籍的思想动力都是来源于中央。由此可见，巴黎与外省已经完全融合，并且成了各地区的龙头老大。

首场革命便在法国革命爆发之际率先在巴黎完成[1]。

三级会议召开后没多久，也就是攻克巴士底狱的前几天，著名的旅行家阿瑟·杨格离开了巴黎。与在外省的所见所闻不同，他在巴黎看到的景象着实使他大开眼界。此时的巴黎，其活跃可谓是空前绝后，几乎时时刻刻都会有政治小册子被制造、发行出来，有时候一周的发行数量

[1] 这里的首场革命，是指 1789 年 7 月 14 日，巴士底狱被攻占。巴士底狱位于巴黎，是一座在中世纪建立起来的城堡和监狱，被人们普遍认为是法国封建政权统治的象征。而攻占巴士底狱则被公认为是法国大革命爆发的象征，其发生的日子 7 月 14 日此后被定为法国国庆日，即便那时巴士底狱只关着七名囚犯（包括四名伪造犯、两名因道德罪被收押的贵族，以及一名杀人疑犯）。

竟有 92 册之多。他这样说道："像这样的出版发行运动，即使是在伦敦我也没见过与之相似的情况出现。"然而在巴黎之外则与这种状况截然相反，政治小册子的印制可以说是少得可怜，报纸更是闻所未闻。他认为除巴黎之外，到处都是一片死寂。当然这只是外省还没有采取行动罢了，他们的民情激荡，点火就着，他们有时候通过集会来听取巴黎传来的消息，以观风向。阿瑟·杨格每路过一座城市都会向当地的居民询问他们的想法。

"我们必须要看清巴黎是怎么干的，毕竟我们只是个外省城市而已。"他无奈地继续道，"所有的回答都是这样的千篇一律。他们根本不敢有什么主见，只会跟在巴黎的身后亦步亦趋。"

让人非常震惊，那些比君主制还要古老的旧省份竟然被制宪会议一举废除。制宪会议像是在新世界划分未被开垦的土地一样，有条理地将王国划分为 83 块不同的区域。基于这件事情的无可预见性，使得没有任何防范措施的整个欧洲都对此感到无可比拟地惊奇和恐怖。伯克对此发出了感慨："这是我头一次看到人们以如此残暴的方式分割自己的国家的。"看上去，人们是在强行撕裂活着的身躯，其实不过是在分裂一具尸体而已。

因此，巴黎不但从外部取得了至高无上的权力，而且还从内部上完成了一个重要的转变，它们都有值得历史注意的地方。此时的巴黎已经由一个仅只是集交换、贸易、消费和娱乐于一身的城市，转变为一个以工厂和制造业为主的城市像，这种全新的让人感觉到恐惧的特殊之处正是第二个事实给予第一个事实的。

这样的事情发生，已经有很久的原因。巴黎自中世纪开始就是王国内最大、手艺最为精良的城市，到了近代，更加凸显出这一点。行政事务、工业一个挨一个接连不断地聚集到巴黎。此时的巴黎已成了各个领域的领头羊，它是时尚界的楷模和公断师，是全国活动的主要发源地，是权力与艺术的唯一核心——巴黎可以说是整个法国工业生活的浓缩。

虽然旧制度的统计文献并不可靠，但是我们仍然可以有所依据地说明一些事情：在大革命前六十年里同一时期的巴黎，工人数量增长了两倍，而总人口的数量却只增长了三分之一。

巴黎的工人区由那些被吸引到巴黎的外省工人组成，这些人或是因为上述的一些普遍原因慕名而来，或是因为一些其他的特殊原因被吸引到这里。当时，巴黎在工业上的财政立法障碍相较于法国其他地区要少很多，很容易脱离行会会计师的约束和限制。在这方面，像圣谙拓万区、唐普洱区等一些郊区更是享有非常大的特权。路易十六为了使圣谙拓万区的工人数量继续加大，便变本加厉地加大该区的特权，他曾在一份敕令中这样说道："我们要帮助圣谙拓万工人摆脱那些伤害了他们的利益，同时也伤害了贸易自由的各种障碍，给予圣谙拓万工人我们予以保护的新标志。"

大革命前夕，工厂、高炉以及制造业的大量增加引起了政府的极度的警觉和重视。随着工业不断发展，政府那些主观想象到的恐惧后果开始肆意蔓延。对此，我们还在文件中发现御前会议在1782年有过这样的判决："制造业发展得如此迅速，使得木材的消耗极为严重，更是严重地影响到城市的供应，因此，国王下令：以后这类工厂严禁在城市的方圆15里之内建造。"在当时，人们并没有察觉这种人口聚集所产生的巨大隐患。

巴黎最终在法兰西占领了主导地位并掌控整个法兰西，而且建立了一支军队，一支即将掌控巴黎的军队。

近40年来，一个个政府在我们眼前组建、垮台，究其原因无疑是行政上的中央集权制和巴黎至高无上的权力。在今天，这一点几乎全部为人们所认同。旧君主制度能作为孕育所有其他革命的首场革命，其原因也是如此，这一点我可以很容易就让大家明白，就像为何君主制突然间土崩瓦解一样。

第八章　在法国，人们相互之间变得如此相像

旧制度下的法国存在两种迥然不同的状况，所有试图对它进行调查研究的人都会发现这一点。

所有活在旧制度下的法国人在外表上竟然是如此地相似，尤其是那些身居中上流社会且备受瞩目的人。

这些人虽然彼此之前完全相类似，但是却遭受了无数阻碍物的阻挡、隔断，以至于最终使他们被迫相互隔离开来，形成一个个独立的部分。这些新生成的部分则是以自身利益为重，对全体的生活不屑一顾，完全发展成了一个完全不同的社会。

相较于其他地方的公民，法国公民在危机中相互扶持、团结一致的精神显得极为匮乏，因此像这种毫无休止地划分，致使力量更加松散的行为无疑会使这样的社会在大革命的洪流中崩塌、淹没。所有那些阻挡在人们之间的阻碍物都将被这场大动荡洗涤一空，取而代之的是一个更加紧密、集中以及完全相同的冰冷社会，它超越了以往的任何一个社会。

我在前文中已经提到过，导致所有法国人彼此之间全然类似的原因是：很久以来各省所独有的生活已经磨灭、消失，而且这种情况几乎已经蔓延到了王国的各个角落。国家统一的一个直接的表现就是立法的一致性，对此，我们透过一些尚还残存在的差别就能看到。在 18 世纪，不论是国王的敕令文告，还是御前会议的判决，在数量上都有明显增加，这也促使他们敢于将同一种制度规章以同一种方式在整个帝国执行。法律的普遍一致主要是体现在没有地区和个人之分，关于这一点，统治者与被统治者表现出空前一致的认同，在大革命爆发前 30 年不断出现的革

新和发展计划中，这种思想极为普遍。假如我们可以把它称为一种思想材料，那么这种思想材料在两个世纪以前是被告知不存在的。

这种变化与他们不同的地位是毫不相关的：各省之间、各省之内、各个阶层，乃至所有排除平民百姓身份的人，他们都愈发变得更加类似。

能充分有效说明这一现象的无疑是1789年各个等级所呈交的陈情表了。这些陈情表的起草人在各个方面都表现得近乎相同，唯独在利益上产生了各不相同的想法，这是人们所见到的真实景象。

在那个时期，有许多共同的利益和共同的事务使得贵族与资产者紧密地联系在一起，他们之间所表现出来的仇恨更加细小，然而他们仍然表现得格格不入。这些与之前截然相反的情形，通过研究一下初期的三级会议，你就能有所了解。

时间在这里也起到了双面性的作用，它不但可以使这两种人不同的特权保持或加剧，而且还可以是这两种人在其他方面变得完全相同。

法国贵族经过无数个世纪的冲刷逐渐走向贫困。1775年，一位贵族对此深感悲恸，留下了这样的感慨："贵族虽然享有特权，但是还依然避免不了破产、消失甚至灭亡，而那些财富却最终被第三等级所掌控。"贵族在经济上的地位以及一些保障贵族财产的法律都未有任何改变，但是其中一部分贵族沦为贫困，主要还是因为失去了权力。

在人体中，除却维持生命健康存在的各种器官之外，还存在一种生命的本源，这是一种无形却非常主要的力量，而这种类似的力量在人类的制度中也存在，人们都是这样认为。这种生命的本源仿佛是承载生命的烛火，一旦熄灭，即便是器官依如往常一样律动也避免不了坠入颓败、灭亡的深渊。在伯克所存在的时代，替代权利和继承权在法国要比在英国常见的多，而且更具强制性，像长子的继承权、永久地租和人们所谓的一切用益权。贵族的免税权不但得以维持，而且还使得这项权利大大增加，因此尽管他们失去了职务，但是还是能够得到补贴的。随着治理习惯以及治理精神的不断缺失，他们中有一部分会逐渐走向贫困，而这一部分正是那些还没有享受到金钱上的好处的他们的先辈。在上文中，正是由于这种贵族的贫富分化造成大规模的土地划分。贵族们只保留那些仅仅空有外表的门面上的东西——领主的定期租金，而土地则一份份地出卖给农民。像蒂尔戈提到的利穆赞[1]一样，有许多贫穷的小贵族基本上已经不再拥有土地，而是依靠领主权和地租维持生活，这种情况在法国的很多个省份都有出现。

“虽然贵族家庭的数量在这个财政区已经增至上千家，但是年金能够达到 2 里弗尔的连 15 家都不到。”这是一位总督早在本世纪初就观察到并记载的现象。我曾经在一份交接总督工作的介绍中获取到一些信息，这是一位总督在 1750 年为其继任所作，大体上是这样说的：“在这个地区，贵族非常贫穷，他们现今仅存的就是和善的外表和那些曾经身为贵族的骄傲。与他们过去所拥有的权力和财富相比，他们显然是受到了前所未有的羞辱。然而让他们身处这种贫困的境况，让其履行相应的职责并有求于我们也未尝不是一个很好的决策。”此外，总督还描述了一个场景作为补充，“这些人聚集了一些能够证明自己四代宗亲皆为贵族的人，并组成了一个团体。这个团体每年都会召集一次会议，会议中都会有总督光临，然而这个团体只不过是在允许的范围内活动而已，并没有得到政府的任何许可。会议中，他们在一起聚餐，举行宗教仪式，结束后各自回家，或骑马，或步行。这是个多么有趣、多么好笑的机会呀！”

在欧洲的大陆我们也可以多少看到一些贫困的贵族，而并不只是局限在法国，那些地方同样是封建制度被推翻，又没有新的贵族形成，这一点与法国一样。这种贵族的衰落在莱茵河流域的德意志民族最为显著，

[1] 利穆赞是法国中部一个大区的名称，北邻中央区。下辖科雷兹省、克勒兹省、上维埃纳省。

也最能够引人注目。然而与此相比，英国的状况却是迥然不同。那些古老的贵族至今还依然存在，他们在维持现有财产的同时还大大扩大了自己的财富。在财富上，这些古老的贵族一直被新贵们所效仿，从未被超越；在权力上，他们依旧是独占鳌头。

其实也难怪会有人说一些平民是靠汲取贵族们的养料逐渐强大起来的，因为法国贵族失去的所有财产大都是由平民来继承的。虽然在致富的道路上，法律没有给予资产者一些有利的保护和帮助，但是资产者仍然能够发财致富。相比于一些贵族，他们的财富很多时候能够与之相当，有的甚至比贵族还要富有。这些资产者大多是田地占有者，有的还占有领地，但是他们平常都是在城里居住，他们的财富都是以这类形式存在的。

通过教育的普及和生活方式的潜移默化，这两种人的相似之处愈来愈多。资产者的知识与贵族的知识同属一个来源，而且在容量上近乎相同，这是非常值得我们关注的地方。一抹阳光，同时将资产者与贵族笼罩。巴黎把同一种方法和言行举止给予所有人，慢慢成了法兰西教育上的领路人。这说明，相对于资产者与贵族，理论性和文学性同样存在于教育之中。

言行举止这种外在的风尚想要得到统一，如果没有很长一段时间的磨合，那是完全不能够的，所以在 18 世纪末，贵族与资产阶级于言行举止上的差异还是很容易被人民发现的。然而，所有那些身居高位、凌驾于人民之上的人，他们在思想、嗜好、习惯上都几乎相同，甚至连参与的娱乐活动、阅读的书籍、拥有的语言都不差分毫。可以这样讲：他们唯一的差别只是在权利上。

在英国，虽然一些共同的利益将各个阶级捆绑在一起，但是这并不能够完全统一他们一些内在的精神和外在的风尚，所以，像这种“除却权利之外，全无差别”的现象是否同样也出现在其他国家，着实值得我们推敲一番。这也说明这种政治自由虽然充满神奇的力量，但是让他们彼此永远相同是完全不可能的，尽管他们可以凭借一些东西使公民之间的利益相互捆绑、相互依托。这种情况被人们称为独夫政体，这种政治独裁的体制的确可以随着时间的推移使人们彼此相似，但是它的弊端也是显而易见的：使他们对相互之间的命运漠不关心。

第九章　如此庞大的一个大相近同的团体是如何被分裂成一个个独立而陌生的小团体的？人与人之间为何如此互不关心？

向大家描绘一幅哪怕是在法国也是前所未闻的画面：有这样一群法国人，他们彼此之间大相类似，但是却相互孤立，而且这种孤立更甚于其他国家的人——这便是我们所要观察的貌似大相类似的背后不为人知的一面。

所有的国家首领在最一开始只不过是一个掌控权力的阶层，然而后来却逐步发展为了贵族，只不过在欧洲封建制度建立之初，他们没有形成一个宗族而已，但是他们的确是后来人们所说的贵族。我不再在这个问题上深究，只是想告诉大家：在中世纪，贵族就已经转变为整个宗族，一个人的出身是判断他是否为贵族的标志所在。

公民团体由贵族组成且有统治权力，它保有一些掌权阶级本来就有的一些特点，而这个团体的领导人的确立则是要取决于他的出身。这个由贵族组成的特殊阶级排斥一切非贵族出身的人，这也导致了这样的局面：在国家中，那些非贵族出身的人永远只能拥有从属的职位，无论高低。

不同于英国那些继续掌权的掌权者，在欧洲大陆所有建立封建制度的地区，这些由掌权者新晋的贵族都转变成了宗族。

让我一直备感惊奇诧异的是，存在这样一个事实：它让英国在所有的现代国家中别具一格，使人们开始理解英国法律、精神和历史的独特之处。然而，它却被更多人所忽略，哲学家和政治家们对此浅尝辄止，而英国人则是基于自己的习惯对此选择无视。对于这个事实，人们没有一个清晰的认知，更不能用言语将它描绘出来——对于这样的说法，我也深以为然。孟德斯鸠 1739 年在英国游历时做过半截子阐述，虽未曾深入，却也是一语中的，他是这样说的：“我现在所在的这个国家，和欧洲其他地方的任意一个国家都迥然不同。”

英国之所以与欧洲的其他国家相迥异，原因在于其更加有效和特殊的事情，而不是由于它的国会、陪审团、自由以及公开性。在英国，种姓制度并没有依托另一种新的形式残存下来，而是被彻底摧毁，这也是唯一一个将种姓制度彻底消除的国家。英国的贵族与平民几近平等，他们可以选取相同的职业，做相同的事务，甚至彼此之间婚姻自由。在那里，即便是最大领主的女儿嫁给一个新人，那也不会是一件丢面子的事儿。

通过对婚姻情况的调查，你就可以了解到种姓是否已经消失，其在人民中间所造成的思想、习惯以及障碍是否已经磨灭。这些带有决定性的特点也只有在这里才能够寻得到。直至今天，在法国也很难找到这种特点，尽管已经有了 60 年的民主历史。旧的世家与新的家族始终会想方设法地避免通婚，哪怕两者之间在表面上早已经如同一个整体。

值得人们关注的是，英国贵族的谨慎、开放和灵活更甚于其他贵族。“贵族”一词在一些国家仍保有古老而严密的意义，如果我们把这个标准放在英国，那么这种严格意义上的贵族是几乎不存在的，这一点我必须做出说明。

由于时间太过久远，这场革命几乎已经被人们所淡忘，然而存留下来的一些惯用的词语却成了这场革命真实存在的有效证据。曾经译为“贵族”一词的“gentilhomme”现今的含义却是相去千万里，代表“平民”词的“roturier”更是早已无迹可寻，这是无数个世纪以来最真实的体现。其中有一诗句已经完全不能够翻译成英文，这诗句出现在莫里哀1664年所写的《伪君子》中：“Et，tel que l’on le voit，il est bon gentil homme.”这句的大意是“他看着一副不招人待见的样子，其实是个出色的贵族”。

倘若你跨越时间和空间的界限，追随“gentleman”（绅士）一词的发展规律，你就会发现，这个词语是从法语“gentilhomme”（贵族）一词演变而来的，这也使得语言科学有了历史的依据。在英国，它的意义也会随着地位的相近和相容逐渐增大。

这个词儿所代表的人的社会等级，随着一个个世纪的不断降低。英国人最后把它传到了美国，并用以广泛代指一切公民。民主历史其实就是它的历史。

“Gentilhomme”（贵族）一词在法国大革命之后几乎无人再度使用，然而它的词义仍旧秉承它原始含义的，局限在狭小的界限之中不曾有所变化，即指的该种姓的成员。也正是因为这个种姓的本身得以保留，与以往其他的社会等级分离，使得这个词原封不动地留存下来。

我更要进一步指出，种姓和其他等级的分离与这个词最初诞生之际相比，显得更加肆无忌惮，而且一个与英国截然相反的运动悄然出现在我们中间。

资产者与贵族之间相同的东西越多，他们的隔阂也就越多，所以他们并不是此消彼长的关系，而是各自独立存在的。

领主经常与所有经营领土的人一起治理领地，这甚或成了领地转让的一个非常重要的条件。这些经营领土的人大多不是贵族，当时，被封建时代称为附庸。当然，这一切都是要建立在封建制度还保有统治权的情况下。这些经营领土的人必须听从领主的调遣，或与领主并肩战斗，或依照特许权帮助领主审判，治理居民，在这期间他们要一直在领主法庭中度过。封建政府的一个极为重要的组成部分就是“领主法庭”。在欧洲全部的古老律法中或者在现今德国的很多地方，都存在领主法庭的影子。为了研究封建制度的法律法规和土地赋税簿的改革创新，学识渊博的封建学家艾德姆·德·弗雷曼维尔曾在法国大革命前三十年萌生为此写一部巨著的想法。弗雷曼维尔这样描述道：“附庸们被要求每隔15天必须去一次领主法庭，并且在人员到齐后协助领主或其普通法官审理案件，这些案件大多都是一些居民中出现的刑事案件和纠纷，这种情况在很多领地都有出现。”他继续道，“这些附庸大多都是平民，有时候会在一个领地看到80、150甚至200个。”为了说明农村阶级是怎样与贵族相靠近并联合起来处理同一事务的，我不得不在此引用一段原话。当然，我也只是把它当作例子而已，因为能够证明这一点的证据实在太多了。与一些农村小所有者受到领主法庭的扶助一样，城市的许多资产者也受到了省三级会议和更迟出现的全国三级会议的帮助。

第三等级在这些会议中所展现出来的力量和所占据的地位是十分令人震惊的，对此，我们可以在14世纪保存下来的资料中有所启发，尤其是同一时期内来自省三级会议的资料。

在当时的政治社会里，14世纪的资产阶级所占据的地位要比18世纪的资产阶级所占据的地位要高得多，而且更具保障性，然而14世纪的单个资产者相较于18世纪要逊色很多。毫无疑问，资产阶级可以参与政府的权利，也在政治会议中起到了举足轻重的作用。资产阶级也因此受到了其他阶级的重视。

贵族和第三等级在一开始竟能够如此容易地联合起来一起管理事务，抵抗斗争，这是十分令人震惊的，尽管后来做得不尽人意。在14世纪，无论是三级会议还是省三级会议，受一些天灾人祸的影响，它们或多或少都会有一些非正规的革命性质，虽然省三级会议一向依照正规的惯例行事。例如在奥福涅省，一些最重要的举措都是由三个等级一起商讨、制定出来的，并且在三个等级中同样机会下选出的特派员的监督下实际施行。相同的情形在同一时期也出现在香槟省。**发生在14世纪初期的一场有名的运动可谓世人皆知：为了抵制王权的侵害，捍卫各省特权以及国民自由，城市中很多资产者和贵族开始为了共同的目的联合起来。p202 有许多类似的插曲仿佛是从英国的历史中剪辑出来的一样，出现在那个时期我们的历史之中。p202** 这样的情景在之后的时代里永远也不会出现了。

贵族和资产者在公共生活中的联系主要建立在领地以及三级会议，然而，领地统治的溃散和三级会议的停滞使得地方自由与普遍自由毁灭、消亡，这唯一能使两者联系起来的东西也即崩断、消失。没了使他们联系在一起的事物，他们再也找不到相互靠近的理由，更不用说一起去面对困难了。也正是因为如此，他们开始活在各自的世界，逐渐相互陌生起来。这场革命到了18世纪即已经彻底结束，贵族与资产者们偶然相遇也只是在私生活当中。他们之间的关系已经从竞争上升到了完全敌对的层次。

在法国，贵族等级虽然丧失了政治权力，但是作为贵族的个人则是获得了很多他们从未享有的特权或者更多的已经享有的特权，这便是法国的特殊之处。我们可以认为是整体的溃散促成了个体的强大。贵族阶级的统治权逐渐被取缔，日益减少，然而贵族个人享有充当主人的第一奴仆的专有特权却逐渐增加，所以相比于路易十六时期，路易十四时期的平民做官更容易一些。这种情形在普鲁士已经普及的时候，在法国却鲜有碰见。这种特权是世袭制的，一旦拥有，则世代受益。随着贵族阶级掌握的权力不断减少，它便不断地向着宗族的形势发展。

在贵族所享有的这些特权中，免税特权最使人憎恶：免税特权的持续增长，从15世纪一直延续到法国大革命的爆发，这一点大家很容易看清。它的增长速度是与国家开支的速度成正比的。通过一个例子我们就可以明显地看出这一点：同样是免交军役税，查理七世统治时期的征收标准是 120 万里弗尔，而路易十六统治时期的征收标准却是 8000 万里弗尔，由此看来，路易十六时期的免税权是明显加大了的。然而，军役税却并不是平民所要交纳的唯一税，还有通过各式各样的名目以及各种各样的手段增加出来的军役税及其附加税，例如，其他四种捐税也被归为军役税，而中世纪的一系列负担——跟所有工程、所有公共事业有关的各种各样的徭役，自卫队等都归于附加税中，纵然是征税本身也各不平等，这项细细算来，贵族的免税量就太过巨大了。由于贵族本身是免税的，却要替他们的佃户交税，所以这种外表上的不平等要远远大于实际上的不平等，显然，这种显而易见的不平等要比那些光凭感受触摸到的不平等要有害的多。

人头税和二十分之一税是两项普遍税，它们是路易十四末期，在财政压力下建立的。免税权是一项值得尊敬的特权，要视为神明一般来侍奉它，哪怕是触犯了它，**对此人们也万般小心，只要是有一起交税的地方，征收的情况也是各不相同的。p203** 对于捐税，人们也有着不同的看法：有的人认为它是严肃、厉害，且对名望与声誉有害的事情；有的人则认为它是一件气量宽大，令人感到光荣的事情。

捐税的不平等性，无论是在法国，还是在整个欧洲大陆，都是普遍存在的。然而法国却与其他任何一个国家的做法不同，它把这种不平等推到了明面儿上，而且让人们时时刻刻都能感受得到这种不平等的存在。间接税是德国大部分地区诸多捐税中的主流捐税。贵族特权在直接税上的直观体现就是使得贵族能够将在共同捐税上的负担降到最小。虽然无偿服兵役已经在贵族身上得不到任何体现，但是贵族还是会保持交纳这些特殊的税务，使得无偿服兵役的地位得以维持。

捐税不平等所造成的危害极其强大，而且很容易衍生孤立，是一切将阶级与人加以区分的方法中最为有害的一个，并且把不平等和孤立推向了极端。阶级界限在每年的捐税分配中都非常清晰和明显，这一切都是贵族和资产阶级不再交纳同样的捐税所造成的后果。

所有享有特权的人都会有这样一个深切的体会，他们能够深切地感受到一种很实在、很紧迫的利害关系的存在，驱使他们去做新的尝试，并从民众之中脱离出来。

可以说，捐税几乎是一切公共事物的起因或结果：他们之所以失去了在一起商讨、解决问题的理由，感受不到共同的情感和需求，全因他们不再平等地缴纳捐税；他们这种想要一起行动的想法和可以一起行动的机会，已经完全被人们用某种方式强制抽离。对此，我们无须再多做打算。

对于能够让资产者轻而易举地成为贵族的制度，伯克对此大为赞赏，他认为这一点与英国开放的贵族制度有很多相像的地方，对此伯克还专门勾勒了一幅肖像来诠释法国的旧政体，显然是进行了进一步的点缀，使其更加美观。在路易十一统治时期，他以翻倍的封土授爵作为一个贬低、压制贵族的有效手段，而他的后人为了谋得金钱在这一方面是更显宽松不加控制。在伯克那个时代，我们被告知竟有 4000 个官职用作晋升贵族之用。伯克曾一度试图证明英国与法国的这一特点相似，他的这种做法显然是行不通的，因为这种现象未曾出现在除法国以外的欧洲其他任何地方。

英国贵族的开放性和进入贵族阶级的可操作性虽然令人大为赞赏，但是都不足以成为中产阶级与贵族彼此紧密联合起来的主要原因。英国贵族本身就具有外形与界限模糊不清的特征，这也导致了那些不知何时踏足贵族阶级的中产阶级迷失自我，他们能够接近贵族，并与贵族政府建立联系，他们沐浴在贵族的权势所带来的光芒与好处之中，分享着他们的快乐，真的以为自己已经跻身为贵族中的一员了。

由其他阶级通向法国贵族的阻碍是有着鲜明而耀眼的标志，不但固定明显、容易分辨，而且极容易跨越，但是却始终被非贵族所厌恶。曾经身处同一阶层的非贵族们一旦冲破这道阻碍就可以享受特权，成为贵族，与他们原来的阶层形成天壤之别，这让那些仍旧处于非贵族阶层的人们完全不能够接受，这简直就是一种耻辱。

平民们并没有因为贵族受封制度的出现而减少对贵族的仇恨，反而更加恶化。仇恨为何持续加剧？根源在于依旧身处平民的人嫉妒那些曾经与他地位相等的人成为贵族。因此，这种愤怒大多来源于那些新晋的贵族，而非世袭的贵族，这可以在第三等级的陈情表中找到。他们完全不受有可能成为贵族的诱惑，极力要求要缩小通往贵族的大门。

1789 年，法国贵族爵位的获得前所未有的容易，贵族与资产者相互分离的程度也是空前绝后。他们已经完全互不相容：贵族们无法忍受一切与资产阶级有关的事情，而资产者们也一样无法忍受一切带有贵族外貌的人的存在。一些新晋的贵族会在一些省份遇到这样尴尬的局面：他们既不被世袭贵族所认同，又不被资产阶级所接受，前者认为他们依旧低贱，后者认为他们所表现的贵族气息太过浓烈。这样的情景在拉瓦锡就出现过。

其实，贵族与资产者的彼此分离和资产者与人民的彼此分离是如出一辙的。这一点，我们抛开贵族阶级通过观察这个资产阶级就能体会得到。

旧制度下的城市中，居住着差不多所有的中产阶级。军役税和贵族特权是导致这一现象出现的根本原因。平时对待自己领土内农民亲近、温和的领主，在对待那些资产者时却是丝毫不假以辞色。他的蛮不讲理伴随着他权力的逐渐消失而有增无减，造成这种现象的原因有二：一、他已无须再去应付那些可以协助他统治的人，因为他已与统治无缘；二、他没有了真实的权力，不得不倚靠行使一些表面的权力聊以慰藉，而且行使起来非常任性，无所控制，这些人们都能够注意得到。他不在领地居住这一点，使得他的邻人——资产者非常痛苦，而且是有增无减。这是因为领主的一系列特权由他的代理人行使出来，更让资产者不能够容忍，而与地主制在这里没有起到作用无关。

军役税以及一切被归为军役税的捐税是否更能说明一些事情？对此，我全然不知。

针对军役税及其附加税施加在农村的负担，要比施加在城市中的负担要沉重许多的原因，虽然我完全可以用一些简单的言语就能阐述，但是这对读者是完全没有好处的。所以我只需跟大家说明一点就可以了，那就是在领地上，他们无论如何都不会独自找到减免军役税的办法的，然而在城市中却不然，资产者减轻军役税压力的方法有很多，而且还经常窥得免交军役税的门径。他们之所以用这样的方式有意避开征收军役税的义务，是因为相比于缴纳军役税的义务，征收军役税的义务是更让人恐惧的。当然，这也不是无的放矢。不单是在旧制度下，甚至是任何一种制度下，教区军役税征收员的境况无疑是最不好的。我在下文中还会对这个问题做进一步补充。在乡村，贵族是唯一一个能够脱离这个负担的阶层，但也有一些有钱的平民，为了不承担此业障，宁可将财产出租出去，躲到就近的城市之中。蒂尔戈的一句话就很明了地说明了这种情形："军役税征收将乡村里一切平民所有者都变成了城市资产者。"我曾经查阅过一些相关的秘密文件，与蒂尔戈的观点基本大相近同。法国之所以能够成为欧洲大部分国家中遍布城市（尤其是小城市）较多的国家，其中就有这个原因的存在。

那些平民所有者经过很长一段时间的匿居，不问世事，不但对田园生活失去了兴趣，而且相比于那些依旧生存在农村的同阶层的人民更显得不事生产。在这个新城市里，成为这个城市的政府官员便成了他们的终极梦想。

法国人对于职位的热衷在若干世纪以前就产生了，而且随着不停地接受人们给予的各种的新的滋养，这种情绪也愈发强烈起来。所以，认为法国人（尤其是中产阶级）对于职位的热衷是来源于大革命的说法，是不对的。

我认为，我们现在的职位与旧制度下的职位还是有所不同的，尤其在职位的数量上，旧制度的职位要更多一些，较小的职位的数量更是数不胜数。在1693年到1709年这一段时间内，职位大量增加，因此购买也变得非常容易，甚至连微不足道的资产者都可以获得这些职位，所设立的职位更是多达四万有余。1750年，在一个中等规模的外省城市，我做了次仔细地调查和计算，这一时期所有城市中的人中有109人担任法官的职务，有126人担任执达吏[1]。对于担任这些职务，资产者们怀揣着前所未闻的激情和热忱。他们对于资本的运用已经完全脱离了做生意，一有余资便完全投入到购买官职上。行会师傅和军役税与这种可怜的野心相比，简直就是小巫见大巫，使得法国的农业和商业在发展中受到这种膨胀的野心所带来的破坏极为严重。那些求职者在开发职位上表现得非常积极，一旦有职位短缺的情况出现，他们便思维活跃并很快创造出新的职位。其中有一位名为朗贝尔维尔的先生就是基于这种目的发表了一篇论文，论文中他充分地论证了监察员这一职位应该存在的道理，又是如何于整个行业中有益于公共利益的，当然他在末尾自不会忘了提出想要担当这一职务的意愿。我想这位朗贝尔维尔应该为大家所熟知，这样一个稍懂文笔、生活还算富裕的人，如果没个职位来衬托，叫他如何甘心？又一位同时代的人做出了这样的总结：“所有人都想在国王那里获得一份与自身相符的职位。”

我们所说的那个时代和我们现在所处的时代，在求取官职这件事情

[1] 执达吏，又称执达员，是一种为法庭服务，负责执行及传达法官裁决的官吏、职员。

上存有非常大的差异。当然，这种差异主要体现在职位的交易上：在我说的那个时代，官职是通过买卖形式交易；然而，今天的政府则使用授予职位的方式，人们不用花钱就可以得到职位，这也是人们的高明之处，他们是用自己代替了曾经买职位的资本。

资产者的居住地点以及生活方式都与农民完全不同，再加以一些普遍存在的利害关系，使得他们彻底从农民中脱离出来。人们对于这些资产者所享有的特权的态度有些复杂了，他们完全不能够像对待贵族那样宣泄自己的不满，却又感到天经地义。这些资产者中，或被免去劳役负担，或被免去军役税负担，抑或被免去自卫队负担，总之，能够免去资产者全部或者部分负担的官职数以千计。那个时期，有一篇文章这样写道："所有的教区都存有这样一类人，他们不同于贵族和教士，但他们仍享有某些免税权，仅是依靠职位或者委任。"随着免缴军役税的人不断增多，国家的收入也会受到影响，这也是后来为何留给资产者的职位减少的一个诱发因素。在当时，资产阶级的免税者要等于甚至大于贵族中的免税者，对于这一点，我确信无疑。

这些特权如此让人神伤，必然会也确实造成了两个极端，并使他们相互仇视：没特权的人怨恨丛生、嫉妒不止，享受到特权的人则更加假公济私、得意忘形。小到郊区农民与城市资产者，大到郊区与城市，他们之间的仇视和嫉妒是整个18世纪最为突出的事情。蒂尔戈曾言："在特殊利益的驱使下，一些农村和村庄将会沦为本区城市的垫脚石。"蒂尔戈在一些其他地方也曾经跟总督代理这样说过："当一些带有夺取、侵凌触犯意向的苗头出现时，你们不得不选择出手强迫其立即停止，这种做法与城市对本区农村和村庄的措施大相类似。"

此时的资产者可谓是草木皆兵，连和他们一起生活的同一个城市的人民也被他们提防、对立起来，彼此之间形同陌路。一些下层阶级要独自承担那些资产者大部分固定的本地开支。入市税的制定方法已经被城市资产者所发现，它是减轻资产者重担的有效方式。对此，我始终认为这是同一个蒂尔戈在其著作中的其他地方所说过的话，并做过若干次证实。

这个资产阶级始终认为自己是有别于人民的，所以很害怕人们将他们同等看待，就百般努力地去挣脱人民的束缚和控制，这也是这个资产阶级所有作为中最为显眼的一个举动了。有一位城市资产者曾经致信总监提出这样的建议："参与选举的人员本就该从主要的显贵中或者初级法院中选拔出来的，如果国王再次以选举权决定市长的职位，我认为最好是按照这种方式来拟定选举人员。"

人们手中的政治权利在过往的政策下一点一点地溜走，最终被国王收回，这一切已然被我们看得透透彻彻。这一思想贯穿在从路易十一至路易十五的所有国王立法之中。这项立法当然少不了城市资产者的涉足以及建议。

就手工业者与其他人民选举行政官员的权力是否保留的问题，一位总督在 1764 年的市政改革时曾请教过一位小城市的市政官员。这位小官员的回答是这样的："这种挑选官员的权利加之于人民的身上仅起到了安抚的效果，别无其他意义，所以这样的权利最好还是由显贵会议来掌控，这也是为了公共安定和维持良好的秩序起见，虽然人民从没有无节制地运用此权。"最终，总督代理并没有按照市政官员的建议把这个选举权委托给显贵会议，而是把它委托给构成显贵会议的各个团体中的一些代表，这样的决定是总督代理在官员住所召集"六名出色的城市公民"，通过秘密会议得出的。对于人民自由权，总督代理给予的支持要远胜于资产者，他在转达资产者的建议时是这样进一步分析的："缴纳捐税却无权控制这笔钱的用途无疑是一件很痛苦的事情，正如现在的手工业者所面临的事情一样。相反，那些征收捐税的人却是享有捐税特权的，他们与这件事情的利害关系却很小。"

现在，我们对资产阶级的考察与之前对贵族阶级的考察何其相似，一个是先把人民放在一旁，另一个是先把资产者放在一旁，这便是我们所要描绘的画面。其中一小部分国民值得我们注意，他们远离其他国民，且被分成若干小块。法国人民所存在的可分离性就如同基质，只要能够应用现代化学的手段对其进行仔细观察，就能够发现其中的可操作性。让我吃惊的是，竟然有36个以上的不同团体被我从一座小城市的显贵中挖掘出来。这些各不相同的团体已然非常简约，但仍旧往更加简单的形式分化着，他们不断对自身内部进行清扫、整理，以求达到精益求精，形成单一的精华所在。例如，有的团体经过这样的大清扫，成员已经减少到三四个人。这最终存留下来的无不是性格更加棱角分明，对于争吵更加炉火纯青的角色。一些小的特权常常使得所有这些小团体都变得彼此分离，谎话连篇，然而这依旧是他们一个引以为荣的特征。对于谁应该在这些个小团体中占有一个比较高的职位，他们常常争吵不休。总督对于他们这种无休止的争吵也是深感头疼。“城市团体应该排在次位，初级法院应该第一个被献上圣水，这是人们做出的最终决定。此案已经被国王亲自下决定交给御前会议，尽管高等法院仍旧拿不定主意。这个案子一度引起全城热潮，也是该下决定的时候了。”为了维护他们的尊严不受贬斥，他们常常因为自己所在的团体在显贵大会中被另一个团体压倒，而拒绝出席会议，对此他们不惜以舍弃公共事务为代价。其中一个名为“箭城假发师”的团体就做出了这样的主张：“毋庸置疑，他们会因为面包师占据上位而深感痛心，所以他们采用弃权的方式来摆明了自己的立场。”曾经就在一个城市中出现了这样的情况，据总督所讲：“那些为首的主要的资产者认为与手工业者为伍是一件可耻的事情，然而仍有一些手工业者在会议中被接纳。”这使得城市中的一部分显贵坚决放弃所要执行的职务。另外一个省的总督这样说道：“公证人都是一些身份、地位低下的人，他们都做过书记，而且不是出身显贵，假如用这样的人来担任助理法官一职，会使得其他显贵感到极其地憎恶。”人民的政治权利很轻易便被我们之前所讲到的六位优秀公民凭借权势强行掠取，然而他们却又进入了一个尴尬的境况：对于决定让哪些人成为显贵，以及确立其成为显贵的先后有顺序，使得他们犹豫不决。他们对于这件事做出了这样的担忧：“我们担心这个问题会给几位同胞带来巨大的痛苦。”然而，他们也只是在这种问题上略表谦卑的疑问而已。

这些小团体之间的相互打压，只因是他们的自尊心在作祟，这使得法国人本来就有的一些虚荣心愈发强烈和灵敏，相反，那些属于公民的正当的自豪感却被他们慢慢淡忘。刚才我所提级的行会，早在 16 世纪就已经存在很多。这些行会的成员，不但处理各自联合会的事务，而且在处理好之后与其他居民相聚一起，为着整个城市的共同利益而努力。由于一些有关市政生活的活动日渐萧条，以及全部交由委托人代理，因此在 18 世纪，他们几乎都是不再互通往来的。这些小团体由此变得开始自私自利起来，一副与自己无关的事情就远远丢开不管的样子。

与法国社会这种由无数个各行其是、只顾自己的小团体组成不同，为了使我们的私心得以实现，我们在先人没有的情况下造出了“个人主义”一词，尽管在那个时代不存在脱离一个团体而各自行事的人。我可以这样认为：法国这种小团体式的分裂，无异于一种集体的个人主义，为之后我们所熟悉的真正的个人主义做了一个精神铺垫。

这些彼此隔离的人，愈发变得相像，以至于他们的位置稍作改变，就使得我们分辨不清，这着实令人惊奇。然而，这些人却是向往着统一的，因为那些把如此相同的人隔离开来的障碍物，在此时显得是如此地有悖于常理，有损于公共利益。这一点，只要是善于探究他们思想的人就会发现。他们本身是希望彼此融合为一个整体的，但这一前提就是任何人都不得享受特殊，任何人都不得高于公共水准，所以，使得他们还如此坚持其独特地位的原因，是有一些喜欢搞特殊的人的存在。

第十章　各阶级分离与政治自由的毁灭所产生的弊病，差点儿使得一切旧制度灭亡

我刚刚讲过了在所有侵蚀旧制度、促使旧制度加快走向灭亡的弊端中最致命的弊端。下面我们所要讲述的是这一奇异弊端产生的根源所在，以及跟随这一弊端而来的其他各种弊端。

在法国以及不同状况下的欧洲各地，由于政治自由和由此衍生出的地方独立的缺失导致了各阶级的相互分离。倘若英国自中世纪开始亦是如此，那么组成英国贵族的各个阶级也同样会彼此分离，甚至一切阶级都有可能与人民分离。但为了在需要的时候获得相同的看法，他们不得不在自由的驱使下彼此互通来往。

然而，英国贵族们出于某种野心却能够和他的下属感情融洽、抱成一团，仿佛彼此地位相当，这很是耐人寻味。阿瑟·杨格，我们在之前提到过，关于旧法国现今尚还存在的最有教益的其中一部著作就是他写的书。书中提到，他为了和一些最能干、最富裕的种田人了解一些情形，便来到了农村的里昂古耳公爵家，公爵于是就叫他的管家下去通传。最后，阿瑟·杨格做出了这样的阐述："英国的领主允许庄稼汉和自己的全家一起吃饭，而且数量可以是三四个，并把他们安置在上流社会的贵妇人们之中。在英国，我见到这样的事情不下百次。然而这样的事情在法国却根本没有，从加来[1]乃至巴约讷[2]皆是如此。"

尽管英国贵族的天性要比法国贵族的天性要高傲、轻慢得多，但是他们却比法国贵族更能认得清形势，进而收敛自己与生俱来的傲慢，尝

[1]　加来也亦译加莱，是法国加来海峡省的一个城市。

[2]　巴约讷，法国西南部城市。

试与那些底层的人融为一个整体。他们为了确保统治地位，可以放下身段去做一切事情。经过数个世纪，英国几乎已经全部解决了捐税不平等的情况，仅存的只是那些对贫苦阶级有好处的相继推广实施的纳税不平等。我们可以想象这样如此比邻的两个民族会被相互迥异的政治原则引向何处！**与法国不同，在18世纪的英国是穷人享有捐税特权，而非富人。p204** 这也就注定会是两个不同的结局：英国的贵族将最沉重的负担肩负在自己的身上，所以统治权得以保持；而法国的贵族则是把这些担子丢给穷人，自己独享免税权，这也使得他们付出丢失统治权的代价。

无论是在英国还是在法国，14世纪都流传着这样一句格言，“征税必须要经过纳税人的同意”，并被他们确立再实行，故此人民也经常有这样的说法：“它就如同法律一般，一切服从它的人都是良民，而违反它的人，则无疑是引发暴政。”一如我曾经所讲过的那样，那个时期英国与法国的政府机构是有很多类似的地方的，然而随着时间的改变，两个民族的命运变得愈发相去甚远、各不相同。它们如同是从相邻处延伸出的两条直线，被不同的力量导向不同的方向，使得他们延伸得越远，差异越大。

约翰国王被俘虏和查理六世的精神失常所带来的影响，可谓是不可估量，由此导致的长时间的混乱使得民生疲累。这一时期的国王任意私自增加税则，而那些品性恶劣的贵族则是只保证自己的利益，独享免税权，不管国王对第三阶级的进一步压迫。这一切都是旧制度政权的隐患，它终将会成为旧制度后期的病魔，并给予最后致命一击。科米内[1]曾经讲过一句令人大为赞赏的颇有高瞻远瞩的话：“征派军役税终于在查理七世的努力下成了国王的私有权力，但是同时它也如同一把双刃剑一样使得国王伤痕累累，血流不止，这也成了他和他的后继者的一块心病，

[1] 科米内（约1447—1511），法国历史学家，曾写过一部《回忆录》，包括了路易十一至查理八世这一段历史。

负担很是沉重。”

这道伤口是怎样随着时间的流逝而病情加深的，有待于我们长期地观察。

《法国财政详解》是福尔勃奈[1]所著的一部财政学术水平极高的大作，他在文中阐述的观点很好，领地的收入供养着国王，这是中世纪的现况，他还讲道：“鉴于特殊捐税是为一些特殊需求所设立，贵族、教士须和人民一起担负起这一税则。”

普遍捐税中，凡是在14世纪经由三个等级投票表决的，这一特色都非常明显。所有消费者都必须交纳这一时期所订立的捐税，并没有特殊人可以逃避这一税则，因为这一时期的捐税均为间接税。当捐税是直接税的时候则是以收入的形式体现，而非是财产。例如教士、贵族以及资产者所缴纳的直接税是他们收入的十分之一，而且限期一年内向国王交清。在同一时期，各省的三级会议所制定的本地区的捐税，也属于我们前边所讲过的三级会议表决的捐税中的一种。

从那个时期开始，贵族们从来没有被征缴过军役税，这也是一种直接税。贵族之所以能够免交军役税，是因为他们拥有无偿服兵役的义务，然而军役税却大多用在领地，并不在王国适用，因此作为普遍税存在的军役税还是有一定的范围局限性的。

在当时，贵族与王权相互对立，直接危及王权。贵族们对于一些有损他们利益的政治革新是完全无法忍受的，所以，国王首次想要依靠自己的权威来征收捐税的时候，便选择了军役税——贵族免交的捐税，以避免对贵族造成直接的损害。

就这样，在现有的少数的不平等里又增加一些常见的不平等，进而使得这种不平等的现状加剧，并得以保持。自那时起，中央政权的加大

[1] 福尔勃奈（1722—1800），法国经济学家，曾参与《百科全书》的撰写。法国大革命初期为制宪会议财政委员会成员。

也使得国库的需求随之增长，进而促进军役税向着更广泛、更多元化的方向发展，而且在很短一段时间内就数以十倍速度的增长，囊括了所有的新捐税。这种因为捐税不平等而造成的阶级分离，让人们渐渐离心，且是以前所有时代中最为透彻、深入的一次。这种捐税制度无异于是恶性循环，使得两极分化更为严重：那些有能力纳税却免税的人会变得越来越富有，而那些没有能力纳税却不得不疲于应付的人会变得越来越贫穷。曾有人说过这样一件事：由于缺钱，马萨林[1]决定将手伸向巴黎那些为首的富豪，并设想为其制定一项捐税，然而在遭遇到这些富豪的反对之后，他不得不退而求其次，最终将这一新增捐税添加到军役税之中，让那些普通百姓为其提供他所需要的500万里弗尔。这样看来，国库的确达到了预期的收入，但是那些富有的公民们却没有做出一丝贡献，反而是那些最贫穷的公民承担了全部的捐税。

国王们的需求是永无止境的，然而分配地如此不平等的捐税收益却是有限的。即便是这样，他们仍旧不愿主动召开三级会议，或者通过向贵族征收捐税，让贵族们被迫提出召开三级会议来增加国王所需要的利益。

由此，在君主制的最后三个世纪，国家对于财富的管控衍生出了一个非常奇特的理财本领，这种理财的本领可谓是神乎其技且有害无益。

倘若人们最后所能依靠的革命都不能使政府感觉到恐惧，那么这个曾经温和却失去控制而且没有公开性的政府在权力得到认可后，该是怎样地肆无忌惮？为了追求金钱又会生出哪些令人发指的手段？这些如果我们没有详细地研究过旧制度的行政和财政史，是很难理解的。

我们能够从一些历史的记载中得到一些例证：随时随地，我们都可以遇见像是王家财产被出售后又马上被收回的情况，这些财产被判

[1] 马萨林（1602—1661），法国外交家、政治家、路易十四时期宰相及枢机主教，他继续了黎塞留的政策，但其才能无法与前任相比，使贵族们得以纷纷向中央政权挑战。

定为不可出售；已经得到的权利更是得不到认可，连契约也惨遭荼毒，而那些国家债权人则注定在危机中无一生还，人民也是一次次遭受国家的背约。

那些曾经被许诺为终身制的特权在此时也变得极不可靠，随时都有可能被收回。这些贵族在17世纪和18世纪之间，多次被迫去购买那些没有实在意义的荣誉和不平等的特权，貌似为此花过无数次冤枉钱而乐此不疲。我想那些受封贵族的悲惨命运也只能被一种人所理解，就是那些能够可怜、同情因为虚荣心而造成痛苦的人。路易十四曾下敕令，因为这些贵族的官衔都是在人意料之外得到的，所以要全部取消，尽管多数都是他亲自授予的，但是他还是取消了九十二年来的所有贵族官衔，而想要使这一官衔得以维持的唯一办法就是继续花钱。**路易十五在八十年后的官衔管理上也深谙此道。p205**

为了防止国家用于征兵的价值被提升，自卫队士兵必须采用原班人马。

城市、社区、收容院为了借钱给国王，也不得不背离自己最初的承诺。为了能够照额缴纳军役税，一些需要兴办的有益工程被禁止，以防止金钱及资源的分散。

桥梁公路工程局的局长特律代纳和奥里总监曾经做过一个这样的设想，用各区居民集资代替公路徭役，以供该区道路的维修。然而这样的计划被两个聪明行政官提出后却不幸夭折，原因也是发人深省：他们是害怕这样以维修公路为目的集资被国库调以他用，使得这一新增的捐税与徭役同时落在人们的肩上。也只有全盛时期的国王敢于这样去处理个人财产，如果放在任何一个人身上敢于这样做，那么他必将会受到法律的严惩。

有一些中世纪时期的旧机构，明显与其时代精神不相符，而是靠使其弊病更为严重而苟延残喘。还有一些新生机构，却透着种种害处。倘若你遇到这些，就该想尽一切方法寻找弊病的根源所在，那样你就会得知，一些早已定为制度的财政措施在最早的时候只是权宜之策。而那些持续了几个世纪的新的权力机构，也只是为了支付一天的债务而被确立，这些都会为你所见。

还有一种特殊的捐税——封地获取税，这是在很久以前，平民想要拥有贵族财产必须要缴纳的税务。这一税务无论是在人与人之间，还是在土地之间，都会引发分裂，而且是彼此不断助长的关系。

能够使得人们彼此之间相互同化得最快、最完美的事情莫过于拥有地产，而封地获取税则恰恰是阻碍了平民与贵族的相互融合，并且使得平民与贵族的分裂更加严重。对于这一点是否封地获取税要比其他捐税所起到的作用大，我不得而知。就这样，贵族所有者与平民所有者之间始终有一道鸿沟相阻隔，而且这道鸿沟时时刻刻都在不停地重复更新。而此时的英国却出现了两个阶级的空前凝聚，因为英国的世袭领地和平民所占有的土地的差异自 17 世纪起就早已废除。

封地获取税在 14 世纪的时候非常轻，每征收一次都会间隔很久。而不同于此的是，在封建制度即将被摧毁的 18 世纪，封地获取税的征收频率加快到每 20 年征收一次，而且征收数额庞大，平民要用一年的收入才能交清。这就出现儿子要继父亲死后继续缴纳此税的情况。图耳农业协会在 1761 年发表了这样的看法："农业技术的进步深受此捐税的毒害。这项捐税所引发的人们的怒火可以说是居所有捐税（国王向臣民所征收的捐税）之首，这是个不争的事实。"**"这种捐税已经演变为一种非常苛重的捐税，并不像最初那样一辈子才征收一次。"这是与他同时代的另一人所说的。p205** 国库为着某种需求继续施行这项捐税，以保持这项国库收入，而且只会越来越苛重，这无疑是阻碍了平民与贵族之间的土地交易，所以无论是平民还是贵族都想废除这项捐税制度。

把所有因工业行会引起的弊病都归罪于中世纪，这无疑是错误的。行会师傅和行会管事只是出于对工人的救济和抑制，而在行业内部建立的一个很小的自由管理机构，是一个联系同行业人员的举措，这一切都很明显。而圣路易[1]的期望貌似也就仅止于此。

劳动权可以当作一种特权为国王所出卖，这是在16世纪文艺复兴兴起的时候，人们所生出的前所未有的想法。这种突生的想法使得各个等级的团体变成一个个封闭性的小贵族，使得垄断权得以建立，而这种垄断权对技术进步所造成的损害更是空前严重，我们的先辈对此可谓是痛心疾首。这一弊病虽不是始于亨利三世，却是在其统治时期一路畅通无阻，直至到了路易十六统治时期才被彻底消除。行会管事制度所带来的弊病自亨利三世到路易十六，一直不停地滋生蔓延，而且随着社会的不断进步，人们对这些弊病的厌恶之情更是日益加深，我们可以通过一些公共舆论了解这些真实的景象。新生行业自由的缺失以及旧行业特权的有所增益，每年都会出现。在路易十四统治的黄金时代，财富的需求量前所未有地庞大，那种不屑于向国民求助的意志也更是前所未有，这便导致了这一弊病在这一时期更加肆无忌惮地增长。

1775年，勒特洛纳[2]曾说过这样一段让人赞许的话："国家之所以会创造这些工业集团，就是为了出售许可证以及增设各种新官职，以达到其集资的目的，必要时国家还会对各集团实施强买强卖的手段，以来出售这些新官职。其中1673年下达了这样一份敕令：令所有集团都要花钱购买许可证，所有未参加集团的手工业者都要加入集团，这也充分展示了亨利三世的各项原则。相比于赚到的30里弗尔，这样恶劣的行径似乎不值一提了。"

只是为了充盈国库，不带有丝毫的政治企图，我们就看到人们把整个城市的体制搞得一团糟。

[1] 圣路易，即路易九世（1214—1270），被尊为"圣路易"，法国卡佩王朝第九任国王。
[2] 勒特洛纳（1728—1780），法官，魁奈的学生，写有不少关于经济方面的著作，如《商业与捐税分析》。

这种举世罕见的买卖官爵的现象所出现的原因，就是源于对财富的庞大需求量，而统治者们又不愿意通过三级会议来筹集财富。在这三个世纪之中，人们对于官职的渴求热度从未下降，而且深入内心，埋下了革命与奴役的种子。也正是因为这种具有理财思想的捐官制的存在，使得第三等级为了获得虚荣心上的满足而把获取官职作为他们唯一的念头。

所有新设立的职位都享有免税权或其他特权，而新设立职位的多少则与政府的财政收支有关。倘若一段时间内政府所设立的新职位增多，就说明这段时间内政府的经济状况不是很好。这样的官职的数量可以说是数量庞大得惊人，而且都是没用的或者是有害的，造成这一现象的主要原因是它没有任何的行政背景，只是单纯地随着国库的需求应运而生。科尔贝尔从 1664 年开始便对这项没有真正意义的事业展开了考察了解，并惊奇地发现：在这个行业竟然收到了人们 5 亿里弗尔的投资。黎塞留所废除的官职听人们讲竟然达到了十万之多。然而这些被废除的官职却是经常改头换面重新粉墨登场。领导者们为了多收点钱，完全抛却了对官员的强制、领导和控制。这样的一个官职体系仿佛是一个庞大的行政机器，复杂而难于操作，甚至没有任何作用。最后，政府不得不再重新设立一个更为简洁、实用的工具，让它们去完成那些迟迟不能解决的事情，而这个庞大的机器则是继续以其无意义的方式运转着。

如果让人们对这些机构进行评判，可以说，没有一个能维持 20 年的。如果当初受到三级会议的意见影响，这些机构怕是不曾存在或者壮大起来的。虽然这几个世纪以来所召开的三级会议很少，但是每次三级会议都始终排斥这些机构。在 15 世纪，人们对于国王这种剽窃权力的行为有一个很有力的说法，下面就是原话："它是一个靠吸食人民血汗而谋财利己的权力，并没有经过三级会议的商讨和同意。"这些会议曾不止一次地指明，造成所有弊病的根源就是国王剽窃权力、肆意征收捐税。三级会议的影响范围很广，而且大多数时候都卓见成效。三级会议在重视自身权力的同时，还会强烈地要求人们对各省市的权力给予敬重。那些从内心深处发出的反对负担不公的呐喊在每次会议上都能够听到。为了废除行会管理制度，三级会议曾花费数个世纪的时间试图消灭这种买卖官爵的体制。他们发下话来："出售官爵的人其实就是出卖正义，无耻至极！"三级会议对于这种滥设官职的申诉从未停止，哪怕是在捐官制已经确定的时候。对于那些无任何用处的以及危险的特权，他们时常起身反对，然而依旧收效甚微。这样的机构自产生那天起就与他们站在了对立面，它不敢以真面目示人，便直接将捐税在法国人的眼皮底下改头换面，而并不是为了召开三级会议而生的。

这样的伎俩，无论是最好的国王还是最坏的国王都曾尝试使用过，这使得我们尤为注意。而将这套制度付诸实施的人要远远比这套制度本身更加罪恶：路易十二确立了捐官职，亨利四世出售了官职世袭权。

最高法院接收了其想避开三级会议的监督而舍弃的大部分职能，这也使得政府司法权混乱不堪，进而危及良好的秩序。由于那些善于耐心忍受专制政权的法国人在政权不是凶狠残酷的情况下，是不愿意与他们瞠目结舌地相对的，所以取代被剥夺的保护的是那些假装的新的保护，而这些虚假的东西虽然不能在根本上给专制政权形成阻碍，但最起码会起到缓解、遮掩的作用，所以这也是一个非常明智的做法。

政府在每个时期所要应对的都不过是寥寥无几的单枪匹马的个体，因为各个阶级在这一共同的反抗中既不能相互接近，也不能得到相同的看法，而造成这种问题的主要原因还是在于那种阻碍国民索要自由、只会向国民索取金钱的愿望。历史上，没有任何一个君主能够使得各个阶级消除同等的依附地位而再次相结合，哪怕是在这漫长的历史中出现过一个个非常杰出的君主：他们或是才华横溢，或是智勇双全，抑或在思想上闻名遐迩，但是他们都没有做到这一点。不过我似乎漏掉一个，路易十六是个例外，他的确是一个这样想过的君主——上帝的意图有谁能够猜测得到？——而且他也倾尽全力付诸实践。

在政府中，当那些国民中富裕及有教养的部分再不能够和平共处的时候，国家的自我管理也将自动瓦解，而针对这一情况，他们将会找借口，把原因和责任推到阶级分裂身上，因为它是旧制度的罪恶，而这个时候就需要一位主宰介入调停了。

国王曾经接到蒂尔戈这样一份满怀感伤的秘密报告："国民社会的构成，是由那些联合的有些松散的不同等级以及相互之间联系甚少且自顾自的人民构成的。公共利益的存在并没有在此有所体现。它们与其所归属的各行政区几乎一样，各村庄及城市之间的彼此联系都非常少。它们这种不能够取得一致看法的情况，有时候甚至出现在一些必不可少的工程方面。陛下或者陛下的委托人不得不在这场各种设想与图谋永不停歇的斗争中决定一切。为了尊重他人的权利，为公共利益做贡献，同时也为了行使自己的权利，人们都在等待您下达特别的谕令。"

这些同胞们在这几个世纪以来或是如同陌生人，或是成为仇家敌手，想要让他们再次彼此相互亲近，并使得他们一起做他们自己的事务，还真不是一件容易的事情。相比于使他们相互交好，让他们相互分离要更容易些。在此，我们以一个令世人很难淡忘的例子来证明所论述的一切。在 60 年前，那些早已分隔日久的使得旧法国分裂的各个阶级再次重逢，然而重逢的他们却是意外地相互撕揭着伤疤、火拼起来。我想他们之间的仇恨之深、嫉妒之重，直至今天都难以消散，尽管他们的身躯早已消逝在时间的长河之中。

第十一章　自由在旧制度下都有怎样的体现？它对大革命的影响如何？

如果想对旧制度政府的具体形象有一个全面地了解，更加深入地剖析大革命产生的那个社会，那么作为读者的你就请继续关注后续的章节。

曾经有人认为人民的独立精神已经和公共自由一样也消失不见，因为他们所见到的情况是这样的：公民们如同一团散沙，毫不团结，而且还各自封闭不做交流，而此时的王权却强盛壮大、四处蔓延，它甚至会想是否所有的法国公民都是如此地唯命是从。然而在当时，虽然所有公共事务都已经由政府独自掌控，但是政府还不能够掌控所有人，所以事实还是跟人们所想象的有所不同。

自由并没有完全灭亡，我们在许多为专制政权制定的规章制度之中仍可以追寻到它们的身影，只不过它是一种非常罕见的自由，以一种令人匪夷所思的奇异状态存在着，而我们也需进一步地考察才能看清它的好处与弊病。

一些曾经为中央政府所认可的或者亲手创立的规章制度、旧风尚和古老习俗，甚至是种种弊病，都成了它取代所有地方特权，想要充斥整个行政领域的障碍。这些东西大多早已植入人们的灵魂深处，且反抗精神强烈，这就使得它们各种各样的特点得以保留，且十分牢固、鲜明。

中央集权制在那时虽然没有同样的权力，但是它所具备的性质、程序以及目的，都和我们今天的一样。政府在将大部分职位出售，想方设法地赚取金钱的同时，也丧失了任意受封和罢免官职的能力。它对金钱的贪婪和权欲之间是相互对立的，一方面的过多攫取必然会导致另一方的虚弱。那些并不是由它自己创造且无能力销毁的工具就成了它不得不用的工具，因为做事离不开这些工具。在实行中经常变得软弱无力的往往是它最为专制的意志，因此，公职这一奇异而有害的结构，就成了抵挡、削弱中央政权的一个手段。它就如同一座建造歪曲、工程低劣的堤坝，它只是起到了一个分散力量、缓冲伤害的作用。

当时，政府所拥有的诱惑性以及强制性手段还很少，大不如今，因为它所能支配的荣誉、恩典、赈济和金钱也非常有限。

对于权力精确的适用范围，即便是政府自身也不甚了解。当时，它的权力所作用的区域已经十分宽广，然而其本身却没有得到过正式地确认和牢固地确立，其前进的脚步也是颇为蹒跚，如同是在未知的黑暗中摸索一样。所有权力的界限都隐藏在了这片令人恐怖的黑暗之中，而这片两不相知的黑暗中，既有利于国王剥夺臣民自由的想法，又有利于臣民对自由的保护。

政府总是害怕在行事过程中遇到一些阻碍，所以办起事来更是忧虑重重、瞻前顾后，这都是政府自身的原因造成的，因为他们总是自我感觉接触社会的时间还很短、经历尚且不足。我们从 18 世纪大臣与总督来往的信件中发现了这种奇怪的景象：这个政府极具侵夺和专制的特点，它的臣民更是对它言听计从，然而它却会因为一些细微的批评和反抗而感到手足无措，惶惶不可终日，犹如惊弓之鸟。每每遇到这样的事情，它就会暂时停下脚步犹豫不决，还要经过商讨，协调不同的意见使得彼此满意，经常不敢超越自己权力的自然界线。这一倾向在路易十五的优柔寡断中，以及他的继位者的仁慈中都有所体现。而这些君王却从未想到自己会被推翻。后来的一些统治者的那些因为惊恐、害怕而生出的不安、冷酷的天性，在他们身上丝毫没有体现。而那些遭受侵害的人，自始至终都不曾被国王所发现。

大量的臣民都具有独立精神，坚持反对当局权力的滥用，而这一切的存在正是得益于那些有碍于确立正规、有益的自由的错误思想、偏见及特权。

虽然贵族们有时候会求助于行政当局，但是对于这个严格意义上的行政当局，他们还是非常轻蔑的。他们依旧以他们先辈的那副高慢而自矜，即便是舍弃了旧权力，他们依旧对奴役、法规仇视不已。他们对于政府在公民周围加强控制，认为是理所应当的事情，并不在意公民的普遍自由，然而这一点一旦转至自身，他们便会觉得这不可理喻、不可容忍，因此会顶着各种风险将这些限制自己的障碍清除。贵族与王权在大革命到来之际都开始濒临崩灭，这时的贵族在言语上更加自由，对待国王，特别是国王代理人的态度尤为激烈，有甚于将要推翻王权的第三阶级。**在代议制的 37 年中，政府所拥有的几乎所有反对权力滥用的保障都被贵族所觊觎，而且要求极其强烈。p206** 贵族的精神以及一些高尚的品质依稀清晰地出现在我们眼前，这些我们通过阅览贵族的陈情表就能得见一斑，当然，这不包含那些偏见以及怪癖。贵族的最终归宿并不是寄生在法律的约束之下，而是被人们打得灰飞烟灭，这是永远都令人感到可惜的。这也使得国民机体丧失了一些不可或缺的部分，自由也因此留下了一道重创难愈的伤。无数个世纪以来，贵族阶级一直名列前茅，其崇高品德的长期不可争论养成了他们高慢的性格，他们习惯于被人们特殊对待，对自身的力量也有着天生的自信，这使得贵族以一个最有抵抗力的部位融入整个社会的身躯之中。其他阶级的气质也受它的雄壮气质影响而不断增强。那些贵族的敌人们也随着贵族的崩溃瓦解而变得萎靡起来。贵族一旦崩灭，将不会重生，即便是将其头衔和财产重新确立出来，也再寻不到那些曾经支撑它的先辈的精神，所以它是不会被任何东西所替代的。

起初，国民中最具独立性的团体——教士，他们是拥有人们必须尊重的特殊自由的唯一一个团体，但是从那个时期开始，教士们却变得趋炎附势起来，只要任意一个君主肯照顾他们，他们便违心顺从起来，并且在世俗事物中变得俯首帖耳，唯命是从。

唯有城市还残留一些自治的痕迹，自主权在外省早已丧失殆尽。贵族想要十个人聚会来商讨一些事物，必须事先得到国王的准许。法国的定期会议一直到最后都还保留着。**在其限定的范围之内，种种约定俗成的限制制约着教权本身。在这里，一些低级的教士既不必担心来自上级的暴虐，又不必担心被主教滥用权威胁迫他们向君主违心服从，因此他们在这里还是有着严格的保障的。p216**

在这里，我只是说明教会没有在心灵上给予教士们任何政治上的奴役，并不存有任何肆意评断教会这一古老体制的心思。

教会之中，还存在许多具有贵族血统的教士，因此，教会还拥有唯有贵族地位才特有的自豪和不羁。除此之外，这些具有贵族血统的教士都是享有各种特权的国家上流阶层。教会道义的威力也因此受到了封建权力的极大荼毒，然而这种封建权力也不是一无是处的，它使得所有教士在世俗政治面前都具有独立精神。

土地所有权是让教士们拥有公民的思想感情、需求，乃至公民热情的特殊条件。由于郎葛多克的教士参与管理公共细务要较其他省份多很多，所以在旧的省三级会议中，我曾着重阅读了郎葛多克省三级会议留下来的大部分辩论及报告。秉着这个思想，我继续静下心来阅读了1779年和1787年召开的省议会的会议记录，其中一部有关道路和运河的修建报告让我尤为震惊，它是为主教和以圣洁、学识文明的修道院院长所撰写的。这部报告中，对于为何修建道路或运河，都能够通过内行的知识加以论述，至于使农产品增加、促进工业发展以及保障居民福利的最好方法，他们都能够从科学和技艺等方面进行剖析探讨，**他们在这些行业上的技术水准已经等同于或者高于那些负责同类事务的教外人士。p217**

我发现了一个仅仅有助于罗马教廷和尘世君主的做法，但是这种做法却会使得人民因此而丧失大部分自由，那就是把天主教教士的全部收入改为薪俸制，剥夺其一切土地占有权，这几乎与现下流行的而且早已深入人心的意见迥然不同。

对于那些将人生最美好的时光奉献给外来权威，而又不能在此国度拥有家室的人来说，地产是束缚他维系在这片土地上唯一坚不可摧的锁链。倘若这道联系中断，他将变得无家可归。他虽然出生在这个地方，但却等同于一个陌生人一样在这个社会中生活着，他对几乎所有的利益都变得无动于衷。他们得到最正确的认识就是：教皇将成为他唯一的依赖，君主将是他的衣食父母。教会也就成了他的唯一祖国，因此一切有关教会的利害便成了他每次政治事件里唯一关心的东西。相比于教会的自由繁荣，其他一切都无关紧要。像是基督城的一些优秀成员，以及其他各个地方的普通公民，都对政治处以一种漠然置之的态度。整个民族的灵魂也正是因为这一充当儿童导师和品德标杆的团体有这样的消极思想，而在触及公共生活的问题上变得软弱不堪。

如果想要对因人们的地位变化而引起的精神革命有一个正确的概念，就必须将 1789 年教士等级的陈情表重读一遍。

虽然在陈情表中教士们常常是一副斤斤计较的形象，而且对于他们曾经享有的特权有着极为执着地迷恋，但是他们与贵族和第三等级相同，一样拥有鼓励公民自由、崇尚政治自由以及仇视专制制度的特点，他们宣扬个人自由应该受到法律程序保障，就像人身保护法一样，而不应该仅仅是许诺那么简单。他们认为，任职的唯一指标是个人才能的大小，任何公民都享有录用任职的权利，法庭辩论需公开，不得罢免任何法官，取消特别法庭及调案，推到国家监狱；所有人都有服兵役的义务，要减轻征兵给人们带来的侮辱及压迫；他们说，领主权力是来源于封建制度的，与自由是明显处在对立面的，并要求赎买领主权力；内地的关税也要取消；依照他们的想法，要推行免费教育，每个教区都需设有一所学校，要大举兴办私立学校；慈善工厂和济贫所等世俗慈善机构遍布乡间；为推动农业发展尽一切努力。

像制定法律、自由表决捐税和召开会议等权利都该为人民所拥有，不可剥夺及转让，而且在政治层次上讲，他们的这种想法比任何人都要强烈。他们认为，向任意一个法国人缴纳捐税都得经过本人或者他的代表投票表决，不得逾权强行纳税。教士们还提出，每年都必须召开自由选举的三级会议，而且三级会议所涉及的所有重大事务都必须拿出来摆在国民面前进行讨论；一切特殊的惯例以及特权都不得与三级会议制定的普遍法律相冲突，这些普遍法律均为三级会议所必须制定的；三级会议调配预算，甚至掌控、制约整个王室，而大臣们须始终给予三级会议保护，使其代表不受侵犯。按照他们的要求，三级会议应遍布每一个省份，市政府也都该在每一个城市建立，唯一没有提及的便是神权问题。

在大革命的洪流席卷而来时，法国的教士充分展现出了他们优秀、杰出的一面：他们开明，更具民族性，所具备的公共道德远大于固守的私人道德，所拥有的信仰也是异常坚定——这从其对教士的迫害就可看出——这些都是世界上其他国家的教士所不能比拟的。当然，这也只是总体上的印象，其中也不排除一些恶行累累、臭名远扬的教士。在研究的过程中，我的态度也发生了转变，从一开始对教士的满腹偏见到后来的敬意连连。其实，无论是宗教组织还是政治组织，当他们紧密联合、结构缜密的时候，都会出现一些侵占滋长、宽容消减的情况，他们只是本能或者盲目地遵行着本团体所特有的权利。所以说，教士身上的这种缺点并不是其所独有的。

独立精神在旧制度的资产阶级的体现，要远远胜过今天的资产阶级。而这种独立精神的优越体现，很可能是受旧制度资产阶级构造上缺陷的帮助所致。

在当时，资产阶级所占据的职位要远远多于今天，那些热衷于获得这些职位的中产阶级也表现出了相应的积极性，这都为我们清晰所见，然而值得我们关注的是时代的差异。资产阶级所拥有的这些职位，大多都是不为政府所控制：既不能授予也不能剥夺，任职者的重要性也因此而增加，不再遭受政权的操纵和支配，而这些使得他们备受尊崇的有利因素，在今天，却是迫使很多人俯首帖耳的原因所在。

各种各样的豁免权使得资产阶级与人民大众彻底分离，也使得资产阶级成了冠以贵族名号的假贵族，他们积极模仿真贵族的行止，将那种属于贵族的自豪与反抗精神模仿得淋漓尽致。**资产阶级被一些特别的小团体分裂成无数个部分，使得人们在被分裂出来的各个部分中只顾及得到小团体的权利和利益，进而忽略整体的利益。**p217 在这里，他们有着共同的特权及尊严，也需他们一同去保护、防卫。舞台虽小，却不失闪亮而耀眼，每个人都是舞台上的演员，也必须接受台下同样观众的评判，或一片掌声，或一片嘲讽。

与今天平息一切的手段不能相比，那时的手法还很生涩且不够完善。那个时候的法兰西还没有出现政治自由，还需人们高声去呐喊才能远近相知，可谓是响声一片，并不像今天的法兰西一样，人民鲜敢言语，政治局面一片沉寂。

而在那时，司法机构也成了那些被压迫的人向上报告自己的愿望或意见的唯一途径。在当时，法国人依旧是自由的人民，这都是源于它的司法制度，尽管当时的法国已经因其行政与政治制度成了一个专制政府的国家。在政权上，旧制度下的司法机关虽然存在很多缺陷，比如程序复杂且阻力不断、手续迟缓且费用奇高等，但司法机关从不屈从，因为屈从不过是买卖官爵或者比之更坏的一种形式。这种弊病深深腐蚀和毒害了当时的法官和全体人民。不过，当时的司法机关却没有这种弊病。有两点确立了法官的独立性，即法官的终身制以及其身份地位的不可提高性，这样就使得法官在任何手段下都能够坚守阵地，因此又有什么关系呢？

尽管普通法庭中所有涉及当局讼案的审理权已为王权所窃取，法庭的权力已经被剥夺，但是仍然难消王权的恐惧。法庭听取控诉、发表建议是不受王权始终阻碍的，王权只能阻止法庭的审理。当时，司法语言沿袭着古法语好给事物正名的风格，**政府的行为也就被法官们干脆地称为是武断与专制的举动。政府受到法院的不正规地干涉。p218** 政府受到如此的干涉，常常无法正常地推行一些行政事务，倒是常常使得个人自由得以保全，颇有一些以彼之道还施彼身的感觉。

在新思想里，旧习气始终维系着应有的活力，这种表现大都是出现在司法团体的周围或其内部。高等法院常常以其刚毅、从不屈服的表现来保护和防卫自己的荣誉和独立，并且影响着它身边的人，因此相较于其他公共事物，它更加关心它们自己。

国王于 1770 年撤销了巴黎的高等法院，然而在国王的意志下，虽然剥夺了法官们的权力和地位，但是仍然没使得一个人为之妥协屈服。当然还不局限于这些，像那些审理直接税案件的法院，虽然他们是完全不同种类的法院，但是当他们即将受到国王的厉害的惩罚时却从不畏缩，甘愿挺身一起遭受惩罚。还有一些事例表现更甚：那些最高法院的首席律师，为了不出庭面对那些被羞辱的法官，他们宁可舍弃高官厚禄，闭口不言，情愿与最高法院风雨同舟、共同进退。此事就发生在 18 世纪路易十五的宫廷附近，它的伟大完全超越了我对各自由人民在历史上一切事件的认知。

许多的民族习惯就是由当时的司法习惯所演变而来的。旧制度给我们留下了自由人民教育的思想，而人们也的确在法庭中普遍地接受了这一思想：可以对一切事物提出争论，重复商议所有已经决定的事情，重视形式，利用公开性。很多政府的语言也都是从司法用语中借鉴而来的。国王这样认为：唯有在说明原因后才能发出敕令，阐明原因之后才能下出结论；长篇的前言经常出现在御前会议下达的判决的前头；总督的一些命令是依靠执达员来传递的。然而，像是在法兰西财政官或者当选人团体内部这些渊源古老的机构，人们想要做出决定需要公开讨论各类事物，争论之后才能下定决议。然而君主想要恣行无忌，这些形式和习惯便全部成了他的拦路石。

面对压迫，人民惯以使用暴力手段解决，除此之外别无他法，这种情况在乡村农民身上的体现更为明显。

假如有一个人能时时为世人所瞩目，且见解能够闻达于天下，那么若他运用我刚才所说的一系列抵御手段的话必定会立竿见影，而不是像放在人民的手上那样毫无用处。然而，除却人民之外的所有法兰西人都只是矛盾的存在，既想指责又不得不顺从，最后只得在违心地顺从中反抗、斗争。

在国王向国民进行对话的时候，并不是以主子的口气，而常常是以首领的口吻。路易十五曾在其统治时期下达过一道敕令，其前言这样讲道："如此一个自由而慷慨的民族为我们所统辖，实在是没有比这更加荣耀的事情了。"而路易十五的一位先祖则是在感谢勇于直谏的三级会议时就做过类似的讲话："我们更愿意与这些自由人交谈，而非那些农奴。"

贪求安逸的欲望往往是萎靡而纤弱的，还存有一些不会变通的特点，因此，它常常与一些私德交错在一起：对家庭的关爱，对风俗文化的崇尚，对宗教信仰的尊重，以及对现行教仪按时参加却又淡然处之的态度等。这样虽然与英雄主义不相融合，但却能够让人变得切实、忠诚，更有助于缔造循规蹈矩的或者是胆小懦弱的公民。然而 18 世纪的人却没有培育这种近乎奴性的贪求。相比于现在的人，18 世纪的人虽然也有坏处，但总体上要比现在的人好很多。

在当时，法国人并没有接触到像我们眼下的这种有礼貌、有节制的肉欲主义生活。习惯上，他们放纵而奔放；思想和感情上，他们更是凌乱而毫无头脑；他们爱好欢快，追求享受欢乐。在上层阶级，人们更加侧重于修饰自己的生活，更加注重是否出人头地、高人一等，而并不是想要生活舒适方便或者发财致富之类。在中层阶级，他们放弃安逸，追寻一些独具一格的美妙而高雅的享乐，收集一些除金钱之外的其他财富，由此可见在中层阶级他们也是能够放得下那些对于安逸的追求，转而追寻更有意义的事的。在当时就有个人满怀自豪地写道："我们的民族善于赚钱也善于花钱，然而却不会依照那种习以为常的信仰成为一个拜金者，他们有着和他们古代偶像一样的气质：崇尚价值与光荣，慷慨而宏伟，他们时刻都准备着与他们的偶像同在。"尽管这话听起来有些古怪。

以最高权力的服从程度作为标准来评判人们的卑劣，这一标准用在这里显然是错误的。也就是说，旧制度的人们虽然屈服于国王的意志，但是他们打心底里从没有接受过这样一种服从：他们从不会屈服于这样的政权——不合法或者有争议的、不为人们所尊重或者经常遭到蔑视的政权等，无论它们是有用还是做尽种种坏事的，因为这种可耻的奴役形式根本就不生存在他们的思想中。放在以前，哪怕是世界上最为专制的国王也不能够像这样激发起他们心中的种种情感，然而这些从他们心中被激发出来的情感却被大革命斩草除根，以至于让我们都很费解。

对待国王，他们满怀敬意与温情，就如同对待上帝或父亲一样。由于爱，他们更加发自内心地服从，哪怕是国王最为专横的命令，而非是出于强制被迫服从的，但这也就导致了他们如此完善地拥有自由的精神，尽管他们表现出对国王如此极端地依赖。"强制"对于他们来说是服从的最大弊病，然而对于我们来说却是微乎其微。那种强迫、促使人们服从的奴性感，才是最严重的弊病。

我们是没有权利去瞧不起我们的先辈的，因此我们还要善于在他们的缺点与偏见之中发掘他们的伟大之处。p218

然而，这些并不能说明旧制度是一个依附与奴役共存的时代。那时候的自由，要远远多于今天，但它是一种并不正规、断断续续的自由，这些自由始终受阶级范围的局限性限制，融入特殊与特权，违抗法律或者一些专横的行为都被当时所允许，公民们唯一缺失的是各种天然的、必需的保障。**这种自由是极具生命力的，虽然形态发生了改变，范围也非常狭窄。p219** 中央集权制使得所有性格都变得柔顺而统一，没有任何光亮的色彩，在这样一个时代里，自由以它天生独特的性质，在人们心中留下了鲜明的色调，让他们心生自豪，抛却一切爱好、热衷、荣誉。沐浴在自由之下，所有骄傲勇敢的天才和生机勃勃的精灵都纷纷出现，自由也便成了法国大革命既爱又恨的对象。这样雄健的品德，也只有在这满载自由的土壤上才能茁壮成长。

如果说法国人在推翻专制制度的过程中，这种非正规且病态的自由为其准备了诸多条件，那么他们想要建立起和平与自由的法治国家是相当困难的，至少在这片专制制度的遗址上，他们比其他任何民族都不适合。

第十二章　随着文明的进步，18 世纪的农民相比于 13 世纪反而倒退，原因何在?

18 世纪，法国农民难得拥有了部分的土地，且享受起了公民自由。在这一段时期，那些封建的小恶霸不再来找他们的麻烦，连政府的暴行也对他们少有波及，然而这一切似乎都是他们即将陷入世所罕见的孤单处境的先兆：他们已经被所有其他阶级的人们所抛弃。这种别具一格的强制性压迫是我们闻所未闻的，其所带来的影响也值得我们细致深刻地进行观察。

佩雷福克斯[1]于17世纪初曾这样说道，贵族们离弃乡村的行为惹得亨利四世抱怨连连。然而这种行为到了18世纪就变得十分普遍了，关于这一点，那个时代的所有文献都有说明，并饱含惋惜、哀痛之情，例如：在经济学家的书中、总督的通信里，以及各农业协会的论文中都有所体现。其中一些有力的证据资料我们就可以在人头税的登记簿中找到。因为当时的人头税是根据人们的真实住所收取的，而巴黎恰恰是所有大贵族和一部分中等贵族聚集的地方。

盘点那些依旧留在农村的贵族，或难以抽身，或仅仅是小康之家。这些落魄的贵族拥有如此的境况，我想那些富饶的所有者应该从没见识过：他们与农民朝夕相伴，成为邻居。那些曾经帮助、照顾和领导农民的义务也随着他们权力的消失而被放下。此外，他们没有过承担公共捐税的经历，所以也完全理解不了农民的凄惨和可怜，更不用谈同情。没有亲身体验过痛苦的这些落魄贵族，自然也不会去分担农民的苦衷。这就形成了一个亘古未有的现象：落魄贵族与农民之间不但不再存在臣民关系，而且也没有形成同胞。

我可以这样认为，相比于城居地主制那种真正意义上的不在地主制，这种境况使得他们更倾向于思想上的不在地主制，而且表现得更为频繁和有效。所以那些依旧生活在自己土地上的贵族经常对佃农大肆勒诈，就像他不在领地时管家待佃户如债务人的情绪和观点一样，索回一切依惯例或法规属于他的东西，最后导致其勒诈之重要更甚于封建时代。

这类残余的封建势力在自己的城堡中，始终是一副吝啬鬼、守财奴

[1] 佩雷福克斯（1605—1670），法国教士，曾任路易十四的家庭教师。于1664年成为巴黎大主教。

的样子，到了冬日便进城大肆挥霍一番，所以这也注定他们一直生活贫困、落魄颓废，而且常常欠一屁股债。人们经常用燕隼（猛禽里最小的鸟）来称呼这些小贵族，这种形容可谓是一语中的。

阶级是占据历史的唯一存在，这也是我正要谈及的，也许会有人对我进行反驳，而且是以单个人的例子，这一点毫无疑问。当时，必然也有许多富饶的所有者时时刻刻都在大公无私地关心着农民的利益，这一点无可否认。然而他们的做法显然与他们现今所处的社会地位的规律大相背离，这样的规律促使他们与农民疏远，完全不会考虑他们的意愿，而那些曾经依附于他的那些农民则是满怀愤恨。

贵族为什么会离弃农村呢？人们对此做出了以下种种设想：一些人认为，这定是受到了某些大臣或国王的影响，而一些人则认为是黎塞留，还有一些人认为这全是路易十四所致。让贵族进入宫廷为官，使他们与人民相互分离，这是君主制最后三个世纪中君主统领并推动全局的主要思想。尤其是在王权还十分畏惧贵族的 17 世纪。总督竟然还接到过这样的疑问："您省内的贵族是愿意进入宫廷还是愿意留在老家？"

其中一个总督对这个问题做出了答复，信中无不抱怨其省内贵族的反常：宁愿与农民混在一起，也不愿意进入宫廷在国王身边效力。

我们刚刚所谈及的省份叫作"安如"，也就是后来的旺代，所以我们不必过多在意。然而，据说最后能够举起武器，保卫法国君主制，且肯为之牺牲的也正是这些拒绝去国王身边效力的人。虽然有人斥责他们以生活在农民中间为乐，但是也正是他们这种对农民的吸引性与凝聚性，使他们获得了如此的荣耀。

人们一直在追寻构成民族首脑的那个阶级离弃农民的原因，但是这个原因却断不可以归结为受某几个国王的影响。因为这种现象是需要一系列制度的缓慢运动才会出现的，而并不决定于某些人的意志，其中一个例子就能明显地证明这一点：18 世纪的政府曾试图消除弊病，然而却连其扩展都抑制不了。贵族离弃农民是随着其政治权利以及自由的失去和消失逐渐增加的，此时的他们对于这种田园生活早已心灰意冷，即使不去引导他们，他们也会另寻他路。

现在我要讨论的贵族，可以认为是全国各地那些富庶的地产主，即在中央集权的国家，已经被有钱人或者开明的人离弃的农村，依旧生活的土地拥有者。我还可以说成是在中央集权国家，耕种极不发达的国家，为了顺便确定它的含义，我再对孟德斯鸠的话语做个评述。孟德斯鸠曾说道："居民的自由与否，直接关系到土地的产量。相比之下，土地的肥沃程度对其影响不大。"

资产者背离农村，到城市中想方设法地寻找一处容身之地，这些在前文我们已经略有提及。对于这一点，所有旧制度文献的记载都完全相同。农村从未出现过富二代，这是当时文献最有力的一个证据。那些勤勤恳恳的农民一旦手有余钱，就想着让自己的孩子进城，谋得一官半职，从此脱离自己耕种的行业。不知法国的农民为何如此厌恶那个帮助自己致富的行业，这让人感到非常奇怪，而且这种情况可以一直追溯到这个时期。具体的原因早已不可寻觅，但是它的影响却始终延续着。

本堂神父可以说是所有人——与农民联系不断且长期居住于农民之间的人——中唯一真正有教养的人，英国人称他们为绅士。伏尔泰先生曾经预言，本堂神父完全可以成为农村居民的领军人物，不过前提是本堂神父自身与政治权力制度的联系要疏远一些，且不要过分张扬。本堂神父虽然可以依靠政治权力制度享有许多特权，**但这一做法很容易部分地刺激人们对此制度产生应有的仇视和愤恨。p219**

那些原本可以协助、带领他们的乡亲们逐渐和他们关系冷淡，不再亲近，农民阶级与上层阶级差不多已经完全脱离。这些人一旦变得多才多金起来，就开始想方设法地不与农民们多做接触，这使得农民的处境十分尴尬，真的如同被整个国民离弃了一样。

这种现象大约出现在法国的近世，而在欧洲所有其他文明大族却鲜有见闻。在 14 世纪，农民所遭受到的压迫更加苛刻，而其所得到的救助也几乎与受到的压迫形成正比。所以，农民们虽然偶尔会遭到贵族的残虐，但从未被贵族所遗弃。

在 18 世纪的农村，无论是行政官还是理事，抑或收税人，他们都点墨不通，这使得他们一直被人鄙视，无法整理自己或邻人的账目，所以，这时的村庄虽然是一个共同体，但是其所有成员的水平却是一致的低下，集愚昧、贫穷、粗鲁与野蛮于一身。昔日的领主已经完全不屑于去统治农民，因为那样太过有失身份，尽管他们早已经失去了统治权。征集自卫队，制定及确定军役税和徭役等，都应该由理事来负责，对那些领主来说，这是一个非常低下的职业。似乎关注农村共同体的，唯有中央政权。鉴于它与农村相隔甚远，且对共同体的居民并无深刻地认识，所以它的出发点也不过是想从中汲取一些利益而已。什么样的阶级可以被称为一个被遗弃的阶级呢？于它而言，暴政根本无人为之加身，更得不到任何人的开导和服务。我想是这样的。这就让人们出现了非常迷惑的情况：虽然一系列由封建制度施加在人们身上的担子已经消除或者减少，但是另一种负担却又显现出来，且与之前相比尤有甚之。与其先辈所承受的苦难不同，农民们只是换了一种从未听闻的苦难来继续承受。

军役税能够在这两个世纪中增加十倍，其主要功劳要算在那些付出血汗的农民身上，这是大家普遍都知道的。如果我们要解释清楚在那些文明的世纪里，为何那些国家中最有教养的人不想改变这些粗鄙的法律，那么我们应该就农民征收军役税的方法上给人们做出明确的解释，说明还有哪些粗鄙的法律能够制定或继续维持。

有关军役税的具体描述，可以说是一幅简明扼要的杰出作品，这是我在 1772 年的一封密函（总监本人致各省总督的）中找到的。这位大臣几句话便对其进行了总体的概述："在法国的大部分地区，军役税是对人不对物的，且在摊派上很随意，征收上是连带责任的。它的不断变化，是依照纳税人的财产变动情况而定的。"这几句话精准地形容出了人们中饱私囊的弊病。

对于所需要缴纳的税额，教区每年都会做出新规定。就像那位大臣所讲的一样，那些从事耕种的农民根本无法预知下一年应付的税额，因其税额具有不可确定性。在教区里，人们所要交付的捐税，都是由每年临时任命的农民收税员来分配和征收的。

对于这个收税员的具体境况，我有必要详细地讲述一下。在这里我们可以借鉴一下 1779 年贝里省议会的一些言论，由于这个会议团体是由那些特权者（国王指定的）和免缴军役税的人组成的，所以它极具权威性。会议中它是这样讲的："既然收税员这个职务大家都不想担任，那就大家轮着来好了。所以收税员这一职位的担任者每年都会更新，其能力与人品更没有明显地限制，而制定纳税人名单的人的品德素养也直接关乎名单结果。名单上，清晰显现着收税员的各种性格：或怯懦无力，或罪大恶极。要把这桩事情做好应该付出怎样的努力呢？他不得不在黑暗中探寻，因为邻人的财富究竟有多少几乎没有人会确切地知道，两份财富之间的比例也更是不得而知。对于收税员这份职务，他要以自己的全部财产甚至人身来负责，所以关于财富的多少以及比例问题，都是按照收税员的意见来决定。这也就注定收税员不得不在两年内耗费一半的时间在各个纳税人之家来回奔走。只要是不识字的人都必须在他的邻人中寻找替补。"

蒂尔戈曾在更早的时候说到另外一个省的情况："那些任职者常常因为这一职务而彻底绝望，且大多都难逃破产的下场，于是，村里一个个还算殷实的家庭便逐个陷入贫困之中。"

这些倒霉的任职者身兼二任，不但是牺牲品，也是个暴君，在他们身上横征暴敛的本领并不缺乏。在他的任期内，避免不了自己破产，但同时却也掌握着大家破产的命运。那个会议就这样揭示了当时的真实情形：“他们对待亲朋好友、邻居给予优惠，对待敌人给予仇恨和报复，面对那些庇护者的需求，他们更怕使得派活的有钱公民不高兴，所有这些在他的心中与正义感相互搏斗起来。”在长期的恐惧之下，收税人开始变得残酷、无情起来。在一些教区，收税员想要保证工作的进程，就必须有执达员和催税员的陪同。1764 年一位总督向大臣致信：“如果收税员不要求执达员陪同前去，那么就很难从缴税者那里收到税务。”吉耶内的省议会向我们透露：“仅仅是维勒弗朗士一个财政区，为其终日奔波的拘役传令人和其他直达助理就有 106 个。”

在 18 世纪的全盛时期，法国人开始向中世纪的犹太人学习，在外表上佯装穷困潦倒，以逃避各种横征暴敛的捐税，然而事实上却并非如此，他们只是为自己的富裕感到担忧。我在距离吉耶内百里之外得到一份文献，其中就有很明显的证据。1761 年，曼恩农业协会在报告中指出，他打算设立奖项，以资鼓励——分配牲畜。“这个想法最后被取消。”农业协会这样说道，“获奖者虽然获了奖，但几年后强派捐税所带给他的烦恼可谓无穷无尽。让获奖者招来如此危险的后果，这一切都是卑鄙、低劣的嫉妒心在作祟。”

这样的捐税制度足以让人们有足够的理由去觊觎邻人的财产，去告发邻人财产的增长，因为这直接关系到了每个人自身的利益，或长远的，或直接的。在挑唆下，嫉妒、仇恨、告密等感情状态和行径被人们演绎得丝毫不差。很难想象，人们只是一厢情愿地认为只有在印度斯坦的贵族领地上才会发生这种事情。

当然，一些徭役、赋税比较轻的地方在法国也是有的，其中一些三级会议省便是如此。在这些三级会议省中，征税自由便是它的一个权力。举了例子：郎葛多克的军役税不按所有者的富有而定，而是按照地产进行抽取。土地清册每次重修的时间为30年，且编订得极为精细，按照土地的肥沃、贫瘠将土地分为三个等级记录在案。这样，一部固定的、可供查阅的土地清册就被编制了出来。对于他们应该纳多少税，纳税人便能够预先知道。是否纳税也直接影响到纳税人本身，甚至是他们的土地。对于这种捐税的摊派，如果有人感到不均衡，随时可以将自己的捐税份额与自己选定区内的居民做下对比。这与我们今天所讲的“比例平等上诉”如出一辙。

显而易见，我们现在所遵循的那些规章制度就是这些。我们不是它的改进者，我们只是它的推广者。其中一点足以说明，对于旧制度政府中的一些其他东西，我们并没有去模仿，我们只是将国家的管理形式从旧制度政府中接了过来。当然，我们这种最好的管理方式并非是来自旧制度政府，而是来自省议会。在产品与机器之间，我们选择了后者。

贫困的现象经常发生在农村人民身上，而且，一些贫困难以排除的格言也就此产生。在黎塞留的政治遗嘱中有这样一句话：“一些章法、纪律会随着人们的逐渐富有而变得越来越不受重视。”虽然，人们的看法在18世纪并不是那样绝对，但是人们始终认为要想防止人们走向懒惰，唯一的办法就是让这些农民不得不疲于生活，否则的话他们是不会任劳任怨的。这套理论与人们所谈论的殖民地黑奴时所宣布的理论基本相同。在执政者中，这一见解传播得极为广泛，所以，经济学派也要摆出姿态对其加以驳斥、批评。

军役税的用途就是国王为了使贵族们和他们的附庸避免军役而设立的，这一点是众所周知的。然而正如我们所见，到了17世纪，军役的义务重归自卫队名下，而这些沉重的义务几乎全部扣在了人民的头上，而且这些人民也几乎全部是农民。

在征募自卫队的过程上也是非常艰难，这一点我们从总督的府邸的一些办案笔录中就能加以确定，这些笔录几乎装满了总督府邸的箱子，记录的是一些有关追捕逃亡者和违反命令的自卫队的事件，且大多数为骑警队所记录。自卫队这一公差在农民眼中已经变得无可忍受，有甚于其他一切公差，因此就出现了躲进森林草莽试图逃避这一差役的现象，而政府就不得不靠武力追捕这些逃避公差的人。现今，强迫征兵制早已经约定俗成，所以对于这一现象的出现实在使人感到惊奇和诧异。

自卫队在执行法律时所使用的方法让人们非常厌恶，这也是为何旧制度的农民为何会极端排斥这一公差的根本原因，而跟法律原则本身没有什么关系。这种做法的最大弊端就是使得那些有可能被征收的人长期处在心神不安的状态之中，因为规定中强调只要不到 40 岁且尚未婚配就有概率被征。对于这一朝令，他们又担心时刻会发生变化，哪怕是他们抽到了免征签也难以抚平他们内心的惶恐，而找人代替的行为是绝对禁止的。同时，在农民的眼中，这是一个光付出艰苦、承担危险却得不到提升的希望的差事，因此人们自然就不会心甘情愿地去承担这一差事，然而最令农民感到极端厌恶的，就是唯独农民会承担如此重大的责任，而且这些农民大多都是最为贫穷无告的人，这就使得苛政在这些地位低下的农民身上变得无可容忍。

我掌握了许多有关 1769 年不少教区中举行的抽签记录，上面记述着每一位教区免征者的详细情况，其中有修道院的守卫，还有贵族家的仆人，以及那些过着贵族生活的资产者的奴仆。免征的权利只有富裕之人享有，例如，一个农民每年都被列入最高纳税者的行列之中，那么，他的子弟就会被免征入自卫队，享有特权——这一情形被他们称作对农业的鼓励。而在其他地方最喜欢、最擅长鼓吹平等的经济学派在此却毫无起色，将这种做法进行推广是他们唯一的要求，但同时这一做法也使得那些最贫困、最无人庇护的农民身上的负担更加沉重。有一位经济学派的人士这样说道：

“像士兵这种吃、穿、住的方式，彻底的依附性以及少之又少的军饷是其他人完全不能够承受的，所以，只有下层百姓才能够忍受士兵的严苛、残酷的生活。”

在路易十四统治末期，交通要道的养护工作或被迫停止，或交由其所有者进行保养，这些交通要道的所有者大多为国家或者沿途的一些所有者，然而在这个时期以后，农民便单独承担起维修交通要道的责任，这一工作也便成了纯劳役的性质。而这种不花钱就能够使得道路畅通的方法使得他们尝尽甜头，并深以为这是一个独树一帜的方便计策，因此，在 1737 年，总监里奥在通报中要在整个法国都推广这一举措。对于那些固执不从的人，总督有权到他家进行搜捕。

从那时起，随着商业的增加，以及对良好道路的需求和兴趣的增加变得越来越普遍，徭役在这条新开辟的道路上，其负担也变得沉重起来。

在 1779 年贝里省议会的报告里得出一项事实，在这个穷困的省份，每年劳役所创造的工程价值大约在 70 万里弗左右。而 1787 年诺曼底在工程上的价值也与此相差无几。农村人民的悲惨命运通过这些就能够体现出来，他们所创造的价值使得社会进步，使得其他阶级变得富有，反观他们自己却依旧穷困落魄，这就使得人民变得灰心、丧气起来，仿佛文明始终把他们排斥在外。

几乎发生在同一时期，总督们在通信中提出：徭役是单独用于王家道路（交通要道）的，所以不能应用于村间的一些特别的道路上。因此就出现了这样奇怪的现象——那些最为贫苦且少出门游历的人反而要偿付一笔路费，这不得不说是一个非常奇异的思想，**然而就是这样的想法却是很自然地在那些谋利者的心中深居下来。p220** 而且很快他们就会认定这是唯一的解决方法。人们曾经在 1776 年试图以地方税取代徭役税，然而这种不平等却只是改变了个外形，徭役税以一种新税的形式延续下来，而不平等的局面也丝毫没有得到改善。

皇家徭役便成了徭役的新的代名词，这以前被称为领主徭役，而一切公共建设也慢慢扩大起来。1719 年，我曾看见兵营的修建竟然也用徭役！法令中这样说道，各教区须放下所有其他工程，派遣最好的工人率先进行兵营的修建工作。

徭役所担负的范畴也越来越广，如：押送乞丐进收容所、押送苦役犯重返监狱以及军队换防时军队用具的搬迁工作等。p220 当时，几乎每支军队的辎重都非常沉重，因此相对应的徭役也毫无轻松可言，反而十分的沉重。而要想将这些东西运走，必须要在非常远的地方调来许多车辆以及耕牛才可以。在一开始，这类徭役还很少，但是随着常规军的增加，这类徭役便升级为最为沉重的一种。曾有一位国家承包人高声呼喊，以求给他们调派一些劳役过来，将建筑木材从森林中运往军舰修造厂。虽然这些劳役是有工资的，但是数额上却有着不定性，且常常很低。赋税的沉重以及不合理性不单使缴税人负担加大，甚至是军役税的征收人也为此忧心如焚。

其中一位税收人在 1751 年这样写道：“修路时向人们征收的各项费用已使得人民穷困不堪，在短期内再让他们缴纳军役税恐怕是不行了。”

倘若能有一些有钱有教养的人在农民身边，那么即便是这些人不会对农民进行保护，也会有权力或有兴趣在命运的主宰（掌握着富人和穷人的共同命运）面前为农民求情，那么，那些新的压迫就不会被制定出来。

1774 年，一位大所有者给他所在省的总督写了一封信，信的内容我有幸得见，即请求总督开辟一条道路。他通过各种说法及理由向总督证明，这条道路的开通必让全村人走向富裕，此外他还提出建立集市的建议，并确定集市的建立会使得食品价格增加一倍。这个公民还曾进言，只需稍加资助人们就会创立一所学校，以便为国王培养出更加勤奋的公民。然而对于这些必需的改良，他在之前却从未加以考虑，他察觉这些问题是在两年前被国王密札囚禁于城堡的时候。他非常直率地说道："我开始对这些事情赋予确信的态度，并认为它们是极其有用的，便是这两年的故土流放给予我的看法。"

在灾荒的年月里，那些曾经维持农民和大所有者的那些依附、庇护的关系，已然开始变淡或者崩溃。中央政府也是在那些危机的时刻由于软弱和孤立而备感惊恐。对于那些被它摧毁了的政治团体以及政治影响，它试图一举恢复并且呼吁他们前来相助，然而却无人回应。令它震惊的是，那些人早已经逝去，而且就是在政府的毒手下惨遭灭绝的。

在一些最为贫困的省份里，面临这样危险的境地，一些总督会不假思索地下令，让那些富庶的所有者养活他们的佃农，直到第二年收获的季节来临。同时，我搜集了许多1770年本堂神父所写的信件，在这些信件中，他们建议总督向本区的大所有者进行抽税，不论是这些大所有者是在世俗中还是在教区内，具体是这样写的："虽然这些大所有者拥有大量地产，但是他们却既不生活在这里，又不在这里消费，反而是从这里取得大笔的收入之后去其他地方豪奢、浪费。"

在村子里，即便是正常的年代也会有乞丐的骚扰，因为在城里，穷人们会得到救济，就像勒特罗那所说的那样。而到了冬季，在农村中行乞已经成了必不可少的了。

对于那些不幸的人，人们常常用最残暴的手段来对付他们。舒瓦瑟尔公爵在1767年想要将法国的行乞现象一举清除，其手段的残酷我们在总督们的信函中可以得见。骑警队得到命令，将国内的所有乞丐逮捕，这样被捕的乞丐听说达到了五万多人。这些乞丐之中，身强力壮的被抓去做苦役，而剩下的则被放进四十多家收容所之中，他们很乐见那些有钱人对此大发善心。

正如我们之前所说，这个旧制度政府对那些高居人民之上的人始终抱着温和、恭敬和谦让的态度，相反，对于那些下层阶级，特别是农民，常常是下手冷酷无情，且常常令人难以防备。至于通报总督逮捕资产者的命令，在我所见过的文件中从未发现过；然而农民却是频频遭到追捕，不管是在服军役上还是在服徭役上，抑或是在治安、行乞等各种各样的长河之中。其中，那些高居人民之上的人所运用的是独立法庭，会进行监护型的公开审判和长时间的辩论。相反，对于那些下层阶级，特别是农民，法官们从不给予其上诉的机会，而是直接进行判决。

内克[1]在1785年这样写道："人民和其他阶级之间存在着非常大的距离，这非常容易使人们的目光转移，从而忽略掉政府是如何被操控着去对付所有平民百姓的。人道、仁慈已经成长为法国人的独有特征以及世纪精神，所以，即使他们自身未曾受到过那样的贫苦，但是他们对待那样的屈辱却抱有十分的同情，也因此为人们感到万分的忧伤和惆怅。"

但是，压迫，往往不但表现在禁止他们试图改变自身的处境之上，而且还表现在不幸者的处境在不断恶化上。作为自由的所有者，他们几乎和他们的农奴祖先一样愚昧无知，甚至较之更为穷困和艰苦。在这个工艺奇迹满天飞的年代，他们却不曾拥有任何一项技能，而在这个知识已经和命运息息相关的年代，他们却表现得有如未开化一般。虽然在他们本身始终存有他们种族所独有的智慧，但是在如何运用上他们始终没有窥到门径。甚至在种地这一他们赖以生存的唯一营生上，他们也表现得不尽人意。其中有一位英国的农学家这样说道："我所见到的农业，还停留在10世纪。"要说他们还有一些擅长的东西，那就只剩下当兵打仗了。因在这个行业中，至少他们还能够和其他一些阶级存在着一些天生的必然联系。

[1] 内克（1732—1804），曾任法国财政总监。他反对没收教会产业和发行捐券，主张实行温和的改革。

如此孤立而穷苦的深渊，农民却深陷其中。在这里，他们被完全禁锢，与世隔绝。在教堂遭受亵渎之前不到20年，天主教被废除，而政府在试图弄清一区人口的时候便采取了这样的做法：圣桌上，本堂神父将参加复活节的人数点出，再将病人和小孩儿的大致数量加起来就是居民的总数。对于这种情况，我感到非常的震惊，甚至是害怕。然而时代的思想潮流已经从各个方向向这些粗野的人心中流淌而去。通过条条隐蔽的地下渠道，它们在这处狭隘的处所展现出各种奇异的形式。然而在外表上却没有丝毫变化，农民的习俗、风尚以及信仰好像始终相同。他们已经被完全压服，但这不会影响到他的喜悦之情。

对于法国人在巨大的痛苦中所表现出的轻松和愉快，我们坚决不能相信。他们之所以会表现得轻松愉快，是因为他们确信厄运的不可逃避，所以，他们便试图忘记，自得其乐，只是他们真的会完全忘记吗？显然是不能的！所以一旦那条能使他们摆脱似乎不介意的苦难的路打开，他们就会蜂拥而至，爆发起狂暴的人潮，任何试图阻碍他们脚步的人都会被他们踩在脚下，而且看都不会看一眼。

这些事情，我们能够清晰地分辨出来，但是当时的人可谓是当局者迷。

对于老百姓灵魂中所发生的一切，上层阶级很难对其做出极为清晰地分辨。农民限于自己所经受的教育方式和生活方式，对待人类的事务有着自己独特的见解，而且这种理解从不会对外表现出来。然而，当富人与穷人之间的共同利益和共同哀怨以及共同事务完全消失的时候，那掩盖双方精神的东西就会变得愈发浓重起来，从而导致穷人与富人之间的联系就此中断，只是通过鸡犬相闻知道对方的存在而已。难以想象，在大革命开始的时候，那些处在社会上层的人们是生活在怎样一个古怪的安全感之中啊？在1793年的时候，他们对于温顺、忠诚、美德和快乐无邪，始终轻松地巧言谈论着，看到这样的景象，听到这样的声音，是让人感到多么可笑、奇怪和可怖啊！

下面，我们稍作停留，根据我刚刚讲过的一些小事，来思考一下在治理社会的过程中，上帝所用的一条最伟大的法则是什么？

法国贵族的立场就是坚决与其他阶级区分开来，因为贵族们终于能够避免大部分公共捐税，令其他阶级来承担这些税务。在他们看来，这些负担的免除直接保持住了他们的威严，而事实上在当时看来也的确如此。然而在不久之后，这些贵族开始在内部出现问题，且日益虚弱，但却无人问津；他们享有的豁免权很多，但是家境却越来越贫困。与此相反，当时他们一直想要躲闪的，害怕会与之为伍的资产阶级却变得富庶起来，变得有教养起来。资产阶级就生活在贵族的身边，对于贵族，他们不需要，且持以反对态度，而贵族同样耻于与资产阶级为伍，不愿视他们为同胞。但是在不久之后，贵族们就发现，资产阶级已然成为他们最强有力的对手，而后就会发展成为敌人，最终会成为他们的主人。他们保护、救济以及领导附庸的权力就被这样一个奇怪的政权给解除了，但是同时，其种种荣誉特权以及金钱权力却保留了下来，他们估计并没有损失。他们自认为自己的领导权力还依然存在，在最前列行走着，但是实际上，他们四周还簇拥着一些公证书中被称为臣民的人，剩下的就是自由租地保有者、佃农以及附庸。事实上他们已完全成为光杆司令，已经没有人会听从他们，因此在他们遭到攻击时不得不选择狼狈逃窜。

虽然资产阶级和贵族在命运上有着明显的差别，但是在一点上却有着相同性——即他们最终都与人民相互分离。资产阶级为了避免接触到农民的贫困，基本上不与农民接触；面对普遍的不平等，资产阶级并没有选择与农民相结合，反而是根据自己的利益试图创立新的不公正；也就是在贵族们拼命维护其特权的同时，资产阶级们在努力地谋取特殊权利。虽然资产阶级同样为农民出身，但是农民在他们的眼中却形同路人，甚至可以说像是从来没见过一样，也只有在资产阶级把武器放到农民手中的时候他们才意识到，农民的激情已完全被唤醒，已经完全超出了他们的控制和领导的范围。因此，作为鼓动者的资产阶级也终将沦为牺牲品。

法兰西曾经一度有雄踞欧洲的趋势，但是面对这一实实在在的废墟，会使得后世备感惊奇，而只有对它的历史了解的人才不会对其衰亡感到费解。我想，大多数国王所采取的分而治之的策略是导致一切弊病产生、持续并发展的最根本原因，这些弊病体现为我之前所描述的所有的错误、所有致命的偏见，以及所有的罪恶。

农民与资产阶级和贵族之间彼此隔离，贵族与资产阶级之间也是彼此孤立，这样的现象在阶级内部频繁出现，使得阶级内部出现一个个特殊的小集团，这些小集团同样互相孤立，与各阶级的情形如出一辙，这就形成了一个同质的整体，各部分之间从此再无任何联系。所以，约束政府、援助政府的力量就再也组织不起来了。最终，这座君主制的宏伟建筑便会随着社会的一次动摇而顷刻崩塌。

最后得到好处的，似乎只有人民，他们从主子的过错以及失误中得到种种好处。但是实际上，虽然他们真正脱离了主子的管辖，但是一些主子对其灌输的错误思想、不良倾向的束缚，以及一些丑恶的习俗都深深地烙印在他们的心中。因此经常会出现这样的现象，当人们在行使自由权时，会不自觉地将一些奴隶的情绪也掺入其中，对待自己教师非常蛮横的情况也就会由此发生。

第三篇

第一章　文人在18世纪中期成了国家最重要的政治家，其原因何在？影响如何？

为了更加形象地阐述这场伟大的大革命，我特意搜集了一些年代久远的普通事件。不过，现在先将之搁置一旁。我们现在要着重论述的是那些能够直接表现出这场革命开端、本质以及地位的事件，即最近的“特殊事件”。

法兰西是一个非常有文学天赋的民族，而且一直以来都在欧洲各族中占据首席地位。在18世纪中期前后，法国文人所呈现出的精神层次，以及所获得的地位都达到了其他各个时期都无法比拟的地步。在法国，这种情况从未有过，在其他的国家我想也很难得见。

在这个时期，这一类文人活得相当洒脱与不羁：他们既不参与日常的政治，又不担任任何职位。在这个官吏泛滥的社会里，他们可以说是真正地做到了无官一身轻，这和英国的情况完全不同。

如果你认为他们完全对政治置之不理，把他们当作只知道浸淫在纯哲学或者美文学的纯粹文人，那似乎就有些偏颇了，因为他们与大多数德国的文人还是不相类似的。可以说，政治权利才是这些文人所真正在意和上心的，他们乐于了解与政府相关的一切问题。他们整日就政治谈论的话题很多，如：社会的起源及其原始形态，公民及其政府的原始权利，人与人之间的相互关系（这是通过自然与人为两方面进行讨论的），习俗的正确与否、合法与否，法律的各项原则等。他们几乎每天都在进行深刻、透彻地研究，哪怕是他们所生活那个时期的政治体制的基础。对于其结构，他们也是进行了严格地考察，甚至对这些结构的统筹和规划也做了一番评判。像上述这些问题，所有作家都遇到过，只不过大多数人都是当作无聊时的自娱自乐罢了，并没有过分深入，仅仅有一少部分人对这些重大的问题进行了特殊而深刻地研究。在那个时代的所有著作中，不论是大部头的论著，还是诗歌，都或多或少地存在一些这样抽象的文学政治，无一例外。

尽管这些作家的政治体系各不相同，且分歧很大，但是仍旧有人想要将其整合为一个意见一致的政府理论，只是一直在努力，从未成功过。

当然，我们只是被一些衍生的思想遮掩了视听，倘若拨开这些枝节挖其源头，我们就会发现，有一种很普遍的观念是这些不同体系的作家所共有的，它是所有这些思想的发源地。所以，这个普遍的观念要先于那些特殊的思想，而且每个人都能设想得到。在他们看来，用来替代当代社会繁复的传统习惯的新法则要从其根源（最简单、最基本的理性与自然）入手，因为不管其枝叶如何发展，它的本源始终是不变且一致的。

18 世纪的政治哲学，在上述的唯一观念中就能够体现出来，不过这得需要我们细心地观察和发现。

三千年来，这样的思想屡见不鲜，曾一次次地在人们的脑海中浮现，却始终没有找到落脚点。令我们十分惊讶的是，它这次竟能够在所有作家的头脑中生根发芽。它这次是彻底地深入到了大众之中，燃起了他们对于政治的激情，且经久不息，而并不像以往一样仅仅是在几个哲学家的头脑里停留下来。这使得那些有许多空闲时间的人将这些普遍而抽象的理论（与社会性质相关的）变成了每日闲聊的话题，甚至还激发出了妇女及农民的想象力。18 世纪中期，不同于那些行使政权的人，这些作家掌控了绝对的权威；所以，虽然他们既没有地位、荣耀和财富，也没有职务和权力，但是他们却成了当时的首要政治家，而且是绝无仅有的。我想通过一些简单的言语阐明：这些事件对大革命，甚至对我们今天的影响都不同一般，虽然它看起来仅是属于我们文学史的事件。

18世纪，哲学家们的普遍观念完全脱离了他们那个时代的社会基础，而这一现象的形成也都是有迹可循的：受他们那个时代本身的景象所影响，他们的这种思想也就自然而然地形成了。一些匪夷所思、令人捧腹的特权无休止地增加，人们肩上的担子日感加剧，也越来越觉得特权没有存在的道理。所以，天生平等的思想便渐渐在哲学家的头脑中愈发清晰起来。一些混乱而奇怪的制度随着时代的前进而不断叠加，其效力也因年久失修而丧失殆尽，然而就是这样从不加以整理、更新，以使之跟进社会的制度，却要继续沿袭下去。因此，一种对于旧事物、旧传统的厌恶之情，便很自然地滋生出来，这些哲学家们便以自己的理性作为核心指导，试图描绘出一种全新的、理想的社会，并努力将之变成现实，以取代当今社会。

有关政府问题的普遍抽象性理论，他们为何如此兴趣盎然和盲目相信？这与作家们本身所处的境地有很大的关系。p221 他们是一群远远脱离实际生活的人：他们的热忱与生俱来，然而匮乏的经历却使之难以有所节制；最需要进行改革的东西往往会遭到一些现存事实的严重影响，对此他们得不到任何警告或先兆；虽然革命已经势在必行，危险也处处存在，但是他们依旧没有丝毫准备。他们完全没有政治自由，在政治上的表现也是孤陋寡闻、闭目塞听，所以，他们对于这些的预感几乎为零。他们不但在政治界没有做出任何功绩，而且也不去关心他人的成就。

他们受教育的匮乏程度简直难以想象，且不说他们一副不谈国事、不问政治的样子，就连通过见识自由社会和听闻其中争论的人受到的教育都要比他们多。也正是因为如此，这些作家便一发不可收拾。与那些著书立说专攻政治学的作家不一样，他们更倾向于个人理性，更敢于大胆创新。他们对古代的哲理不屑一顾，而对于那些普遍的思想和体系却情有独钟。

民众也因为缺乏教育，便发自内心地去拥护那些作家，而且对他们的言论深信不疑。在法国人中，作家的思想竟如此具有吸引力，使得人们趋之若鹜。这一切原因倒要归结于法国人不能再在三级会议中参政，也不能每天都对地方行政进行探讨，同时，这些原因也导致了一些事物规章的遗失，以至于作家们这种纯理论的肆意蔓延也不可避免。

英国人就很聪明，他们只是通过实践来对体制的精神进行慢慢地改革，而无须将旧的体制直接打垮。而法国人却没有这样的觉悟，所以他们就不得不主观编造出一些新花样来，却又很无奈地表现出一副很自愿的样子。一些残余的旧法律、旧政治惯例和旧权力几乎每天都影响着法国人的方方面面，例如在他们的人身、财产、自尊以及福利上等，而他们自身却怎么也找不到能解决这一问题的方法。所以法国人就表现出了与英国人完全不同的态度：或选择一直忍受，或彻底爆发革旧立新。

无论是进行哲学思辨，还是讨论人类的原始权利、社会的起源以及政府的本质，对于我们来说都没有丝毫限制，这是在其他种种自由的坟场中，我们仍旧得以保留下来的一种自由。

没过多长时间，这种文学政治就博得了那些身受立法妨碍的人的青睐。受天性或者社会地位影响，他们无不远离社会思辨，然而对于文学政治的爱好却是深入内心。文学政治中所阐述的“人人平等”的思想传播开来之后，所有曾经遭受不平等的军役税摊派迫害的纳税人都为之振奋不已，而“所有特权都应该受到理性的谴责”的思想更是让那些小所有者（田地曾经遭到贵族小兔子祸害）为之欣喜若狂。作家自此便控制了一切舆论导向，将政治生活纳入文学政治，用哲学的思想来诠释各种公众的激情。曾经唯有政党的领袖才能够占有的位置，现今全被作家们所占据。

作家成了这个位置上的唯一真神。

在贵族阶级兴盛时期，贵族除领导事务之外，还掌控舆论导向。作家们事前确定的途径和方法，思想上的力量和威望均为政府所赋予。然而到了 18 世纪，贵族的这部分统治权完全丧失，随之一起丧失的还有贵族的信誉，所以，在精神领域上，政府的统治地位化为虚无，取而代之的是作家自己，他们独享其位，毫无约束地向外扩张。

令人啧啧称奇的是，贵族们对于那些夺走了他们位置的作家，给予了其事业上的支持。显然，这些普遍理论一旦得到承认，就必然会引起政治激情和政治行动，然而贵族们却似乎早已忘记了这一点：那些贵族们被赋予的特殊权利，以及和其生存互不相容的种种学说，都被他们当作一种灵巧高妙的精神消遣。他们为了打发无聊的时间，乐于在这些文学理论中流连，甚至一些极为可笑的是：他们既享受着特权与豁免权，又很悠闲地批判着那些给他们带来利益的根深蒂固的习俗。

人们也不得不感叹旧制度上层阶级这种盲目求死的行为，然而他们的希望又是那样的盲目难寻。自由的体制已经成为不可或缺的部分：让主要公民对自己要面临的危险有所了解，让平民百姓守卫自己的权利，这些都体现出了这一点。公共生活这座古老的建筑物在腐朽的时候未出现任何的撞击、崩塌的声响，以至于那些最直接关心维系旧政体的人们丝毫未加以注意，直到一个多世纪以后才后知后觉。表面上依旧风平浪静，他们也因此认为什么都没有发生。他们的思想几乎与他们父辈的思想没什么两样。仿佛历史的重演，1789 年贵族陈情表中的内容与 15 世纪的几无差别，都表现出了对于王权侵越行为的担忧。面对国王，伯克举出了路易十六的例子，而且恰中要害：路易十六始终认为贵族是他的唯一敌手，仿佛还身处投石党运动的时代，对贵族不给予丝毫信任，直至在民主洪流中葬身的前一刻都未曾觉悟。他始终秉承着其先王的思想，认为资产阶级和人民始终是王室最忠诚、可靠的追随者。

回顾历史中那么多场革命，那么多革命的残迹，我们的先辈似乎从未生出暴力革命的想法，这让我们大为吃惊。暴力革命就未曾在人们的脑海中出现过，就更别提将之拿出来讨论了。依旧坚如泰山的社会每天都会遭到公共自由的冲击，仿佛大破灭即将来临，由不得统治者们不紧张起来，然而 18 世纪的法国社会就完全不一样了，大厦将倾却没有任何先兆。

1789 年，三级会议召开前夕，贵族等级、教士等级以及第三等级都纷纷起草了陈情表。这些陈情表我都仔细阅读过。

我一边阅读一边做记录，在这里看到的是有关法律改革的要求，而在另一处却是有关惯例改革的要求。这项工作虽然看起来非常繁重、浩大，但是我还是继续坚持。当我把这一个个要求放在一起总结归纳的时候，被一个非常统一的现象震惊了：所有人提出的要求几乎都可以概括为两个方面，即废除一切现行的法律和惯例。所以，一场规模和危险性都强大到史无前例的革命影像清晰地展现在我的面前。然而那些依旧生活在危险中，可能明天就会被革命的洪流绞碎的人却是对此毫不知情，企图仅仅以理性的效力就想没有丝毫震动地发起一场突然而全面的改革，要知道，那是一个多么复杂而陈旧的社会呀！这些人是何其可怜！竟完全忘记了他们先辈四百年前的那句格言，说得是那样朴实而有力：过大的独立与自由，就是将自己向奴役的放逐。

在很长一段时期内，公共生活始终将贵族以及资产阶级排除在外，这也许与贵族和资产阶级的经验匮乏离不开关系，但是那些领导国家事务的人——大臣、行政官及总督表现得如此的迟钝和没有预见能力，着实使人震惊、使人诧异！这些人似乎都有一个共同点，就是都能做好本职的工作，对于政府中的一些细枝末节了如指掌，然而对于治国却全然不通，他们对于普遍运动的理解，群众精神动向的判断以及后果预期，几乎和民众表现得一模一样。在我看来，懂得如何治国安邦的政治家大多是出自一个拥有自由政治制度的国度。

1775 年，蒂尔戈向国王进言，要求实施自由的全民选举，每年都召开由国王亲自莅临的代议制会议，时间长达 6 个星期，而且不赋予会议任何实权，而这些进谏的内容也充分诠释了我上文中的观点。会议仅限于言论，一切有关行政、咨询、法律的问题只能谈及、提供和讨论，而不能以此牵连到政府，不能有意识地去支配、调节，也不能越权制定法律法规。蒂尔戈对于这个会议是这样理解的："这样会使得王权从会议中有所领悟，但不至于受到阻碍，公众舆论也会得到最大的满足，而不至于造成什么危险。国家的掌控者永远都是国王陛下，国王陛下的一些必要行动他们也无权反对，所以不怕他们不听话，尽管他们不可能不听话。"蒂尔戈所在的时代精神以及一项措施的价值是不容任何人小觑的。蒂尔戈的这一政策——给人们以自由的蜃景，却让人们抓不住真正的自由——往往在每次革命的后期才会被人们付诸实行，因为只有在此时人们才不会因此受到任何指责。对此做过尝试的奥古斯都就取得过成功。当人们疲于拖沓、乏味的辩论时，便再无心情去关心是否会遭到欺骗，安定便成了他们唯一的企望；我们也一次次在历史中汲取经验，最终得出结论——我们只要在政治会议中展示在国民面前足够的参与者（以一定薪酬雇用的若干无名或无独立性的人）就能得到国民的满意和认可。

这样的例子比比皆是。然而，这样的做法用在革命伊始却会起到截然相反的效果，会惹人民不满，甚至让人们变得愤怒激动，最后以失败告终。蒂尔戈作为一个伟大的行政官竟然对此一无所知，我想在自由的国家哪怕是生活在最底层的公民都是知道这一点的。

为何作家以一种政治力量的形式居身于法国，且最后成了首要力量？我想是两方面原因综合的效果：其一，对于自身的事务，法兰西民族表现得极为生疏和经验匮乏，更无力去改善一些国家制度，尽管这些制度已经让他们焦头烂额；其二，法兰西民族是世界上最具文学素养，最崇尚聪明智慧的民族。总观这两方面，对于之前的疑问也就非常容易理解了。

在此，英国与法国的现状完全不同：英国统治国家的人与那些钻研治国之道的作家已然相辅相成，一些新思想与既定的事实相互印证，不断完善。然而在法国，政界按区域一分为二，且彼此不相往来。其中一个区域是以人民治理国民为主，另一个则是政府均以人们限定的抽象原则为基础。

负责领导事务的和指导思想的各司其职：一方面，人们根据日常事务的要求，采取相应的具体措施；另一方面，人们不去想任何手段去付诸实践，仅只是宣扬普遍法则。

迫于现实社会的压力，人们构建了一个虚构的社会，这个虚构的社会一切都与理性相合，简单、一致、协调、合理；不同于虚构的社会，现实社会依旧是地位不变、负担不均，结构上还是传统、混乱的非正规结构，法律上也依旧各式各样，相互抵触且等级严明。

而这种虚构的社会渐渐成了主流，人们也喜于抛却现实的社会，追求虚构的社会。

人们只是一味地去畅想未来，对现下的生活却是兴致寥寥，作家们建造的那个象牙塔般的世界成了他们精神生活的最终归宿。

我承认美国革命对于法国革命有一定的影响，但不能以此将我们的革命归因于美国革命，因为相比于当时的法国思想，美国革命所带来的影响可谓是微乎其微。美国革命或许在欧洲其他地区还颇为新奇，但是在法国就不足为奇了，在法国它不过就是一个真实存在并且就发生在眼前的例子，只是看起来更真切、更激动人心而已。

它让所有欧洲人震惊，更使法国人信服。美国人不像法国人那样生活在自己的幻想之中，他们更加注重实践，而且也确实实现了作家们的设想。这如同在萨朗特突然惊现费纳隆[1]一样。

回顾整个历史，法国之所以能够在革命后与我们今天所见到的景象相符，皆是由于作家肩负起伟大人民的政治教育的缘故，因为这样的情形最有力地确定了法国革命本身特有的性质，这听起来非常新奇。

在这场革命中，人民不单单是接受了作家们的新思想，连带他们的一些气质以及情绪也一并接收。在作家们长期的教育熏陶下，全体国民变得对实践毫无所知，因为他们除此之外再未接受别的教育。而作家的一些本能与癖性、性情与好恶，就在阅读之中被人们所汲取，所以在国民行动之时，政治中便融入了全部的文学习惯。

从法国的历史中我们可以遇见这一现状——那些浩大而繁多的大谈如何治国的抽象著作所阐述的思想，与大革命所遵循的思想几乎完全相同：对现存事物的轻蔑和鄙视，对普遍理论、完善的立法体系、精确对称的法律的爱好，对理论的信任，对政治机构中一些新颖、独特、精巧的东西的兴致，他们都表现出惊人的统一与相似。他们不限于在枝节上的修补以达到统一实现愿望的目的，而是更倾向于在逻辑法则和方案上的统一，将结构彻底改变。这是多么令人震惊、害怕的景象啊！同一样东西在作家身上与在政治家身上所表现出来的影响很可能是截然相反的，就像那些营造出理想国度的著作，却很可能是革命的源头。

在语言上，政治语言也受到了作家一些言语的影响，饱含一些抽象术语、虚浮不切实际的言语，以及一些文学句式和一般性词组。在蓬勃发展的政治中，这种文风风靡一时，向各个阶级渗透，哪怕是深入到最下层的阶级也是轻而易举的事。有关自然法和人权的问题，路易十六的敕令早在大革命前便经常提及。在我看来，如果这些农民懂得拼写法，

[1] 费纳隆（1651—1715），法国教士，曾写过多部关于法国社会以及政治问题的著作。他被认为是18世纪法国思想的先驱。

那么他们将是非常厉害的作家：他们在诉状中以同胞来称呼邻里，以令人尊敬的行政官来称呼总督，以圣坛使者来称呼本堂神父，并赋予上帝最高主宰的称号。

经常会有人将这种独特教育产生出的东西归结为天性如此，其原因出在法兰西的一些旧性格与一些新品格已经完全混为一体。有人这样说：在政治上，60 年来我们一直推崇普遍思想，推崇体系和一些言过其实的东西，而这种与法兰西精神相关的被扩大了的爱好和喜爱都是出自我们民族的某一种属性，一种潜伏在历史中已久，唯有在临近世纪末期才会骤然显现出来的属性。

然而，我们只是保持了一些取自文学的习惯和气质，却丧失了很久以来对于文学的热爱，这着实令人感到奇怪。在我参与公共生活的期间，几乎没有人去阅读 18 世纪或任何一个其他世纪的书籍，他们始终保留着他们出生以前由文学精神显现出的一些主要缺陷，却时常表现出对作家极度地轻蔑和鄙视，这也非常令人震惊。

第二章　18 世纪，非宗教倾向在法国人身上普遍盛行，其原因何在？对大革命的特点影响又是什么？

在 16 世纪所有的基督教传统中，对问题施行考察的精神肆意蔓延，试图以辨别其真伪。自 16 世纪的宗教大革命以后，更有人才辈出，他们表现得更勇于探索，且渴望新知，对于所有的基督教传统抱有怀疑或者抛弃的态度。在路德时代，这种精神使得天主教失去数百万天主教徒，基督教也为此每年损失若干基督教徒：这是自异常的征兆之后出现的又一热潮——不信宗教。

18 世纪，整个欧洲大陆的一大部分基督教都已经失势，然而在大部分国家中基督教虽然被抛弃，却没有遇到强烈地攻击，而那些抛却基督教的人也悻悻而去。当时，这种非宗教潮流并不流行于人民和中产阶级之间，仅限于在君王和一些才学之士之间传播，因此它只是某些人的一时之所好，还上不了台面。米拉波在1787年讲道："在德国，流行着这样片面的见解——在普鲁士各国，无神论者遍地都是。然而事实却并非如此，那里的人们与一些最虔诚的地区一样，皈依宗教，甚至还有很多狂热的分子，所以偶尔出现的几个自由思想家只是个别的例子。"他还说道，弗里德里希二世禁止天主教教士结婚，特别禁止已婚的教士领取其圣职的报酬，这是让人感到十分遗憾的。"在我们看来，允许教士结婚这项举措是丝毫不逊色于这位伟人的。"这种非宗教意识表现得如此普遍而强烈，使人们的激情丝毫不受宽容与压制的情况只表现在法国，在其他国家均未出现。

一件至今未曾见过的事情正在法国发生。新宗教的诞生必然会冲击现存的宗教，所以在以往各个时代里，人们猛烈攻击现存宗教的热忱都是来源于新宗教唤起的虔诚。古代那些虚假而惹人厌的宗教往往早已经在怀疑与冷漠中逐渐消失，已经步入宗教的衰老和死亡，唯有当基督教将要取而代之时，他们才如回光返照般誓死抵抗，表现出对古老宗教的虔诚信仰。然而对于基督教，法国人始终未曾想到以另一种宗教取而代之的想法，只是凭借一种怒火对其进行冲击。这就导致了人们为了清除掉灵魂中满载的信仰而不遗余力，最终却没有新的信仰去填充空虚的灵魂。然而就是这样一份徒劳无功的事业却有很多人还激情满满地投入其中。宗教上的绝对无信仰虽然对群众有着难以想象的吸引力，但是它却是与人类的天性完全相悖的，它会使人们的灵魂陷入痛苦的状态。谁也未曾想到，现今造成狂热和布道精神的它，一向只会产生一些病态的萎靡不振而已。

基于所有作家的思想都如此空前的一致，而且没有人去选择相反的论点，他们最终胜过他们的先辈们，在思想上得到人民群众的相信和认可。人们可能会追溯这些作家在这项事业上成功的原因，我想这一切都可以在这些作家所处的时代和国家的一些极特殊原因上有迹可循，所以这些作家汇合在一起来否定基督的真理，也就不是那么奇特的事情了。虽然伏尔泰在18世纪才真正地获取了支配地位，但其思想早已先行。

法国的教会无论是与过去相比，还是与其他民族相比，都要显得宽容许多，而且相对于其他天主教国家则更少出现罪恶与流弊的现象，所以法国的教会于教会本身并没有较其他国家更应该遭受攻击的理由。由此看来，追寻这一现象的特殊原因还需在当时的社会状况上着手，而非宗教情况。

只需谨记我在前一章所阐述的观点，这一点就能够完全明了——在公共场合上，那些由于政府的种种罪恶所造成的所有政治反对精神皆上不了台面，只能够在文学之中藏匿，此时的作家已然成为为了推翻国家全部社会政治制度的真正领导者。

我们一旦弄明白了这一点，所面临的主要问题也就全然不同。我们要找出教会在这场正在酝酿的政治革命中充当了什么角色，它是在哪方面成了作家们（革命的主要发起人）必须要消除的绊脚石。而相比于要了解作为宗教机构的教会能在哪方面犯罪，就显得不是那么重要了。

作家们想要在俗世的政府中树立一些言行准则和规范，而教会却以用于治理教会的各种原则对其形成重重阻碍。教会与作家的立场截然相反，教会推崇传统，而作家却表现出对于一切传统制度的蔑视；作家以理性至上，而教会则承认一种更高于理性的权威存在；作家想要融合各个等级，而等级制度却是教会的基础。两者的基本性质完全不同，所以根本不能够用相同的原则同时治理政治社会与宗教社会，这一点双方必须承认，这也是两者想要和睦相处的条件。然而，事实却并非如此，他们不可能同时存在，而且摧毁教会制度已然是攻击国家制度的先决条件，因为国家制度的基础和楷模就是教会制度。

由于教会完全背弃了原本的使命和性格，被迫卷入政治权力之中，所以，作为首要的政治权力，教会虽然不是压迫人最厉害的，却是所有政治权力中最令人厌恶的。不同于在其他地方谴责罪恶，教会在政治权力中用自己的神圣不可侵犯性来极力掩护罪恶，使之神圣化，企图使政治权力能像自身一样千秋万代。因此，攻击教会也必然会使得人民激动、振奋。

教会成为作家们第一个收拾的对象也是存在一些个人原因的，这也是除普遍原因之外更为特殊的一个原因。因为教会是在与他们对立的一部分中，离他们最近，也是最直接的政府的代表。作家们对于其他权力感觉尚不明显，唯独教会所拥有的这部分权力表现得处处与他们作对：监视他们的思想动态、查禁他们的作品等。作家们自从挣脱了束缚，打碎那些禁锢的羁绊后，便为自己的事业展开斗争：反对教会、捍卫人类精神的普遍自由。

作家们认为，教会，是所有他们要攻击的政治权力中最无可遮掩，也是最疏于防范的部分，事实上也的确如此。教会的势力会随着君王的权力的加强而此消彼长。曾经凌驾于王权之上的教会变得与王权地位相当，最后却成了不得不受君王保护的对象，他们与君主之间达成了这样一个交易：教会提供道义及权力给君主，而君主则负责给予教会物质力量；同样，教会让他的信徒去服从君王的意志，而君王则让他的臣民们去信守教规。对于这种不是建立在强迫力量上的势力，单纯地依靠信仰是永远没有好处的。随着大革命的来临，这种交易的危险性也日渐清晰。

法国国王履行对教会的义务时开始变得不上心，哪怕他始终以教会的长子自居。他们保护教会的热情也明显下降，远不如保护自己政府那样的热忱。当然，他们仍旧保有自己的底线：他们容忍一切其他形式的对于教会的攻击，唯独不能容忍对教会动手。

然而，就是这种对于教会敌人半制约半放纵的态度，使得他们的敌人有增无减。对于作家的压制，有时候会对思想运动起到一定的抑制作用，但是有时候反而会加速思想运动。此外，当时出版界所实行的警察制度也促使它的力量大增。

这些作家最不能忍受的是那些把人摧垮的沉重桎梏，因此，与此相比，那些迫害便更不能使他们感到颤抖，反而使他们更能忍受折磨激发斗志，顶多使他们心生抱怨而已。对于作家提起的诉讼总是拖拖拉拉，繁杂不堪，以至于最后不了了之。这不但没有起到抑制作用，却更加激发他们写作欲望。我想，当时如果允许出版完全自由或许可以减少教会受到的损害。

“相比于你们的无限自由，你认为我们的不宽容更加有利于思想的进步，对此，爱尔维修[1]、霍尔巴赫[2]、絮亚尔[3]和摩尔莱[4]完全持反对意见。”狄德罗在1768年向大卫·休谟[5]致函时这样说道。这位苏格兰人的话说得还是有一定道理的。以他一个自由国家居民的身份，对此还是很有经验的。狄德罗与休谟是从两个不同的视角去判断事物的：一个是以文人的身份，一个是身居政治的角度。

---

[1] 爱尔维修（1715—1771），法国启蒙思想家、18世纪法国唯物主义哲学家。他与伏尔泰、狄德罗都是巴黎的大路易学校的毕业生。曾任政府总包税官的职务，后辞职专事著述。1758年发表《论精神》一书被巴黎法院查禁。他晚年写作的《论人及其智力和教育》在去世后才在荷兰的海牙出版。

[2] 霍尔巴赫（1723—1789），18世纪法国启蒙思想家、哲学家。

[3] 絮亚尔（1732—1817），法国启蒙运动全盛期的著名作家之一。

[4] 摩尔莱（1727—1819），百科全书派哲学家、作家。

[5] 大卫·休谟（1711—1776），苏格兰的哲学家、经济学家和历史学家，他被视为是苏格兰启蒙运动以及西方哲学历史中最重要的人物之一。

宗教是否对于法律稳定和良好的社会秩序有好处这一问题，我问过了不同国家不同的人，其中我所见到的第一个美国人给了我这样的回答：“没有宗教，便不会存在文明社会，尤其是自由文明的社会。”国家稳定与个人安全的最终的保障就是尊重宗教，这便是他主观的想法。对于这些，我想那些对政治科学最不了解人都应该懂得。18 世纪，在政治问题上政治学家的一系列大胆的学说大多被美国所采纳，而且没有任何一个国家能比得上。然而，唯独那些反宗教的学说却从未被采取，尽管那时已经有保障允许无限制地出版自由。

同样的情况也发生在了英国人身上。**我们这种非宗教的哲学在很久以前就在他们那里传授了，甚至比法国大多数哲学家出世还要早，比如正是柏林布鲁克[1]培养了伏尔泰。p221** 在英国，那些不信教的著名代表人物充斥了整个 18 世纪。这一事业也同样被一些才思敏捷的作家以及一些思想深刻的思想家承担，但是却与在法国不同，他们终以失败告终。这种根深蒂固的信仰受到了所有对革命心生怀疑、恐惧的人的支援。由于它的危险性，很多人都一致将其排除在外，这些人中甚至还有一些人早已被深深地卷入法国社会，并且深信法国哲学家的学说的人。柏林布鲁克最终与教主们结成了同盟，因为强大的政党发觉到最为有利的是将教会的事业与他们的事业联系起来，这种现象与历来自由民族中发生的情况大体一致。教士们为了自身的事业毫不畏死，在战斗中毫无孤立感，因为心中树立着这些榜样。英国的教会在那些作家及演说家（教会中层所涌现出的作家及演说家）的全力保卫下，最终成功地在冲击下保存下来。尽管它的内部遍布流弊，组织上也问题重重。完全没有依靠政府插手，经过一番讨论与驳斥，反基督的理论最终被社会自行丢弃了。

[1] 柏林布鲁克（1678—1751），英国政治家、哲学家，主张自然神论。

我想，迄今为止会去写狄德罗、爱尔维修那样的书的人已经寥寥无几，更鲜有人愿意去读这些书，甚至这些书的名字几乎已经被人们忘却，这也是他们为何不在法国寻求例证，而辗转其他国的家的原因。这种危险的文学极易令人生厌，这从我们60年来经验尚不全面的公共生活中就能有所体会。我们可以看到，革命是一所极为严格的学校，各民族的不同阶级都能够从中汲取经验，也会逐渐地使尊重宗教的信仰重现。旧贵族阶级在1789年以前是反宗教最为激烈的阶级，而到了1793年却摇身一变成为信奉宗教最为虔诚的阶级。他们首当其冲，也是第一个顿悟再次皈依的。开始重新向宗教靠拢的不仅仅是旧贵族，还有那些虽然取得了胜利，但是仍感觉受到打击的资产阶级。所以，在民众混乱中有所缺失的人们之间，对宗教的信奉也开始渐渐蔓延。这种对于革命的恐惧有效地消除了非宗教思想，即便没有消除，也使得这种思想不得不潜伏起来。

我们眼前所见到的情景并非是旧制度结束时的情景。对于人类一些重大事务的实践已经被我们全然忘记，更不知晓宗教在各帝国的治理中所起到的作用，因此非宗教思想就在人们的思想中明确出来，这些思想包括那些最有切身利益的、最有迫切要求去维持国家秩序的以及使人们顺从的思想。对于非宗教，他们有一种近乎满目的喜欢和传播的自觉，也许这种极不虔诚的行为不过是他们无聊生活总的一种消遣罢了。

之前，曾有很多大演讲家在法国教会中脱颖而出，然而在此时却变得缄默不言，因为他们深深地感到，自己已被所有维护教会事业的人（与教会有共同利益的人）所背离。曾经人们一直相信，教会只要还存有财富、地位，那么它就会准备发表谴责——针对他的信仰。

无论是有关宗教，还是涉及一些其他的问题，在我们中间经常会出现类似这样的状况：反基督的人进行着歇斯底里地呐喊，而那些信奉基督教的人却表现得无声无息。尽管那些保留了旧信仰的人与群众的思想完全不同，但是他们还是加入了群众的队伍之中，因为他们对于孤独的恐惧远远大于对错误的恐惧，他们害怕在对宗教的信奉中沦为孤家寡人。就这样以点及面，这种部分国民的情感演变为了全体国民的意愿，而那些与这种假象极为相似的人更是一发不可收拾地倾向于这种情感。

一切宗教信仰在上个世纪末都变得威信全无，受其影响最大的无疑非法国莫属了，这也突出了法国革命的特点。法国革命给予人们卑陋、令人生厌的印象，皆是来源于此。

当时，人们采用如此奇特的极端行为根本就是一种精神失常的表现，岂止是令风尚败坏或人心堕落啊！这都是我在探究非宗教运动对法国造成的不同影响时突然发觉到的。

当宗教从灵魂中脱离出来时，一些新的感情和思想会充斥进来，取代原来宗教所占有的位置，使得灵魂依旧有所属、有所期望，不至于因为空虚软弱而消沉下去。

法国人始终保有一种相信自己的自信，这正是我们所缺乏的，也是一种令人赞美的信仰，这也就能解释得通那些进行法国大革命的人为何对于宗教如此不虔诚。他们对于人类的美德、人类的光荣都表现出极度地相信和热衷，对于人类的力量和可能完美性也从未抱有怀疑的态度。这种骄傲的自信心正是他们力量不停转化的源泉。这种骄傲的自信心是一把双刃剑，既提供了力量，也容易导致一些错误，但是人们如果想要脱离奴役，缺它不可。改造社会，使人类重获新生始终是它的使命，这一点他们从未置疑。这些情感以及热情对于他们来说已然演变成了一种新的宗教，而且它已经产生了一些只有宗教才具有的巨大效果：它使得人们更加忠诚，崇尚英雄主义，摒弃个人利己主义；使得人们打开胸怀，对于一切微末的得失不再斤斤计较。

这场革命所包含的无比赤诚的爱国主义、真正的伟大以及无私的胸怀，自一开始就在如此众多的人身上揭示出来。以我对历史的深入研究来看，这样的革命是我所未曾见闻的。在大革命中，法兰西民族经验匮乏和缺少宽宏大量的胸襟的缺点很容易彰显出来，但是同时也显现出了青春的最重要的品质。然而在当时，大部分都遭到了非宗教的荼毒。

在这之前，世界上出现的大多数政治革命和宗教革命都表现出了一个相似的现象：政治革命中那些攻击现有法律的革命者无一例外都是尊重信仰的，而那些宗教革命中的革命者也是从未试图一举改变所有政权的性质及秩序，彻底将旧的政府体制废除，所以始终会有一个不动的基点存在于最大的社会动荡之中。

法国大革命却一反常态，使得民事法律几乎与宗教法规一同被废除，进而导致人类的精神也完全失常。这些革命家们简直就是一个闻所未闻、见所未见的种族，他们已经完全无可依靠、无所寄居，他们疯狂的表现已经远远不是用勇敢所能形容的了的。他们对于一些新鲜的事物早已经司空见惯，更是极不认同那种缩手缩脚的行为，因此就形成了他们干脆利落、从不退却的性格。在这方面，他们早已经形成一个种族，而且祖祖辈辈持续不断，不管是从面貌上、激情上还是特点上，他们都保持着相同，在地球所有文明的地区都有散布，所以再没有人会认为这些新人的创造是单独的、暂时的，弹指间就会消失不见。这个种族自我们出生起就一直存在，即便是在今天，它依旧存在于我们身边。

第三章　在法国，为何会出现“欲求自由，改革先行”的局面？

从严格的意义上来说，出现得最晚、消失得最快的要数公共自由的思想以及爱好了，这是在为大革命做准备的所有思想中非常值得我们注意的两个。

对政府这座古老的大厦进行冲击，这在很久以前就开始了，然而却从未提及有关自由的问题，尽管它已经垮台在即。伏尔泰曾经在英国逗留了三年之久，在这期间他看遍了自由，但是却没有让他对自由产生由衷地热爱。在英国的政治法律上，他看到的更多是其缺陷，而非优点，所以在这一点上很难形成共鸣。然而对于一些英国人随意传布的怀疑论哲学却是令他钦佩不已。“有关英国的书信”是他的杰作之一，其中有关会议的部分是涉及得最少的。他对英国的政治自由并没有给予多少关注，关注最多的且最令其向往的是英国人的学术自由，这是极为真实的情况，好像这种学术自由可以完全脱离政治自由而永久存在一样。

在18世纪中期之前很近的一段时期内，许多作家被冠以“经济学派”或“重农学派”的共同称号，原因无它，只因他们都是论述公共行政问题的作家，且提出了许多原则都相互类似。与哲学家相比，经济学派在历史上就显得籍籍无名了。也许在大革命发生的贡献上，他们并没有哲学家的大，但是想要更好地研究大革命的真正本性，就要从他们的这些著作中入手才好。从国家治理上来讲，哲学家们差不多全都被那些普遍的、抽象的思想所束缚，然而那些同样没有挣脱理论的经济学派，却是能够做到与事实更为贴近。于他们而言，可以说一个是空想主义，一个是现实主义。所有他们既定的攻击目标（这里指制度）都在后来的大革命中予以废除，他们甚至对于一切存在的制度都表现出了不能够容忍的态度。与此相反，他们开始在他们的著作中孕育一些新的制度（也被称为大革命所创造的制度），并且对此进行热情地吹捧，我们可以看出，大革命一切最基本的内容都能够在他们身上体现出来。

那种我们熟悉的革命民主气质已经在他们的著作中显现出来：他们崇尚平等，憎恶一切特权以及等级划分的制度，有时候，即便是一些奴役中的平等都能让他们甘之如饴。应该摧毁一切对他们的计划造成阻碍的东西。他们藐视一切契约以及私人利益，或者更加确切地说，私人权利在他们的眼中根本不存在，他们眼里只有公益。大体上看来，这些行政官和法官大都是练达和正直的，而这些人也都是和善且品德高尚的，引导他们的只是忠于他们事业的非同一般的才华。

对于往事，经济学派始终持以轻蔑的态度，而且程度很重。勒特洛纳曾经这样说道："仿佛几个世纪以来，错误的原则能够统治整个国家都是事出偶然。"秉承着这一思想，他们继续着自己的计划，革除一切对于他们计划的和谐产生妨碍的制度（古老的、牢牢扎根于法国历史的制度），即便这种妨碍并不明显。其中有人提出了这样的建议：一次性将所有的省名更换，将所有旧的土地划分制度取消，这在40年后的制宪议会得到了实际行动。

那时，行政改革的思想（这种思想为后来的大革命所施行）已经为经济学派所拥有，然而自由制度的思想在他们的头脑中却尚未成型。对于食品的自由交易、工商业中自由开放的政策，他们都持以赞成、支持的态度，然而对于严格意义上的政治自由，他们却始终有着本能地排斥，尽管这只是偶尔出现在想象之中，并没有对其多加考虑。对于建立议会，设立地方附属权，很多人从一开始就倾尽全力地去反对。总的来说，对于不同时期的一切想要维护中央权力平衡的力量都被他们排斥在外，而且这些力量皆是建立于所有自由的民族中。魁奈[1]曾言：“平衡力量的制度设立在政府之中是有害无益的。”他的友人也发表言论说：“人们以设想为依据做出的关于平衡力量制度的议论纯属凭空臆造。”

公共教育成了抑制政府滥施权力的唯一保障。“专制制度是不可能存在于一个国民有修养的国家的。”魁奈是这样说的。他的一位弟子也进行了更为详尽地阐述：“政府滥用权力引发了无尽灾难，对此，人们惊讶不已，然而人们却忽视了对基本司法、自然秩序的普遍而坚持不懈的公共教育，转求其他无用的手段。”说白了，他们只是在寻求政治保障，而这些具有文学性的不切实际的瞎话便成了他们最好的凭借。

国家对农村的离弃，使得农村成了集知识、道路、工业全无的三无型群体，勒特洛纳对此感到深切地心痛和惋惜，然而他却从未想过，如果让农民们负责自己的事务，其效果会更佳。

聪明如蒂尔戈，他对于政治自由的热爱也是源于公众感情对他的启发，而那时已经是很晚了。在此之前，任他如何天赋异禀、心灵高尚、有异于常人，都是跟平常人一样对政治自由没有丝毫感觉。于他而言，最重要的政治保障就是秉承国家的某种精神以及步骤进行公共教育的推行，这一点和大多数的经济学派一样。一个和他同一时代的人曾在《切合原则的教育机制》中说道：“对于这套知识疗法，蒂尔戈信心十足。”他曾将这一类计划以奏折的方式进献给国王：“国王陛下，您的民族不但拥有知识，拥有良好的风尚，而且还拥有对国家诚挚的感情以及报效国王陛下的热诚的决心，这在以后必然是无可限量。我确信，您的民族在十年以后必然会凌驾于所有民族之上。十年以后，那些现在仅仅十几岁的孩子必然成为国家的中流砥柱。他们服从权威，热爱国家，承认并尊重司法，对待同胞热情互助，这一切都是出于他们多年形成的理性和习惯。”

---

[1] 弗朗斯瓦·魁奈（1694—1774）是古典政治经济学奠基人之一，法国重农学派的创始人和重要代表。

对于政治自由的条件和效果，人们已经没有多少记忆，因为法国已经将政治自由废除很久了。政治自由经常遭到怀疑，甚至一些来源于其他事物的成见，这些事物包括可以取代政治自由的一些制度以及那些遗留下来的不成形的残迹。当时，仅存的三级会议仍旧保留着中世纪的思想，且形式极其迂腐老套，对于社会的进步简直就是有害无益。当时唯一能够代替各种政治团体的机构——最高法院也完全没起到正面作用，常常使得政府善行受阻，恶行畅通。

经济学派既然看清，想要实现他们想象中的革命，是不能够依仗这些旧工具的，同时他们又不满足于将计划托付给已经成为革命主宰的国民。他们更乐意让王室政府来履行他们的计划，这在他们看来最合适，也是最容易的。这样一个改革体系是如此的庞大且联系紧密，但是要想让全体人民采纳履行的确很难，上述方法无疑是最好的选择。

中世纪旧制度的痕迹完全没有在新的政权中有所体现。经济学家们善于从错误中发现问题，也正是在这些错误中，他们在它身上发现了一些良好的倾向。新政府崇尚地位平等、法规统一的天性几乎与经济学派如出一辙，所以，对于那些旧政权（倾向于贵族制度或产生于封建制度的旧政权），他们甚至痛恨到骨子里。像这样同样组织良好、强大有力的政府机器，在欧洲的其他地方几乎找不到，他们能够在法国得见这样的政府实在是个不可多得的好机会：如今我们时兴上帝干预论，倘若当时他们也有同样的想法，他们会用天意来解释一切。勒特洛纳这样说道：“同样的改革，在英国受到党派的阻碍重重，而在法国却出奇的顺利，仿佛改变整个国家的状况只在眨眼之间。由此可见，英国的革命形势远远没有法国的乐观。”

所以，对于专制政权，我们要善于去转变，而不是摧毁。

“国家必须拥有足够的权力，才能够依照基本秩序的准则将统治实施。”梅西埃·德·拉·里维埃这样说道。另外还有人说：“关于它的职责，国家应该划以明确的范围，并给予它行动自由。”这样的心情，无论是魁奈还是博多修院的院长都几乎相同。

王室政府既是他们想要改革当代社会的依仗，又是他们部分地借鉴如何建造未来政府的想法的源泉。他们会由这一现象衍生出另外一种现象。

经济学派一直保持着这样的观点：国家应该按照某种方式对国民进行培养，而不是单纯地指挥、号令国民。国家应该预先树立起楷模，并以这个标准来约束培育公民精神。一些国家认为必要的思想以及情感，要及时向人们的头脑和心灵中灌输，这是国家的义务所在。而这些对于他们的权利、行为没有造成任何的限制和界限。它使得他们发生了根本性地变化，而不单单是使他们改邪归正而已。我想，能够把人培养为另一种人，也只有国家才能做得到。博多就曾阐述了这一观点：“国家掌握着改造人们的所有主权。”综上所述的所有理论都可以用这一句话来概括。

相比于经济学派眼前的所有政权，他们所设想的那个庞大的社会权力显然更是个庞然大物，而且与他们的起源与性质也各不相同。它就是取代了国王统治的新统治者——国家，它的形成与上帝无关，与传统无关，它是所有人的产物及代表，具有明确的非个人性，而并不是家族遗产，它使得每个人的权利都必须遵从整体的意志。

民主专制制度这种特别的专制模式已经被经济学派所熟知，虽然这种制度在中世纪从未听说过。在这样制度下的社会，等级、阶级划分、固定地位统统消逝不再，由彼此几乎相同且完全平等的个人构成了整个人民。虽然这个整体看起来混乱、繁杂，但却是被赋予唯一合法的群体，更重要的是，他们亲自领导甚至监督政府的权力被完全剥夺。在它的头上有个代理人，他是独一无二的，可以在不征求他们任何意见的情况下，处理一切事物，并附以整体的名义。控制他和阻止他的东西完全不同：一个是公共理性，这种公共理性不带任何机构；一个是革命，而非法规。他是事实上的主人，但是在法律上却听执行者指挥。

最后，他们不得不将探寻的目光投向了亚洲，因为在他们周围，任何与这种理想挂得上边的东西都已踪迹难寻。在他们所有人的著作的某一部分中，几乎都有对中国的格外称赞、颂扬。对此，我毫无虚词。虽然在他们的书中我们都会看到对中国的赞美，但是这种赞美也只是停留于表层的不经之谈，因为他们根本不了解中国。那个空虚、薄弱且粗鄙的政府被那些为数不多的别有用心的欧洲人随意支配，然而就是这样一个国家却被他们视为最完美的楷模，且被各国纷纷效仿。中国政府此时在他们心中的位置，与后来英国和美国在全体法国人心中的位置几乎相同。在中国，专制的君主从不持以片面的见解或成见，且每年都会躬身耕礼，对于一些有用的方法加以奖励扶持；获得官职的唯一途径就是科举；哲学被视为宗教的一种，文人被赐予贵族身份。对于这样的国家，他们简直就要击节赞赏，心向往之。

被人们称为社会主义的那些破坏性理论与最早期的经济学隶属于同一时期，然而依旧有人错误地认为它是近期才出现的新理论。一些人想要依靠这个强大无比的政府将社会的根基破坏，要知道，即便是经济学派也只是想要依靠这个政府将社会的形势改变而已。

建议您读一下《自然法典或自然法律的真实精神》，这是摩莱里[1]的一部著作，其中一些有关的学说、政治理论应有尽有，如：有关国家权利不受限制、国家的无限权力的所有学说，一些最令近代法兰西寝食难安的政治理论等。阅读过程中你会有一种身临其境的感觉，仿佛一切就发生在眼前：有条理地安排所有事物，按部就班地安排所有个人的活动，劳动权利、财产公有制、绝对平等，整个社会融合了所有的上级规定的专制制度以及公民的个性。

[1] 摩莱里（约1700—1780），18世纪法国杰出的思想家，也是18世纪法国学术史上最神秘的人物之一，一生写了许多著作，但都用不同的笔名发表。“摩莱里”是他笔名，真实名字不详。最有影响的著作是《巴齐里阿达》和《自然法典》。

法典第一条："单独属于个人的东西在这个社会上还未出现，哪怕是作为财产的形式也不可以。"法典第二条："所有想要恢复财产的人都是疯魔的，是人类的劲敌，我们要给予他们终身监禁，他们不知道财产是多么令人憎恶。该由公众出钱，用于出资维持、照顾和供养每一位公民。""所有公民生活中需要的东西都陈列在公共商店内，让所有公民自由选取；城市的建筑也要统一，使得所有人的所居住的场所都大相近同；所有满 5 岁的孩子都被带离父母身边，同样由国家出资进行统一的抚养、管理。"

这本书在 1755 年（魁奈创建其学派的时候）出版发行，距今已有一百年，如果你认为是昨天才完成的，那便大错特错了。

社会主义与中央集权制是同一土壤的产物，只不过他们之中，一个是野生的，一个是精心栽培的巴黎。中央集权制与社会主义的确是同一土壤的产物，它们二者之间的相对关系是栽培的果实与野生幼树的关系。

经济学派是我们最为熟悉的，至少在当代的人中是这样。对于平等的热爱，他们是那样的明朗，然而对于自由的爱好却是模糊不清，这一点与我们同一时代的人很像。那些发动大革命的人们的演说以及著作让我们身临其境，仿佛我们被带入了一个新地方、新社会，然而，阅读经济学派的书籍却是另一番感受：那种感觉就像和曾经的人一起生活、一起交谈一样。

由于国民对于政治自由的观念及兴趣的消失，政治自由便渐渐被人们忽略，不再运用，因此，在接近 1750 年的时候，全体国民对于经济学派的迫切期待要远胜于政治自由的期待。他们追求权力的欲望开始慢慢淡化，更倾向于寻求改革。当时，如果在位的是一位像腓特烈大帝那样有见识、有度量的君主，那么政府以及社会中很多大革命未曾完成的重要变革都会在他的手腕下成为现实，而且其权威更有甚之，何至于会丢掉王位呀？有关这样的思想，曾经有人有过预感，那就是德·马肖尔先生——路易十五最能干的大臣之一。他预感到这一思想后便向他的君王提出建议，但是由于当时这一类建议还不属于人们能够构想出的事业范围，所以这一思想也没能实行。

政治自由在 20 年后才有所改观，开始在法国人的精神中呈现出来，并且越来越吸引人。有很多关于这方面的现象。外省开始提出要求——恢复自治。其中一思想令人们记忆深刻，而且占有有利地位，即所有人都有参加治理的权力，开始召回人们对于三级会议的回忆。

对于自己的历史，法兰西人民始终表现出不堪回首的厌恶感，然而却对这段时期乐于反复回忆。经济学派也不可避免地遭到了新潮流的冲刷，一些自由机构便被引进中央集权体制之中。

高等法院在 1771 年被废除，这一消息一经公布，那些曾经经常被高等法院的判例折磨的王权仿佛得到了解脱，并为此激动不已。好像国王专权随着高等法院的倒塌彻底失去了制约，开始畅行无阻。

最让伏尔泰感到震惊和气愤的是民众反对的声音。他向自己的友人写信说道："无论是外省还是巴黎都是民情沸腾，几乎整个王国都陷入了这种鼎沸的震惊之中。但是我觉得国王的敕令中都是些有益的改革。如：国王废除司法费用，并负责偿付领主在法庭上的费用，以防止远自边疆而来的申诉者耗光家财。除此之外，还废除了买卖官爵的制度，这些无一例外对于国家都是大有益处的。在平时，那些高等法院无一不是一群迫害狂、野蛮人的嘴脸，这使得我更加惊奇于这些野蛮人是如何与那些横行无忌的资产者搞到一起的。而我始终相信国王的领导方向，所以即便是要屈居他人之下，也要找一个出身名门、名号响亮的。原因无它，因为它本身就比我们强，想要让我们投奔 200 个与我们相同的低微下贱的人是不可能的。"他还这样为自己辩解："国王替那些来自各地的领主偿付司法费用，这是多么大的恩典啊，使我不得不对国王大加赞赏。"

在伏尔泰的印象中，公众精神与他离开时完全一样，因为他已经不在巴黎很久，所以对于一些早已面目全非的形势全然不知。人们开始摆脱仅由政府做改良的思想桎梏，进行亲自改革。一场正在酝酿的大革命也给予了人们充足的勇气，因为它同样是由人民亲自动手并获得了人民的赞同的。

这场酝酿中的大革命自那时起就已经变得一发不可收拾，旧制度中所包含的一切好东西与坏东西都将在这场变革中灰飞烟灭。原因很简单，人们在进行大规模的改革之前根本没有做足够的准备工作，所以这种大毁灭现象也就在所难免了。如果改革由专制君主来进行，那么其危险性要降低许多。由人民进行的借以人民主权名义的革命是不可能创造出一个自由的民族的，但如果是由专制君主来进行革命，那么我们发展为一个自由民族的希望则大大增加，因为这场革命既摧毁了与自由相悖的思想、习惯以及制度，也毁灭了很多与自由相依存的东西。

上述一些观点是我们了解这场革命史所必需的，所以我们要时刻谨记。

对政治自由的热爱之情重新在法国人的心中燃烧起来，有关于政府问题的诸多概念他们也已了解，只不过它们现在与自由制度的存在完全不相符，甚至站在了其对面。

除了公务员贵族之外，他们只承认人民，而不承认任何其他贵族，这便是他们理想中的社会，领导国家以及保护个人的是政府这个拥有无限权力的唯一性机构。他们一方面想要寻求自由，一方面又对这个基本概念难以割舍，所以他们便尝试着去调和这两者。

这时，拥有绝对优势的立法集团与无限制的政府中央集权制便被他们融合在一起，成为选民政府与官僚政府的综合体。倘若自由人民的阅历及品德到位，那么国民就可以以一个整体来享有所有主权的权力；如果国民有着忠顺仆役的本质，那么作为个人的公民都将被束缚在狭隘的依附地位。

人们早已经开始习惯或慢慢喜欢上某种制度和思想，这种制度和思想与即将引进的政治自由是截然对立的，然而在近年来，政府对于这个意图的尝试无论多少都是枉然，而且导致了后续的危害极广的大革命。对于这样劳而无益的境况，许多法国人开始变得失望、消沉起来。于是，他们放弃了第二个目的，最终还是回到了最初的目的，并得出了这样的思想：在一个主子下面平等地生活至少还是有利可图的。这也就能映照出我们今天的处境并不与1789年我们的祖先相同，倒与1750年的经济学派十分相像。因此，我们今天的处境十分像1750年的经济学派，而不像1789年我们的祖先。

那些曾在各个时代使人类完成伟大事业这种政治自由的激情是在哪些感情中生根发芽的？它的根源在哪里？对此我经常扪心自问。

人们对于自治的向往常常是在误入歧路之后，对此我非常明了。一些弊端是由专制制度产生的，具有特殊性和暂时性，这也是对于独立的热爱产生的根源，不过它保持的时间一定不会很长，与产生了它的偶然事件一样，它会与其一起消失。其实人们都只是在痛恨他们的主子罢了，对于自由的热爱都只是假象。只有对具有依附性的恶果本身深怀憎恶，这才是为自由而生的民族。

人们在见识到自由所带来的物质利益后就会对其产生由衷的热爱，对此我毫不相信，因为这样的看法实在是令人模糊不清。而对于那些能够长久保持自由的人，天长日久之下也的确能够带来富裕、福利甚至财富，然而这类福利有时候却是人们暂时享受不到的，只有在其他的一些时候，专制制度才能使人得到暂时的满足。坐观自由所带来的好处的人，对于自由的把持从未长久过。

人们对于自由的眷恋并非出自其物质上的利益，而是眷恋于自由本身的魅力以及它的诱惑力，无数个世代里都是如此，这便是能够在上帝以及法律的唯一统治下还能够不受任何限制的进行行动、呼吸和言论的快乐之处。那些于自由中去追寻本身以外的其他东西的人终将是被奴役的角色。

为了追求自由，一些民族不惜冒着艰难险阻前行，十分顽强。他们同样不是追求因为自由所带来的利益，他们对于自由的热爱，仿若面对最幸福的东西：失去它，再找不到任何可以填补它的位置的东西；得到它，就会被它带来的幸福感填满，忘却其他。与之相反，那些处在繁荣昌盛中的另一些民族开始厌倦自由，唯一让他们在乎的是自由赐予他们的福利，所以对于那些企图抢夺他们自由的人，他们不会做出丝毫抵抗。这些人缺少的就是对于自由的爱好，只要满足了这一点，必能使自由得以保持。这需要亲身体会才能识得其中韵味，光靠我对这种崇高的志趣进行简单分析是不能够的。一个准备好接受这种爱好的伟大心灵是拜上帝所赐，自然会使得自由主动入住进来，并将整个心灵充斥，发挥它们应有的光芒。然而对于那些平庸的灵魂来说，他们从未感觉到这种爱好，我们也不必费力让他们去理解。

第四章 旧君主制最为鼎盛的时期就是路易十六统治时期，大革命的脚步为何会随着旧君主制的愈发繁荣而不断加快呢？

我们可以明确一点：在路易十四称霸整个欧洲之时，他统治下的王国已经开始走向没落。这些即将没落的迹象，早在路易十四最为鼎盛的时期就开始显现出来。法兰西的弊病、漏洞，早已经处处皆是，这在其停止征战讨伐之前就已经出现了。有谁没有读过沃邦[1]给我们留下的那篇惊世骇

[1] 沃邦（1633—1707），法国元帅、著名军事工程师。于18岁参军，直到垂暮之年仍在服役。他虽没有在战场上直接指挥过一个军去作战，但却以其军事筑城方面的天才帮助打了许多胜仗。著有《论要塞的攻击和防御》《筑城论文集》等。

俗的短论（一篇有关政府统计表的言论）？在 17 世纪末期，甚至可以追溯到那场不幸的西班牙王位战争[1]之前，对于国家日益严重的衰颓景象早就有诸多暗示，例如在总督们给勃艮第公爵的奏折里都有体现。而且它是以一种久已存在的现象来进行讨论的。其中一位总督这样说：“本财政区的人口在近几年来急剧减少。”另一位总督说道：“工业已经从这个曾经繁荣一时的城市彻底消失。”还有一位这样说道：“今天，制造业在省里已经很难得见，仿佛已被抛弃，但是在之前它是确切存在的。”

“与过去相比，我们今天在土地上所取得的收获可谓是少得可怜，这里的农业在 20 年前要比现在繁荣几倍不止。”那一位这样说道。处于同时代的一位奥尔良总督说：“人口总数和出产总值在近 30 年来下跌了五分之一。”我想，这些奏折有必要让那些邀功好战的国君和对专制政府大加赞赏的个人看一下。

这种政府相沿而成的弊病是造成贫困的主要原因，所以公共繁荣不可能会随着路易十四的死亡和战争的结束而重现。18 世纪前期，所有作家（论述社会经济或者论述政府的作家）都认为外省并未恢复，甚至还继续处在崩溃之中。唯一还在不断富饶和不断壮大的要数巴黎了，他们这样说道。在这一点上，文人们的看法与实业家、前大臣以及总督的看法大致相同。

18 世纪前期，法国继续走向没落，对此我毫不相信且深以为然。一些普遍的见解也受到了消息灵通的人的支持，这也证明当时的进步并没有多明显。当时的社会处于一种麻木的状态，这在所有有关于这一时期的政府文献中都能够找得到。政府的故步自封与鲜于创新，居民的环境也未在城市的努力下得到改善，一些重大事业也未经个人发起。

[1] 西班牙王位战争（1701—1714）是因为西班牙哈布斯堡王朝绝嗣，王位空缺，法国的波旁王室与奥地利的哈布斯堡王室为争夺西班牙王位，而引发的一场欧洲大部分国家参与的大战。

一些情况的变化始于大革命爆发前的三四十年里，一些迄今未注意到的内在震动开始在社会的各个部分显现出来。最初，只有那些精心考察的人才能识得其中的动荡，后来这种动荡慢慢变得更加明确、突出起来。这个运动一年年不断地加快和向外扩张，好像整个民族都复活了一般开始行动起来。当然，我这里指的复活并非是生命上的，而是一种新精神——推动庞大躯体的精神，它为了使这个躯体解体才出现这片刻的苏醒。

对于自身的处境，每个人都会莫名地焦虑或者兴奋，并试图去改变自身的境遇：勇于追寻更好的东西，这无疑是最正常、最普遍的事情了，然而现在这种追求却令人感到焦虑、悲伤，引得人们诅咒过去，在心中营造出一种与现实截然相反的情形。

政府的内部很快便被这种精神主导起来，并且被改造得出现了翻天覆地的变化，然而在外看来却纹丝未动：只是执行法律的方式变了，法律本身并没有任何变化。

总督和总监在 1740 年与在 1780 年是完全不同的，这一点我在其他地方已经讲过。政府的通信中能够详细地阐明这一切。与 1740 年的总督相比，1780 年的总督与其有很多相似之处——在权力、代理人、专横性上几乎相同，唯独在目的上截然不同：1740 年的总督只负责其管辖的省份顺从以及兵员的征募，特别是军役税的征收工作；而 1780 年的总督则有更多的操心事——为增加公共财富，满脑袋都是与之相对应的计划。它主要思考的对象有农业、商业、制造业以及道路和运河，其中最为关注的要数农业。在行政官员中，絮里[1]一时名声大震。

我曾经提到过的农业协会、赛会以及奖金颁发制度也都是在那个时代开始组成、创建起来。其中一些总监的通报如同讲述农艺的论文一般，丝毫不带公务信函的口气。

[1] 絮里（1560—1641），亨利四世重臣，在军事、财政、农业等方面较有杰出贡献。

想要最真切地看出统治者的精神变化，从各种捐税的征收情况就能有所把握。现今，立法的不平等性、专横程度以及严酷程度，和过去没什么两样，只是在执法的过程中都会有所衰减。

据莫里安[1]先生在回忆录中所说："特别法庭有权对漏税处以监禁、罚金或者体罚，凭借他们的誓词，包税官员几乎可以掌控一切人身及财产，这些都是我着手研究税法时的发现，也着实让我大吃一惊。很快，我便发现法律文本有异于它的施行，就像旧金融家与新金融家之间存在差异一样，我也为此庆幸没有被限制在按部就班的纯法典阅读之中。减缓罪行是法学家最擅长的手段。"

"近几年来，就税务征收过程中的温和与分寸我们应该给出正确的评价，而不该局限在捐税征收过程中所引出的诸多烦恼之中。"这是1787年诺曼底省议会所讲述的。

这一论点通过文献得到了充分的论证。我们经常会看见一些对生命以及自由的尊重，特别是出现了以前从未见过的现象——真正关心那些穷人的苦难。税务部门面对这些穷苦的，人也是多以减免、赈济为主，很少施行强征暴敛。国王将所有基金都增加，并设立新基金，其中用于救济贫民和在农村建立慈善工厂的资金就是来源于此。在1779年上基耶内的一个财政区，国家的8万多里弗尔就是以这种方式发放的。同样，在1784年的图尔财政区发放的4万里弗尔、在1787年诺曼底财政区发放的4.8万里弗尔，皆是以同样的方式进行发放。有时候，路易十六会亲自掌管这个部门，不愿意让大臣们独掌此事。1776年，在王室狩猎总管管区的周围，国王猎物毁坏农田，御前会议为此做出判决——确定国王应支付赔款给农民，并给出一些简单可靠的赔款方式，国王为此亲手撰写了各项理由。这位善良而不幸的君王将亲手写好的东西交给了蒂尔

[1] 莫里安（1758—1850），法国政治家。

戈，同时还讲道："你看，我也在干我该干的工作。"

如果旧制度的样子是以旧制度存在末年的样子去进行描绘，那么它的形象将是唯美更甚其真实面容的，只是不太相像罢了。

在精神上，统治者与被统治者的这些变化是前所未有的，它所带动的公共繁荣也以史无前例的速度发展起来。人口增加、财富增长加速等种种迹象都表明了这一点。北美战争[1]使得国家负债累累，但是并没有打断甚至减缓这一极速的发展。于个人而言，他们依旧从事着他们发财致富的大业，只是此时的他们变得更加勤奋，事业心更重，同时也更具创造性。

当时的一位行政官这样说道："自 1774 年以来，所有消费的内容都随着各类工业的发展而不断扩大。"我们得出这样一个事实——地租的价格随着每次协定延期而不断地极速上升，这一点我们通过比较路易十六统治的不同时期签订的不同协议（负责征税的金融公司与国家签订的不同协议）就可以看出来。其中 1786 年的租金与 1780 年相比就多出大约 1400 万里弗尔。1781 年，内科在结算书中这样说道："根据计算，每年都会有 200 多万的消费所得税增额。"

阿瑟·杨格曾经非常肯定地认为，1788 年波尔多的贸易额要远超利物浦，还说："法国近几年来海上贸易的发展要超越英国，近 20 年来，这种贸易增长了将近一倍。"

事实上，在大革命以前的 20 年里，其公共繁荣发展的速度要远胜于大革命后的任何一个时期。这一点，只要你能够注意到各个时期的差异，就会对此坚信不疑。**在君主立宪制的 37 年里，是唯一能够在这个方面与路易十六统治时期相媲美的时期，也是我们和平、迅速发展的时期。p222**

像这样巨大而兴旺的繁荣场景，非常令人惊异，因为人们尚不能排除还存在政府中的诸多弊端，工业之中也有着诸多难处。对于此等现象，

[1] 这里是指七年战争（1756—1763），英国、普鲁士、汉诺威同盟与法国、奥地利、俄国、奥地利、萨克森、瑞典、西班牙同盟为争夺殖民地和欧洲霸权而进行的战争。

许多政治学家不能做出解释，便对这个事实持以否认态度，就像是莫里哀剧中妄自断言的医生一样，病人必须依照既定的规则才能健康起来。法兰西当时的景象：习惯各异，赋税不均，并且存在国内关税、行会管事会、官职以及封建权力等，然而依旧能够繁荣富裕，确实令人很是费解。但是法兰西逐渐富庶起来、发展起来却是不争的事实，虽然这个推动社会机器的齿轮因为制造低劣、啮合不好而使得其运行减慢，但是除此之外，还隐藏着足够使整部机器形成一个整体的力量，朝着公共繁荣的目标前进，这是一个简单而强大的动力。这个政府不再维持秩序，也不再实行专制制度，但权力依旧强大；在阶级上，它已经成为整个欧洲大陆最为自由、开明的民族；每个人都能够依照自己的意愿在其内部发财致富，亦可以使得自己的财富得以保全。

公众舆论每天都在启发引导着国王，同时也使得他不断向公众舆论咨询，并且得到国王的尊敬，然而国王依旧以主子的身份来讲话。国王专制制度依照法律条文依然存在，但是在实施中却是限制重重。内克在1784年的一份公共文件中指出了这样一个事实："公众舆论在法国的威能完全超出了外国人的想象，甚至连这股能够对国王发号施令的无形力量是什么都很是费解，不过这却是事实。"

法律机制不可能是人民伟大强盛的所有原因所在，也不该有这样片面的想法，这就好比在用发动机的力量制造产品一样，并不是工具的完善。放眼英国，我们的行政法与他们相比就显得太过简单了，他们的行政法更不循规蹈矩且五花八门、极其复杂。在整个欧洲，英国的公共财产之多、范围之广，可以说是首屈一指，它比任何一个社会都要牢固、富庶、可靠，私人财产也更具多样化。**其中，形成这一现象最重要的原因在于推动整个英国的立法精神，而并不是这套法律有多好。p223** 这就如同倘若一个生命强健有力，那么他的某些器官的一些障碍就可以忽略不计。

在我对繁荣的发展做过具体描述之后，你会发现法国人的精神是多么飘忽不定和惶恐疑惑，他们的仇恨在旧的规章制度上的表现是日益增加，公众不满也日益严重起来。整个民族也正在慢慢地向大革命靠拢。

而进步最为明显的地方，要数那些最后成为法国革命发源地的地方了。旧制度的改革进行的最早且最深刻的地方，就是靠近巴黎的一些地区，我们通过研究法兰西岛旧财政区遗存下来的档案就能鉴定。相比于在其他的财政区，在这里，农民的财产和自由更有保障，得到的保护也最好。个人徭役早在1789年以前就已经消失，且消失已久。在这里，军役税的征收要相较于法国的其他地方更平等、更轻、更正规。通过对1772年改进后的军役税条例的了解，我们就会知道作为一个总督在当时能够为全省减轻贫困以及全省的福利做到哪些。捐税透过这些条例已经出现了彻头彻尾地改变。在各个教区，每年都会有政府专员下访；村社的集会要在政府专员面前举行；每个人的财产以对审的方式进行确认，并当众确定财产的价值；最后由纳税者相互合作制定出军役税。这时，一些没有意义的暴力行为以及行会理事的专横都已经完全消失。军役税一些原有的弊端还是一直存在的，这一点不受征收制度的改变而出现任何变动。它对地产与工业同等对待，让一个纳税者阶级来承担整个重担，而在其他地方，与邻近财政区那些顶着军役税之名的捐税相比，军役税和它的差异可谓是大相径庭。

相反，在普佤图的沼泽、卢瓦河流域以及它的河口处，还有博列塔尼荒原，旧制度保存的完整程度要好过其他任何地方。也正是在这里，内战的战火被点燃、滋润，大革命的反抗也最为激烈，这就无怪乎之前人们有这样的说法，法国人过好的处境是滋生蠢动的源头。

这样类似的景象在历史上比比皆是，但这种观点依旧能够引起人们的惊异和好奇。

人们处境的日益艰难并不总是革命发起的原因。对于那些最难以忍受的法律，人民始终报以毫无怨言且若无其事的态度，但是如果这个法律的束缚一旦减缓，他们就会出现强烈的反弹，这是最常出现的状况。历史留下的经验告诉我们，一个糟糕的政府要进行改革的时候也正是他最为危险的时候，所以会出现这样的情形——被革命摧毁制度应该是优于先前的制度的。对于一位敢于去救济长期受迫害的臣民的君主而言，只有天才才能拯救他。在之前，人们认为一切都具有不可避免性，所以他们选择了任劳任怨，但是一旦让他们产生了消除这种苦难的想法，那么他们就变得想要脱离任何哪怕是细微的压迫。对于当时一些弊端的清除，的确是减轻了人们的痛苦，但是更加激发人们的敏锐度，使得人们更易察觉到种种弊端的存在，从而使他们的情绪愈演愈烈。**由此可以看出，封建制度在即将灭亡的时候，在法国人心中激起的仇恨要远远大于它最鼎盛的时候。p226** 就像在路易十六时期，一些哪怕是最轻微的专横举动所激起的反对情绪，都要比路易十四时期整个专制制度所激起的要多。短期监禁博马舍[1]在巴黎所引起的民情波动非常之大，要远远超过路易十四时期龙骑兵对新教徒的迫害所引起的波动。

1780 年，人们认为，法国的进步已经无可阻挡，再没有说法国正在衰败的言语。人们不断无限完善的理论也正是在那个时候产生的。20 年前和现在就形成了完全不同的情况：之前人们对于未来不抱以任何期望，但是现在人们对于未来表现得勇往直前、毫无所惧。对于那种即将来临的前所未有的幸福，人们早已提前就开始幻想着去享受，这使得人们抛却现实中既得的利益，对这种新的事物马不停蹄地追赶。

这一现象不仅存在这些普遍的原因，还存在一些其他特殊的原因，这些特殊原因与普遍原因一样强悍、有力。一些专制政府所固有的弊端始终存在于财政管理之中，哪怕财政管理上已经完善得如其他部门一样。一些在路易十四和路易十五统治下遗留下来的不良做法仍被人们遵循且

[1] 博马舍（1732—1799），法国启蒙思想家、喜剧作家，也是法国最后一位著名启蒙作家。

使用着，原因无它，只因财政管理的秘密性以及无保障性。政府一改吝啬，在救济金和奖励的发放上、公共工程的实施以及公共繁荣的寻求上，投入的开支都日益增加，然而在收入上却没有达到这种支出递增的比例，所以与前人相比，国王在财政上的拮据更为严重。他开始四处借债，不公开也不竞争，使得他的债权人讨不回债，也拿不到利息，这一点和他的前任以及他的先王如出一辙，甚至国王的诚意永远控制着他们的资本。

一位曾经对此景象亲眼所见的证人——比别人都看得清楚，也最值得信任——这样说道："当时，法国人与他的政府之间的关系有些让人意想不到。他们拿自己的资产去购买政府的公债，用自己的钱去帮助政府维修道路、建造军舰，甚至为政府的士兵提供衣物，然而所做的这一切，他们既不能指望在固定期限内获得利息，也不能指望这些垫出的钱能有偿还的担保和期限，所以，他们就不得不像做冒险贷款一样，时刻去计算与大臣签订的合同的运行情况如何。"他还为此语重心长地说道："人们对于财产的热爱，以及对于富裕的爱好与追求，随着工业的振兴开始萌芽、滋长和蔓延，所以当合同法遭到破坏时，那些曾将自己部分财产委托给国家的人便感觉到忍无可忍。可笑的是，那些本应该最为尊重合同法的债务人却是合同法的破坏者。"

在当时，受到指责的法国行政当局所产生的印象十分新鲜，与此相比，它的种种弊端却是不值一提。在以前，财政制度的缺陷非常严重，随着社会和政府的不断变化，人们对于财政制度的缺陷也开始变得敏感起来。

政府在近20年来变得愈发活跃，一项项在过去连想都不敢想的事业被政府发起，最后，政府终于成了工业产品最大的消费者，承包各项工程最大的巨头。与此同时，这一类人开始急剧增长：他们在政府的市场上投机倒把，对政府借款的事情非常感兴趣，和政府建立金钱关系，依靠政府的薪金维持生计等。

私人财产和国家财产的关系从未如此密切。财政管理得不完善，现在已经导致了千家万户的私人灾难，而在之前的很长一段时间内，财政管理不完善只是公共劣行之一而已。在1789年，债务人本身也是债权人，国家有将近6亿里弗尔的债务。一位财政家说得贴切：“被政府管理差劲困扰的人与他们结合在一起，共同向政府发泄着他们的怨愤。”他们的激烈程度也随着不满者人数的增加而变得更甚。随着对发财、投机的欲望增加，以及对福利的喜好和生意自动的增长，人们开始无法忍受了，尽管30年前对同样的痛苦，他们表现得是那样地言听计从。

因此就产生了这样一个个群体：工业家、商人、食利者，以及贪财者和批发商。由这些人所组成的阶级，有着鲜明的特点：对新政策极其敌视，对于现存政府表现出由衷的热爱，对于他们最为厌恶和蔑视的法律表现出奇地顺从等，他们对于改革表现得尤为迫切，并附以最坚决的态度。财政系统是直接牵连到其他部门的存亡的，然而他们却从未想象政府的财政系统的重要性，是以他们依旧大肆煽动整个财政系统实行彻彻底底地改革。

该怎么躲过这场大劫难呢？一方是发财欲望不断爆棚的民众，一方是刺激这种新热情且从中作梗的政府，它这种点燃又扑灭的玩火行为最终使得自己在劫难逃。

第五章　减负如何招致了人民愤怒的大反弹

在近140年以来，人民从未出现在公共事务舞台上片刻，所以人民能够登上舞台的可能性也被人们完全排除。人们常常用聋子来形容那些冷漠麻木的人，所以当人们在就人民的命运展开讨论时，便可以旁若无人地在他们面前大谈特谈。人们唯一担心的是那些高高居于人民之上的人不能够完全听懂，所以这些似乎都是特别给他们听的。

那些残酷地、不正当地折磨人民的行为现在被他们（那些统治人民的人）大声地议论出来，而且是当着人民的面，要知道他们本该是最害怕人民发怒的人啊！政府中种种使人听了非常震惊的罪恶都被他们相互抖了出来，而人们身上最为沉重的负担就是政府机构。对于人们报酬低劣的劳动和所承受的苦难，他们运用非常悦耳的言辞描绘出来：他们试图以这样的方式来激怒人民，使人民得到解救。我这里所说的是政府的主要官员、特权者本身以及政府，而非指的是作家。

在大革命的前13年，劳役制度曾一度欲被国王废除，国王在他敕令的序言中这样说道："在王国内，排除三级会议省中几个少数的省份，我们臣民中最贫困的那一部分几乎无偿修建了所有的道路。这些人与道路的关系非常之少，他们穷到除却一双手之外毫无其他，然而就是这样的人却担起这样沉重的担子。真正受益的人都是那些所有者，那些拥有特权的人，修路使得他们的财富随之而增长。穷人们被强迫单独修路，且没有时间的限制。就连他们唯一能够抵御饥寒交迫的手段都被强制夺走，他的一切劳动所得都是为了增加有钱人的利益。"

同时，针对工人们受到工业行会所施加的种种痛苦，人们开始想方设法地去排除，他们以国王的名义这样宣布道："在所有的财产中，劳动权是最为神圣的一种，所有有损劳动权的法律都被视为是无效的法律，同时，这些法律也是有违自然权利的，如今依旧存在的奇怪的暴虐制度都是贪婪、强暴、利己的外在表现。"这样的言论是极其危险的，然而更危险的还不在于此，而在于这些话说过几个月后，行会制度和劳役制度又卷土重来。

蒂尔戈据说就是那个使得国王做出如此言行的那个人。他的后继者也都是秉承着蒂尔戈的意愿行事。在1780年，国王向臣民们宣布道："从今以后，增派军役税之前必须做公开登记。"而且他还在旁注中详细解释道："在税额的增长上，我们的臣民中最贫穷的那部分人的增长比例要远远高于其他臣民，因为他们不但要承受军役税的折磨和烦恼，还要承担一些额外的增派。"在已经确定的共同捐税里，国王力求确立征税的平等，对于捐税负担一律平等的局面，国王暂时还不敢予以实践。“现今那些有钱人在捐税上被纳入同一水准，希望他们不会因此感到受到了损害，他们如今所缴纳的捐税是长期以来他们本就该平等分担的那部分。”国王这样说道。

有时候，人们对于人民情绪的刺激往往不是出于他们的某些需求，而是故意为之，这种情况在饥荒的年月里尤为明显。为了刺激有钱人大发慈悲，一位总督这样讲道：“这些所有者们，将所有属于穷人的劳动成果都占为己有，在这些穷人为了给他们赚取财富而耗尽最后一丝力气之后就弃他们于不顾，任其自生自灭，这是多么不公正，多么为富不仁的做法呀！”在类似的情况下，国王也曾有过这样的说法：“那些穷苦的人受有钱人逼迫为其劳动，所得劳动报酬还要看有钱人的心情而定，所以，我想要保护人民，使人民衣食无忧，像这种由一部分贪婪的人任意摆布其他穷苦人的现象是不容存在的。”

像这种由于不同行政权力之间引起的各种各样的类似现象，一直延续到了君主制的末期。人们的苦难成了争论双方互相推诿的重心。

其中，国王与图卢兹高等法院就 1772 年的粮食流通问题上引发了激烈的争论，争论的言语中也明显地表明了前文所述的观点。图卢兹高等法院说：“是政府措施上的失误才导致了穷人们会有饿死的可能。”对此，国王做出反驳：“造成公众贫困的主要原因，全来自有钱人的贪婪以及高等法院的野心。”仿佛贫苦人民的痛苦始终是来源于他们的上层，而这也正是国王与图卢兹高等法院想要向人民灌输的思想。

这些事情只有在公开文件中才能得见，在秘密函件中是见不到的，而这些文件还遭到了高等法院以及政府的大肆印刷和到处张贴。国王每次这样做的时候，都会预料到非常严肃的事态真相，并向他的先辈和他自己阐述出来：“历朝历代的大肆挥霍导致了现今国库紧张的局面。所以，许多不得转让的领地不得不以低价转让出去。”还有一次，国王这样说道：

“国王贪财的产物就是现在的工业行会。”当然，他并不是出自谨慎这样说的，而是基于理性。“由于负责财政管理的部门认为增加军役税是一件秘密行动的事情，所以常常会造成这样的情况：军役税增长过快或做一些没有用途的开支，虽然减轻我们的人民负担的方法有许多，但是这的确是个最为简单有效的捷径。”国王补充道。

上述所有的言论都是对国民中有教养的那些人而言的，这是想告诉他们一些措施是有作用的，尽管这些措施遭到过一些个别集团的指责。然而，对于人民，他们始终不能够理解，哪怕是听到了这些。

面对那些挣扎于苦海之中的人，人们是想要给予最真诚的帮助，然而即便是这样的善心，也难免遭人轻蔑和鄙视，我很肯定这一点。据伏尔泰的秘书向我们透露——夏特莱夫人更衣的时候，从不避讳仆人，因为在她眼里，从未把仆人当作人来看。

当然，对于我方才所讲述的一些极具危险性的语言，并不全是来自大臣之口以及路易十六的口舌，这样向人民讲话的还有那些特权者（即将成为人民众矢之的享有特权的人）。在法国，在上层阶级开始关心穷人命运之初，他们没有感到一丝穷人给他们带来的恐惧，甚至从未想过有朝一日，这些穷人会将自己推向灭亡的深渊。这一切都是真真切切，为我们所肯定的事实。相对于这一点，最为明显的时候要数 1789 年以前的十年：当时，对于农民，人们始终报以同情、解救的态度，是以在他们的谈论中不断涉及农民，谈到救济他们的办法，为此，人们还揭露使农民们遭受苦难的流弊，谴责那些危害农民的财政法规等。但是，人们依旧和过去很长一段时期内的表现一样，仅存在新的同情，而那种麻木、目光短浅的本质却一点儿没有改变。

法国在 1779 年召开了省议会，一开始是部分地区召开，到后来蔓延到了全国，一些会议中的记录值得我们阅读。通过对会议留给我们的一些其他的文件的研究，那些极为善良的情意使我们非常感动；同时，对于那些不谨慎认真的话语也是非常震惊。

下诺曼底在 1787 年的省议会中这样说道：“国王用于修路的钱经常被富人们占用，而对人民没有丝毫帮助，这样的现象经常为人们所见。人们不去管村庄或者市镇的入口如何，而是把钱花在了通向城堡的道路上，目的就是为了让这条路更舒服而已。”就是在这个会议上，劳役的罪恶被描述出来后，贵族和教士这两个阶级在修缮乡间道路上自发的捐赠了 5 万里弗尔作为备用金，如此一来，人民不用花一文钱就能够解决本省道路通畅的问题。而这种以普遍捐税代替劳役制并缴付相应捐税的方式，使得这些特权者能够少耗费些钱财，然而他们并没有以此改变自己的外在表现，他们只是自愿地让出了捐税不平等的利润而已。他们在抛却权利的有益部分的时候，一些让人憎恶的东西也始终细心地保留着。

在其他一些省份，免缴军役税的地产主成了省议会的唯一成员，他们想要继续维持他们的免税权利，然而对于军役税给人们带来的痛苦与磨难，他们却用极为暗淡的色彩大肆描绘。他们还为此绘制了一幅非常可怖的图画，其中有关军役税的一切流弊都显现在上面，并且海量印制起来。然而，他们虽然表现得非常关心人民，但是对于人民轻蔑、鄙视的话语却是时有出现，这一点非常特别。他们对于人民是发自骨子里的轻蔑和鄙视，尽管他们在表面上表现得那么富有同情心。例如：对于农民的事业，上基耶内省议会展开了极为热情而激烈的申辩，但是他们对于农民的称呼大多是“无知的”、“粗犷野蛮的人”，或者是性情粗鄙、好制造事端、不爱服从的家伙。诸如蒂尔戈这样的人，讲起话来也如他们一般无二，虽然蒂尔戈也曾做过不少有益于人民的事情。

如果你想要见识这些冰冷且充满蔑视的言语，可以了解一下那些准备公之于众的让农民亲自阅读的法令。这就如同生活在欧洲像加里西亚那样地方的人们一样，人们在那里分为上层阶级与下层阶级两个不同的阶级，且运用着不同的语言，所以对于上层阶级的言语，下层阶级表现得不知所云。在18世纪，对于一些封建税的债务人以及那些交纳年贡的人，封建法学家常常会表现出与前人迥然不同的态度——他们公正、节制且态度温和，然而在一些其他地方，他们仍以“卑贱的农民”来称谓他们。由此看来，就如公证人所说的那样，那些骂人的话自古以来就已经这样了。

对于贫苦人民的同情，在接近1789年的时候变得尤为强烈、肤浅。为了能够从他们那里非常细致地了解他们可能提起的申诉，我搜集了一些1788年年初不同教区居民接到的许多省议会的通告。

其中一份通告的签署涉及了四方代表：一位神父、一位大领主、三个贵族，还有一个资产者。他们都是议会的成员，且倚仗议会的名义办事。各教区的行会理事受到委员会的命令，召集所有农民，并向他们征询所缴纳的不同捐税的制定方法，以及不同捐税的征收方式等。通告里这样说道：“大部分捐税对于种田的人造成的影响可谓是灾难性的，尤其是盐税和军役税，这些我们都有个大体地了解，所以我们还需对每一种流弊都要有个具体地了解。”然而省议会的好奇心却不仅只是这些：对于教区内享有特权的人（教士、贵族）以及一些俗人的人数，它都要知晓；对于这都是些什么特权，它也要进行确切地了解；对于那些免税人的身家，它需要拥有具体的数据；同样，还要关心他们是否居住于自己的土地，关心他们是否有很多的教会财产（也可以按当时的说法称为永久管业基金）还未参与商业，如果是这样，其价值也要弄清楚。然而，这一切都达不到议会的要求，它还提出，倘若存在捐税平等，那么特权者所承担的那部分捐税——劳役、人口税、军役税及其附加税——也要有个数据。

这是一种使得他们激动、愤怒的手段，是通过叙述人们所经受的痛苦和磨难而施展出来的。此外，还向他们言明罪魁祸首是谁，并且指出他们数量稀少，不成气候，这就使得他们内心深处的嫉妒、仇恨以及贪婪的欲望开始熊熊燃烧起来。扎克雷起义[1]、铅垂党人以及十六人委员会似乎都已经被人们忘却在脑后，好像对于法国人的性格丝毫不懂一样。要知道，法国人的性格，在天性平和的时候，他们可谓是世界上最温和、仁慈的民族，然而一旦激情爆发起来，就会展现出他们野性的一面，成为最野蛮的民族。

所有这些致命问题的报告，我未能全都得到农民的答复，为此我常怀惋惜之情，但是就我所得到的那些而言，用于了解、支配这些报告的一般精神还是绰绰有余的。

无论是贵族还是资产者，每一个特权者的名字都会在这些报告中被一一标明，有时候也会对每个人的生活方式做一番描述，当然，大多是以批判为主。对于这些财产的价值，人们做出了仔细地研究，对其性质和数量也有所涉及，特别是这些特权给村里所有居民带来的损失与伤害。人们对那些作为租金缴纳出的小麦斗数做了一个列举，这笔收入据说不为任何人所分享，所以他们也只是徒有羡慕地对特权者的收入做一个估算。本堂神父的额外收入（现在也称薪水）有些太过了，因为人们惊奇地发现教堂里边几乎事事用钱，哪怕是安葬死人呢，也需要额外破费一笔，这非常令人心酸。捐税的制定也极其糟糕，所有的捐税皆是如此，而且这些捐税常常欺压人民，因此，几乎所有的捐税都遭到了抨击，且言辞暴躁，其中愤怒之情难以抑制。

他们曾经这样说道："间接税是十分不得人心的，几乎所有的家庭都被包税员搜查过，在他的眼中和手下，神圣不容侵犯的东西几乎不存在。军役税的税收员可以说是十分暴躁，不仅在注册税上极为苛重，

[1] 扎克雷起义，是1358年法国北部农民的一次反封建农民起义，是中古时代西欧各国较大的农民起义之一。扎克雷，意即"乡下佬"，是法国贵族对农民的蔑称，起义由此得名。

而且他本人也是贪婪无比，好以权势压人，而且不择手段。执达员对那些老实的庄稼人也是横征暴敛，做法也比税收员好不到哪儿去。征税员们为了保全自身免于这些恶霸的毒手，不得不将罪恶的爪子伸向他的邻人们。”

大革命在这次调查中展示着它即将到来的前奏，然而革命尚未到来，其言语已然先置，透过这些语言，我们可以窥得它的整个面目，仿佛它已经现身这里。

在 16 世纪的宗教革命里，许多显要人物参与到宗教变革中来都是基于自身的贪婪和野心，而且在显要人物中，这样的人要占一大部分。然而人民却不同，他们不带有任何功利思想，只是单纯地出于信仰，我想这是 16 世纪的宗教革命与法国大革命之间最让人值得注意的差别。到了 18 世纪，这一境况就完全颠覆了：那些有教养的阶级投身于革命，完全是基于无私的信仰，以及被慷慨地同情所触动；反观人民，他们有着满腔的怒火和积怨需要发泄，他们迫切需要改变自己的身份、地位，这一切不满成了他们行动的导火索。人们的贪婪、欲望和怒火终于在上层阶级的热情中燃烧起来。

第六章　为了实现人民的革命教育，政府付诸了以下几种措施

那些后来被人们称为革命的思想有着以下几个特点：崇尚暴力，敌视个人，且与个人权力对立。而且这种思想，早在很久以前政府就开始努力地向人们的头脑中灌输了。

曾有人告诉人民，对待那些古老的、根深蒂固的制度要持以怎样的态度，而做这件事情的第一人就是国王。路易十五的这一做法无疑加快

了大革命的脚步，使得君主制的根基为此动摇，同时，路易十五也为他的革新、精力、作恶、怠慢和懒惰付出了沉重的代价。这些高等法院的突然崩灭使得人们的思想开始改变，在人们心中，它们几乎和处于同一时代的王权一样——不可动摇，但是一切真的就这样发生了，人们开始隐约觉得，冒险与暴力的时代已然来临，一切都变得具有可能性：可以去尝试一切新事物，也可以推翻一切老事物。

在整个路易十六统治时期，路易十六对于即将进行的改革的谈论从未间断过。

大革命到来之后，路易十六曾经根据规律预料大多数制度都濒临瓦解，到了后来，所有规章制度都在大革命的冲击下崩塌毁灭。他事先选出几个最坏的制度从立法机构中剔除，不久之后再将其恢复，如此往复好像是要把这些坏的制度连根拔除，好让别人将它打倒。

一些古老的且受人敬重的习惯，往往还没有经过充分准备就被突然改变，甚至有的时候还影响了既得利益，这都是在他亲自主导的改革中所出现的问题。改革为大革命的爆发做好了充分准备，因为改革使得人们开始明白应该怎样才能够着手进行革命，这一点尤为重要。与此同时，改革还将阻碍大革命的重重障碍一一推翻。令国王和大臣们意想不到的是，他们的这种单纯、无私的意图所导致的破坏更为强大，像是没有什么比那些出自好心，且由好心人实行的暴力更为危险的了。

这样的理论很久以前就在路易十四的敕令中被公开宣布出来：王国内，一切土地出让的政策都是根据国家的条件被特许的，所以，唯一真正的所有者就是国家，而其他一切占有土地的人都只是占有者，只是身份不确定、权利尚不完整罢了。这是一个来源于封建法律的学说，但却从未得到法院的承认，在封建制度即将灭绝之时，它才被允许在法国传授。这种思想，有着很浓的现代社会主义气息。而社会主义这种首先根植于国王专制制度的方式也实在是令人啧啧称奇。

为了向人们灌输对私有财产持以轻视态度的观念，政府在路易十四之后的所有朝代中，每年都会现身说法。到了18世纪后期，公共工程开始兴起，尤其是在筑路上更是蔚然成风，因此，政府便果断插手，将所有筑路需要的土地都占有，并且将所有有碍于筑路的房屋都完全拆除。也正是从那个时候开始，桥梁公路工程指挥便喜欢上了直线的几何美，这和我们后来所见到的一样。对于现存的路线，他们研究得非常仔细，能避则避，对于一些现存的弯曲路线，他们甚至要以破坏不动产为代价，只为了避免绕弯。这种情况下被损毁或者破坏的财产的赔偿都是由政府随意规定的，而且总是拖延赔偿，甚至丝毫不给予赔偿的情况也时有发生。

其中有一个这样的发现：近20年内，政府在修路上没收的所有土地的价钱还没偿还，这是在从总督手中接管政府时于下诺曼底会议的发现。就是在法国的这个小地方，国家所欠下的未曾偿还的债务竟然达到了25万里弗尔之多。当时，由于土地分配上十分分散，所以受到侵害的大所有者数量很少，反而是那些小所有者，受到侵害的人数非常多。所有这一切让那些所有者明白，个人权利在公共利益面前是那样地微不足道——这都是他们从切身经历中所得到的体会。

他们开始深谙这一理论，为了一己私利，开始把这样的手段用在他人身上。

在以前，慈善基金会在很多教区都有，他们救济居民的方式是依照创立者的意图，按遗嘱指定的场合和方式进行的。而在君主制末期，大部分这样的基金会或是改变了他们的初衷，或是被完全破坏掉，这都是由于政府的专断独权以及御前会议的一纸判决引起的。在通常情况下，那些用来资助济贫院的资金用的是与它邻近的村子被发与的基金。那么，在同一时期，贫困院的财产又是如何分派的呢？我们只知道，他们的财产也被改造得与创始者的意愿完全相悖，自然，让他们接受也是不可能的。1780 年发布了这样一道敕令，敕令中对于各个机构变卖不同时期人们遗赠的财产做出了明确授权，当然，这些遗赠的财产必须是他们可以终身享有的，另外，将这些价值上交于国家也是可以的，相应的，国家必须支付相应的年金。

有的人给出了这样的说法——这样做是对祖先没有充分利用的财产的再度利用，能更有效地使其发挥余热。弃死人意志不顾，是挑唆人们破坏活人权利的最好办法，我想这一点早已经被人们所淡忘。在后来所有的政府中，他们对于死人所表现出来的蔑视要远远小于旧制度政府，特别是它向来都是非常漫不经心的，然而英国人却能够维持死者生前最后的意愿的效力，给予每个公民全社会的力量，这便是英国人为何更尊重私人的原因。

在旧的制度下，有过先例的政府措施如食品强制出售、征集制和最高限价等。在闹饥荒的年代里，农民供应市场的食品由政府预先定价；对于农民们害怕受约束而不来市场的情况，政府的官员们便下达命令强制他们出现，并以罚金做要挟，这些都是我亲眼所见。

在涉及人民时，刑事法庭所依据的一些形式是最为有害的教育。也许穷人们在应对比他们更有钱有势的公民的侵害时，要远比人们想象中的要有保障得多，但是与国家打交道时就不得不借助于特别法庭、那些仓促且虚假的诉讼程序，以及有偏见的法官和必须要上诉的假执行判决，这都和我在别处所讲的一样。

其中有一项御前会议的判决，这样写道："在闹饥荒的时期，粮食缺少，对于一切可能爆发的骚乱和聚众闹事，都委派给了骑警队队长和他的副官去了解，并把处理这些诉讼案件的权力交与他们，而且限制其终审必须为既无上诉权也无特赦权。而对于这样的案件，国王禁止所有法庭插手。"这样的谕令在整个 18 世纪都具效力，于是就出现了这样的场景：对于一些可疑的村庄，骑警队连夜进行包围，他们无须任何凭证就可以趁天亮前闯入民宅，将指定的农民逮捕，这些我们在骑警队的一些笔录中就能找到出处。虽然当时的敕令有规定，被告必须在24小时内受审，但是那些遭到上述情况被逮捕的人却没有被送审，而是被长期监禁起来。这项规定的不正规性就注定了它有不被遵循的可能性，这与我们今天的情况是一样的。

像这样，将那种最适合于专制暴政、最适用于革命时代的刑事诉讼法每天教授给人民，这就是一个稳固而温和的政府所做的事情。这样的学校它一直兴办着，而这种冒险教育始终是旧制度教育下层阶级的手段。在这一点上，即便是蒂尔戈也非常忠实他前任的做法。1775年，他公开了关于谷物的新立法，为此引起了农村的骚乱以及高等法院的强烈反抗，于是他便在国王的许可下发布法令一并取消了法院的审理权，由重罪法庭处理那些叛乱者。法令是这样说的："民间的动乱便由重罪法庭来负责镇压，以达到快速解决，惩一儆百的效果。"除此之外，农民们凡是远离了本教区，且没有行会理事和本堂神父的签署证明都将遭到通缉和逮捕，而审判这些农民就像对待流浪汉一样，使得他们既无上诉权也无特赦权。

18世纪，君主制的统治固然令人心生恐惧，但手段几乎都是温润、缓和的。人们不愿意看见他人受罪，所以选择了令人们心生恐惧的外表，或者可以说，人们的这种强暴和专横都是出于冷漠和习惯，但是他们的本质还是温润而和气的。然而这种速决的司法爱好只会不断增加。过轻的刑罚更加容易使人们忘却宣布刑罚的方式。所有诉讼程序的骇人部分都被那些温和的判决隐藏起来。

在君主制最后两个世纪，我们能够在那些针对下层人民所实行的措施里找到革命政府所使用的很多诉讼程序，之所以我敢肯定地这样说，是因为我掌握了大量的事实。大革命沿袭了许多旧制度的形式，与它所独有的残忍相结合，便形成了人们眼前的大革命。

第七章　这场巨大的行政革命是怎样占据政治革命的先导位置的？又会产生怎样的影响？

当那些附属法律——规定政府事务和个人地位的法律——被修改或者废除的时候，政府依旧保持着它原有的形式。

雇主和工人之前的旧关系，在经过行会理事会的毁坏，以及局部、不完整的恢复之后，发生了彻底地变化。这些关系变得不确定、不自然起来，与平时全然不同。随着主日警察的消失，国家的监护也变得不稳定起来。在老板与政府之间，手工业者们处于一种难以抉择的尴尬地位，他们完全不能够分辨出来能够容纳或者保护自己的会是哪一方。一种无政府的情形开始笼罩整个城市的中下层。在政治的舞台上，一旦出现人民的身影，其形势必然会带来严重的后果。

在大革命爆发的前一年，有许多新的法庭被设立，也有若干法庭被废除，其管辖权的所有规定也被完全更改。在司法秩序的各个部门，国王的敕令引发了巨大的混乱。在法国，负责执行法官判决和审判的人为数甚多，就如我在别处所谈及到的那样。资产阶级或多或少都会与法庭有些联系，这是一个不争的事实。因此，家家户户的财产和处境都瞬间被打乱，这就是法律的效果，同时又赋予他们新的缺乏信赖性的地位。在这场司法革命中，那些可供申诉人应用的法律或者可以审判他们的法庭都已经很难找到，这也是敕令给申诉人带来的不便。

1787 年，政府（指严格意义上的政府）在经历了彻底的改革之后，它在公共事务中所引起的混乱尤为严重，到后来甚至波及了每一位公民，甚至包括他们的私生活。

之前我曾讲过，在法国四分之三左右的地区（财政区）都交予总督一人管理，因此，他的行为便完全放纵、不可控，独断专行的情况也不可避免。

1787 年，在总督的身边，省议会经过人们的努力终于被确立出来，这也标志着真正的行政官员——总督的出现。旧教区的议会，甚至大多数情况下的行会理事都被选举出来的镇政府所替代，这在每个村子都是一样的。

事物的秩序、人们的相互地位都被这个立法彻底改变，而且这个立法与原来的立法分明是对立的，而且它的实施方式也很特别，不但要在各地同时进行，而且还要运用几乎相同的方式将其推行，对于以前各省的特殊情况以及惯例都全然不顾。在当时，很多大革命的中央集权特性都在旧政府中体现出来，尽管这个旧政府已经被大革命即将摧毁。

在政治机构中，习俗所起到的作用可以为人们清晰所见：相比于对那些更新鲜、更简便的法律的运用，人们更擅长运用长期以来一直沿用的复杂、模糊的法律。

在法国的旧制度下，各种权力都依照各省的情况而产生无穷的变化，且没有人所共知的确定界限，这就使得它的工作范围与许多其他的权力相互混淆。然而，一些正规的、方便的秩序早已经被人们在事务中确立出来。相比之下，那些为数不多的新权力虽然经过了仔细鉴定，且相互之间有着相似性，但是常常会在更大的混乱中相互抵触、相互混杂，最后或彼此消除，或衰弱不堪。

在新法律中，一切它所创设的权利都是集体权利，这是新法律所包含的唯一缺陷，也是最严重的缺陷，特别是在一开始，它就完全可以被视为法律执行中的阻碍。

在旧君主制的统治中，有关治理方式的种类，人们仅仅知道两种——倘若行政权力落在一个人的身上，那么他的一切行动都可以脱离议会；与此相反，像是在城市里或者三级会议省这些存在议会的地方，执行权力不会落到任何人之手。因为对于行政部门，议会有统治和监督的权力，而且是亲自去治理，或者把治理权交给它临时任命的委员会。

鉴于人们仅仅知道这两种理事方式，就不得不从中选择其一。这个社会是如此的开明，且长期以来受到政府的影响非常大，然而人们却从未想过将这两种制度结合起来，这是非常奇怪的。人们想到的只是如何拆开执行权与监督、和解权，而从未想到去区分。这种思想也只有在本世纪才被人们发现，之前从未有人想到过，虽然它看上去很简单。这是我们在政府问题上的一大发现，而且是唯一的。在国民公会中，人们将行政习俗带入政治之中，痛恨旧制度的同时又不得不去信奉这一传统，因此，人们竟选择开始实行三级会议以及执行城市小政府的制度，这就是反其道而行之的结果。而在此之前，人们仅仅是让事务陷入了窘境，那么这样恐怖的统治究竟是怎么出现的呢？

1787 年，省议会就是在大多数总督都在各行其是的时候，将自治权收入自己的手中，军役税的制定以及监督征收工作都是由它在中央政府的权力下执行的。同时，一些工程的决定和实施也是由它负责。在公路与桥梁工程局，全体官员都由省议会直接统辖，从监察至工程监工皆是如此。只有议会认为是可行的事情或者项目，才会允许他们去做，而且议会会把部下的成绩汇报给大臣，令他们酌情发放奖励。监护村社的任务几乎已经由省议会全权负责，而大多数诉讼案件的初审之前都是由总督来审理，现在也已交给议会来处理。现在，将要行使职权的是一群新手，而上述职权中还有很多并不适宜一个集体，以及一个不负责任的政权。

总督最终被人们贬低得权势全无，然而却依然存在，这使得局面在所难免地陷入混乱状态。总督虽然被人们剥夺了所有的专制权力，但是却被赋予监督和帮助议会工作的权力，这就好像让一个被罢免官职的官员去对剥夺他官职的立法精神去深入了解，以求有朝一日能够顿悟并且成为这个立法精神的助手。

对付总督代理，人们采取与对付总督相同的方式。p226 人们在他旁边放置了区会议，取缔了他原来的位置，而且在省议会的带领下，区会议会按照同样的行事原则行事。

会议刚刚出现的时候，就开始与总督进行暗中或者明面上的争斗，不过以明面争斗居多，这从 1787 年的会议记录和省议会的法令中就可以了解，面对经验老到的总督，他的后继者也常常被弄得手忙脚乱。在一处，议会抱怨，那些最必需的文件，他们花了很大的力气才从总督的手中夺回。而另一方，总督则对议会的成员发起指控，说是他们想要夺取诏书曾授予他们的权力。大臣们也常常接到他们的申诉，但是对待他就像对待其他人一样，针对这些新鲜而模糊的问题，大臣们常常不予理会或持怀疑的态度。当总督曾经手的道路修建、线路的选定和维修都不是很好，甚至情况很糟糕，或者那些受他监督的村社在即将毁灭时，他也不闻不问，每当议会讨论这些问题时，都把这一切归结为是总督治理不善。对于一些不熟悉的立法，这些会议常常是在黑暗中摸索，迟迟不会做出决定，他们不断地在各处寻求建议，搜集见解。对于省议会允许公社自行征税的做法，欧什省的总督曾断言——省议会的意志他完全能够阻止，但同时，省议会也做出保证——以后总督只能在这个问题上提出意见，而没有下命令的权力，为此，它还向法兰西岛的省议会征求建议。

政府的进程常常由于这些会商和尖锐的批评而变得缓慢，有时候甚至出现停滞，而这个时候的公共生活就仿佛中断了一般。洛林省议会中曾说道："所有善良的公民都会为事务的停滞而感到深切的悲恸。"这在其他许多的省会已经形成了强烈的反响。

另一些情况下，过分的自信和活跃成为这些新政府犯错误的源头。它们急功近利，企图将旧的方法一次性革新，将一些陈年旧疾一举治愈，由此可见，它们的热情之中满怀躁动和骚乱。它们开始寻找各种借口将公共事务揽到自己的手中亲自经营，城市的监护权也是如此，最后出现了这种结果——虽然它们是以改善一切为出发点，但是却事与愿违。

政府长期以来在法国占据着怎样的位置？每天政府要接触多少利益？又有多少事情是需要政府的帮助或是依赖政府而完成的？对于这些，人们从未静下心来做过思考。对于能够在自己的事务中获得成功，使得他们的行业得到赞助，衣食无忧，道路得到开辟和维修，安定得以维持，福利得到保障等，他们从未想过这些都是依靠政府而得来的，并不是依靠他们自己。我想只要他们肯静下心来思考，并且考虑到这些，那么他们就会了解到，政府受到损伤也必会牵连到无数人——覆巢之下，焉有完卵。

在村庄里，这个新组织的弊病特别明显：不仅权力秩序被它们打乱，而且人们的相对地位也被它们突然间改变，各个阶级也因此对立起来，并彼此冲突。

蒂尔戈在 1775 年向国王提议，应对农村的行政制度进行改革，而且他亲自指出：分派捐税不平等是他所遇到的问题中最为棘手的。在教区内，捐税的制定、征收以及使用是整个教区事务中最重要的环节，所以，那些不按同一方式缴纳捐税，甚至是免税的人，是不能够在教区事务上一起行动和同堂议事的。免缴军役税的教士和贵族，捐税全免的农民，以及缴纳全部军役税的人，这三类人在每个教区都存在。这种情况就好像是分成了三个迥然不同的教区，各自都想拥有单独的政府，因此根本无法解决这种困难。

任何地方在捐税上的差异都比不过农村，这是一个不争的事实。居民们以各个不同的集团划分出来，且往往都是相互敌对的，其中最为严重的要数农村了。因此，我们首先要保证大家的捐税统一而平等，以将各个阶级的距离无限缩小，这样才能够给村庄提供一个自由的小政府和一个集体的行政空间。

1787 年，当改革终于开始的时候，人们在这一方面却无所作为。在教区的内部，捐税不平等、旧的等级分离还是涛声依旧，没有任何改观。

此外，人们还要将所有的行政都交给选举团，这一做法立即导致了特别奇特的后果。

由于本堂神父和领主是属于贵族以及教士级别的，所以对于一些议会——挑选市政官员的议会——他们是不能参加的。因为这里是第三等级行使他们权利的地方，也是第三等级选举他们的代表的地方。

但市议会的结果往往一出来，本堂神父和领主便顺理成章地成了成员。也无怪乎如此，因为这样显要的两类居民，当然要与堂区政府有着或多或少的联系。其中一些市参议员的会议都由从未参与选举的领主来主持，但是他们的一大部分法案是他们不能够涉足的。举个例子：在人们制定和分派军役税的时候，领主和本堂神父是没有投票表决权的。有人会有疑问，这项税则他们二者不是免缴的吗？但是这与他们的人头税是没有一点关系的，从市议会上来讲是这样的，人头税继续由总督以他独特的方式继续整理制定。

市议会的这位主席与他本应该领导的议会是相互隔绝的，不单如此，人们怕他违背那个不从属于他的等级利益，在背后发挥影响，于是便要求将他雇农的票数也作废，而省议会对于这样的要求给予了肯定，并且认为这样的要求是公正、符合原则的。这个平民的市议会是不允许教区内其他贵族参与的，当然，如果想要获得进入的资格则需要由人民选举，并按照规章特别注明后才能进入，而且在议会中仅以第三等级的身份出现。

在会议中，领主那些昔日的下属摇身一变，成了他的主人，而领主参加议会也貌似是为了服从他昔日的下属。但事实上，这些他昔日的下属并没有成为他的首领，而是成了他的阶下囚。这样，人们把这些人召集在一起的目的就很显然了，其出发点只是想让他们认清彼此之间的差别，知道他们的利益是如何的对立，要让他们互相接近那么简单。

作为政府官员的行会理事是否依然威信全无，必须要依靠强迫才能完成其职能？是否他担任主要代理人的社区和他的地位已经提高？这都很难想象。在一封1788年的某一村庄的执达员的信中，我能感受到这样一种情绪：他非常气愤，只为人们选他担任履行行会理事的职责。他这样说道："这样做是与行会理事这一职务所享有的特权完全相悖的。""他应该明白，同胞们能够选举他是一件多么光荣的事情，而且这一次与以前拥有同一名称的政府官员不一样，在政府方面，新的行会理事会得到更多的尊重。"总监给予了他这样的答复，并一度对其思想进行纠正。

还有另外一种情形，教区中一些重要的居民，甚至是贵族，突然之间与农民走得很近，显然，农民在这会儿已然成了一种势力。一个拥有高级裁判权的领主（他就住在巴黎附近的一个村庄）这样说，国王的敕令阻止他参加教区议会的工作，哪怕是以普通居民的身份也不行。而另外一些人，对于"履行行会理事的职责是出于对公共利益的忠诚"表示认同。

然而这却已经为时已晚。面对着想要靠近他们与他们打成一片的有钱人，农民们选择回归到他们一直以来孤立的状态，坚守自己的领地不与他们多做接触。在一些教区，领主常常被拒绝参加市议会，甚至有一些市议会开始排斥已经富裕起来的平民，其挑剔可见一斑。下诺曼底会议这样说道："我们得到消息，一些不在本地居住的平民地产主，他们本来有着参加议会的权利，但是许多市议会却依旧坚持拒绝接纳这些平民地产主。甚至在一些议会里，那些没有财产的佃农也被排斥在外。"

所以，在那些国家政府的主要法律被改变之前，模糊、冲突和新奇就已充满了次要法律。一切本来存在的东西都被撼动，而中央政府则几乎修改或废除了所有的规章制度。

在法国，这场突如其来的大规模革新涉及了所有的行政习惯和行政规则，且先于政治革命。虽然今天人们已经很少提及，但这不影响它成为伟大民族历史上前所未有的最大动荡之一。第一次革命显然为第二次革命探清了前路，且对其影响异常巨大，这便是第二次革命与当时发生的所有同类事件不相同的主要原因。

第一次革命在英国爆发后，国家的整个政治机构都受到了强烈的震撼，一直到君主制被废除，然而它的一些惯例以及习俗则没有一丝改变，仅仅是在表面上触动了次要法律。一些原来的形式和以前的习惯做法被行政和司法保留了下来。在英国，12 位法官每年会进行两次巡回刑事法庭，即便是在内战最为激烈的时候也未曾间断。所以，这一切并没有被刺激同时产生动荡。虽然英国社会的顶层在风雨中飘摇，但是它的基础却异常坚固、稳定，因此革命的效果也就被限制在一定的范围之内。

但在法国，能够彻底改变整个政府结构的革命有很多，自 1789 年以来我们也有过不少的见闻。其中大部分是直截了当地将现存法律摧毁，依靠暴力将突起的革命完成。但是，革命所产生的混乱常常是短时间、小范围的，民众中大部分人对此都没有感觉，甚至无从察觉。

行政机构自 1789 年以来，一直存在于政治结构的废墟之中。中央政权的形式或者君主的人身都被人们所改变，然而日常事务的进程却有条不紊地继续进行着，所有人都在依照他所熟悉的惯例和准则中进行着一些与个人相关的小事务，对于一直与他交往的次级政府，他对其产生了依赖，且与之经常打交道的是同一些官员，因为每次革命都是这样，政府似乎都只是被人砍掉了脑袋，其躯壳却从未因此死去，同样的行政官员们履行着同样的职能，他们把自己的经验以及精神通过各种各样的政治法规转达出来。他们先后运用国王的名义、共和国的名义以及皇帝的名义来进行执政和审判。而后，同一轮回被命运驱动，又开始了新一轮的为国王、为共和国和皇帝进行执政和审判，而且一直保持着同一些人和同一种方式。他们不管新主子的名字，因为这无关紧要，他们的职责期望就是做一个优秀的法官和行政官。第一次震动一旦平息下来，国内也近乎安静下来。

大革命爆发之际，每个公民都能感觉到，这个虽然为政府从属却持久深入地影响他们福利的部分刚刚被彻底摧毁了，国家政府也借此突然将所有的准则和官员做了一个更新和更换。虽然在这场大规模的改革中，国家并没有感觉到有多大的波动，但是其中一些细微的波动，还是被所有法国人都捕捉到了。每个人的地位、习惯和职业都将被触动发生变化，或开始动摇，或将被打乱，或受到妨碍和损害。在这样的情况下，人们完全失去了领导，听命、办事都找不到可依靠、可执行的人，对于那些构成每日社会生活的，该如何进行更为细小的私人事务，更无人知晓，这些普遍的事务只是被某种正规的秩序左右着。

由于国家的各个部分都没有保持平衡，所以在最后一击之下它便整个动摇起来，一场前所未有的巨大动荡和可怕的混乱便席卷而来。

第八章　大革命于过去的事物中生成并爆发开来，它又有怎样的成长史呢?

下面，我要对我之前描绘过的所有零碎的特征进行一下总结，并以此作为完结本书的最后程序。那个旧制度可是我刚为之做过画像的啊！大革命何以好像自动产生于此？我还要做个探究。

在法国，封建制度的那些对于人们有刺激或者伤害的东西依然存在，但这已无关紧要，重要的是那些服务于旧制度的东西已经被消除，对旧制度有所保护的东西已经被剪尽。倘若人们能够意识到这一点，那么这场大革命——一场将欧洲古老政体冲撞得支离破碎的大革命——最终能够在法国爆发，而非其他国家，就不会引起人们太多的震惊了。

有一个在其他欧洲封建国家都见所未见的现象——自从失去了古老

的政治权力之后，贵族们已经不再对居民进行领导和管理，但是在金钱上的利益和豁免权上，这些贵族们却得到了很大的增加作为补偿。从此，这些贵族便转变为一个享有特权的封闭阶级、一个仅只是从属的阶级，就像我之前所讲的那样，他们越来越趋向于种姓，贵族的气质已经慢慢从他们身上消失。在法国，他们的特权令人们费解，甚至厌恶，所以对于法国人见之便会升起民主的想法也就不足为怪了。法国人的这种情结一直延续到了今天，且从未衰减。

假如你能够想象到，在这个贵族阶级内部竟是这样一番景象：他们将中产阶级排挤出来，并与之断绝联系；他们脱离人民，对人民态度漠然，不问饱暖，最后孤立于整个民族之中；他们貌似还是大权在握，其实早已成为孤家寡人了；那么，对于贵族为何能够在维系千年之后而一夜崩塌，你也就能了然于心了。

在将各省的自由废除之后，国王政府开始在法国四分之三的地区取缔了一切地方权力，并且将无论大小的一切事物都拦到了自己麾下，至于为何会出现如此情况，我已经对此做过阐述。至于另一方面：之前的巴黎作为首都，而现在已经发展为了国家的主宰，甚至能代表整个国家而存在，这一切都是必然的结果，而且对于这些我也早已有过说明。君主制度为什么仅仅因为一次动乱就被彻底摧毁？这个疑问我们在法国的这两个特殊的事实中就能够找到有力的答案和解释，然而君主制在人们眼中却不是这样，它曾经经历了几个世纪的冲刷和猛烈撞击而未曾崩灭，所以，即使是在它即将被推翻的前一秒，仍旧给那些力图推翻它的人一种坚不可摧的印象。

很久以来，在所有政治生活完全消失的欧洲国家中，法国是其中的一个。一些个人应有的处理事务的能力、人民运动的经验以及审时度势的习惯都在法国完全丧失，甚至，连有关“人民”的概念也都完全丧失了，所以，对于法国人为何会突然坠入到一场看不见的可怖的革命之中，我们很容易便想象得出来。而且，最终能够开辟并最先走向革命道路的人，往往是最先受到大革命威胁甚至迫害的人。

政治阶级，有领导、有组织的政党以及活跃的政治团体都是依附于自由制度而存在的，随着自由制度的丧失，这些正规的力量也随之消失不见，因此，哲学家们便在舆论复活的时候单独掌握了它的领导权。对此，人们应该对大革命的到来有个正确的预见——大革命是由一些抽象的原则以及一些极其普遍的理论所引导的，而并非是一些具体的事件；它并不是对于坏的法律进行各个击破，而是对所有的法律都进行了攻击，这一点我想人们能够预测得到，而古老的整体也将由作家所设想出的新的政府体系所代替。

这场革命的爆发当然不仅仅是推翻世俗政府那么简单，连带宗教也一并会受到牵连引发动荡，因此，毫不例外，教会与即将废除的古老制度必然会联合起来，形成同一阵营。那些革新者自那个时期开始，一旦脱离了束缚（习俗、宗教以及法律施加在人们思想上，压制人们想象力的束缚），其精神便有了一切可能性和一切不可预测性，没人会说出他们将受到哪些轻率、鲁莽的思想所支配。

倘若你曾认真地研究过国家的状况，那么你就会发现：在法国，一切未曾听闻、未曾遇见过的鲁莽行为都可以去尝试，一切暴力行为都可以划分在被容忍的界限之内。

在一本记录雄辩的小册子里记载着伯克惊奇、惋惜的话语："竟然连一个替最小的区抗辩的人都没有，为什么？而且替他人担保的情况更是完全没有。不管那些人是倾向于王权主义、温和主义，还是一些其他的东西，总之，他们就如同坐以待毙一样蜷缩在家里。"

伯克之所以对那个君主制流露出这样的惋惜之情，我想他是不曾了解在当初的一些情况下我们是如何被抛弃，现在效忠于新的主人的吧？法国人可以互相帮助的一切可能和愿望早已被旧制度的政府提前剥夺了。面对将要袭来的大革命，想要在法国最为广阔的地区寻找十个善于以正规方式进行自卫、共同进退的人都是没有用的。之前，中央政权由国王政府掌握，之后却是落入了会议的手中，会议拥有主权，且不负责任，因此中央政权便由温厚转为可怕，这都是中央政权独当此任的结果，然而，中央政府却也找不到能够组织或者延缓它的任何东西。在君主制被摧毁之后，那些使得君主制走向毁灭的同一原因又开始让一切都变得具有可能性。

18 世纪是一个非常受人欢迎和吹捧的时期，因为它有着仁慈的人道、温和的领导以及非常宽容的宗教。而战争权，作为暴力的最终归宿，它本身已经开始缩水，变得极为缓和。难以想象，最不人道的革命就将要从这样温和的风尚中孕育出来。然而，这样温和的风尚也具有一定的真实性，因为随着大革命的怒火渐弱，所有的政治习惯都开始渗入一些这样温和的风尚，这种温和的风尚甚至在所有的法律中得到普及。

法国革命有着一个非常奇特的特点——理论上的怀柔与行为上的暴力形成了鲜明的对比，其实这也不足为奇，因为很少有人知道，准备这场革命的法国人是他们民族中最富教养的阶级，而推行这场革命的是他们民族中最野蛮、最没教养的阶级。彼此之间没有相互理解的习惯，没有一丝现存联系，这就是第一种阶级的人。它从未控制过人民，所以人民在旧政权被摧毁的时候就立刻变为了领导权力。有些地方，人们不能够亲自进行统治，那么完全可以把他们的精神赋予政府。此外，想要了解人们即将发展成什么样子，那就要考虑到人们在旧制度下的生活方式。

人民许多罕见的品德都是经过特殊的处境得到的。之所以人们会显得有节制和自负，是因为人们很早以前就拥有自由，且拥有部分土地，彼此孤傲、不相互依赖；他们能承受巨大的痛苦，面临危难意志坚定，对待生活淡然处之，此外还对劳动极为熟悉；我几乎能看见，这个集单纯、刚强和坚毅于一身的种族组成了一支强大的军队，威震整个欧洲。同时，使得人们变成危险的主人的原因也是同一个。人们经历了几个世纪的严峻考验：在这几个世纪里，各种流弊导致的种种沉重的负担都有人们独自承受，他们不断在偏见、仇恨和嫉妒之中默默忍受，几乎过着与世隔绝的生活，最后，他们变得既能忍受所有的痛苦，又能把痛苦施加给所有人，在严峻的命运下变得冷酷无情。

政府就是在这种情况下被人民所攫取，大革命自然也就转手由人民去完成这项业绩。人民是付诸实践的一方，他们努力地使作家们的思想与自己的狂暴行动相吻合，这些在书籍中都有理论依据。

18 世纪，人民内部有两种主要的激情产生并发展出来，我想对这一时期有过研究的人都能够从书本中看出来：这两种激情属于两个不同的时代，且从未有过共同的目标。

还有一种激情更加久远——对不平等汹涌的难以抑制的仇恨，一切不平等的存在都是这种仇恨滋长的因素，日积月累，这种仇恨的力量壮大到无法抵御，促使法国人对中世纪一切遗留的制度发起攻击，最终将其彻底摧毁。取得胜利后，清理掉旧制度的断壁残垣，一个崭新的社会将通过他们的双手建立起来，这个社会人人地位平等，地位相像，且一切都在人道允许的范围内。

相较之下，另一种激情就比较弱了，这都是出现晚、根基浅的缘故，这种激情除却对生活平等的要求之外还有对自由的追求。

这两种激情在旧制度的末期，其真诚和惨烈是如此相像。在大革命终于爆发的时候，这两种激情开始相互碰撞并且暂时融合，然后在接触中相互磨炼、勉励，最后终于使得整个法兰西的心燃烧起来。毫无疑问，1789 年是一个经验匮乏的时代，但是它却以其热情洋溢、开阔的胸襟以及宏伟和雄劲使得这个时代永世难忘，我们自己和这个时代的那些人终将在后人的视线里慢慢消失，但是这个时代所应有赞赏和敬仰定会与世长存。那个时候，法国人一定会是平等而自由的生活着，他们也会为自身和他们的事业而自豪。他们将自由制度设立在民主制度的边边角角。

一些陈旧、迂腐的立法将人们以阶级、种姓和行会区分开来，让他们权利的不平等更甚于地位，但是在这里，都被他们彻底粉碎，不但如此，他们还一鼓作气将那些由王权制定的新法律也统统打碎。他们打碎新法律的理由也很显然，这些新法律极大地限制了他们享受自由：它们在他们的身边设立政府，以他们的监护人和导师的身份出现，甚至有的时候是压迫者的角色。就这样，专制政府和中央集权都轰然崩塌。

随着大革命的进行，精力旺盛的那一代发起人也必定会锐气丧失或者被摧毁——这种情况也必然是以整代人为单位在类似的事业上发生的。依照这类事件的自然规律，在无政府状态下以及人民专政中，他们对于自由的热爱也必定会被挫伤，变得柔弱不堪，慌乱的民族也开始摸索着去寻找它的主人。然而在这个时候，正是重建专制政府的大好机会，能够轻易发现这一点的人都是天才，当然，他们也必将是大革命的最终统领者兼毁灭者。

虽然旧制度在一定程度上为专制制度提供了便利，但是它已经开始拥有晚近时代的整套规章制度，且表现出对平等的认可，这使得它在新社会中很容易确立下来。这些制度虽也未能幸免，但是人们却愿意在其他制度的废墟中寻找它们，并把它们重新挖掘出来。以前人们屈服分化的习惯、思想和情欲都是由这些制度造成的，是以人们企图再度唤醒它，以寻得一些帮助。

被人们从废墟中挖掘出来，并得到修复。可它虽重建了，但是之前与之伴随的一些限制它的障碍却没有复苏，所以，在这个刚刚将王权推翻的民族的内部，一个比我们列王所掌握的政权更完备、更庞大且专制的政权产生了。人们的通病，都是只在乎眼前的事物而忽略了曾经所看到的事物，所以这番事业就显得十分鲁莽且世所罕见了。统治者灭亡了，却留下了最本质的东西；政府毁灭了，却留下了它的政治机构，自那以后有许多人想要将专制政府打倒，但都只是思想上自由了，自身依旧生活在同一牢笼之中。

自大革命爆发一直到现在，人们对于自由的热爱时隐时现，并且经常往复出现。这样的往复出现只会招致这样的结果，即他们将永远对此经验匮乏，或者经常会出现处理不当、被吓倒、被打败的情况，抑或会轻易沮丧、肤浅易逝等。在这一时期，最先征服人心的就是对平等的热爱，同时，与它连在一起的还有我们最珍贵的感情。对平等的热爱会随着面貌的变化而不断扩大或减小，增强或削弱，而我们最珍贵的感情则始终不变，且往往会赋予同一目标以执着而盲目的热忱。对于能够满足它的人，它愿意为之付诸一切，同时，它也愿意提供专制制度统治所需求的思想、习惯和法律。

那些只愿意对革命本身做研究的人是永远也不会了解法国革命的，要想找到有关大革命的一丝丝影迹就要从大革命以前的各个时代入手。同样，要想理解旧社会灭亡六十年来，法国人的一切行为也需要透彻地研究旧社会的各个方面，例如它的法律、苦难、偏见、弊病，以及他的伟大和旧社会本身等。当然，如果我们不深入地去了解我们民族的性格，光靠这种透彻的研究是远远不够的。

在对这个民族的本身加以了解之后，我发现，它历史上的任何事件都没有比这次革命更使人震惊的了。在行动中，它随感情而动，脱离原则的指导，喜欢走极端，表现得如此对立。相对人们所想象的人类一般水准，它不是远远超出一般水准就是低于一般水准，总之从未处在这个线上，不是更好就是更坏。在两三年以前人们为它刻画的肖像中，人们可以清晰对映出它现在的模样，这都是民主的本性坚定不移使然。与此同时，它又是那样健忘与善变，对刚刚做过的事情，它常常会出现陌生而吃惊的态度，在思想和好恶上更是变幻莫测，甚至连它自己也难以预料今后将变成什么样子。倘若人们任由它独自相处，那么离群索居、墨守成规将是它的最爱，如果有一天它被人们生生从它的习惯和它的家中拖出来时，它就会走遍天涯海角，勇往直前。鉴于它桀骜不驯的性情，君主专横、强暴的统治权将更适合它，自然，那些主要公民的自由且正规的政府就不适合它了。它时而针锋相对，时而逆来顺受，这种角色的转换即便是那些最善于受奴役的民族都只能望其项背；它也很随大溜，只要是没人出来反抗，它也便乐得清闲，任由人牵着它走，但是，一旦有人起了反抗的头，那么它的这种情绪也随之暴涨，一发不可收拾起来；它的主人不是怕它不够就是过于怕它，总之它没少让它的主人上当；对于自由的理解，它还没达到绝不受奴役的地步，却也未奴化到难以打破桎梏的地步；在它所适宜做的所有事物中，战争是它最出色的戏码；与真正的光荣相比，它更倾向于对力量、机遇、成功、喧闹与光彩的追求；它有着一颗英雄之心和近乎天才的头脑，当然，这并不是在德行和知识上的表现，相比于圆满地完成一项伟大的事业它更适于去做一个巨大的规划；它天生就于变化上天赋异禀，能够在令人仇恨、怜悯、恐怖和赞美上自由转换，且从不会令人无动于衷，因此它被称为是欧洲各族中最光辉也是最危险的民族，不知道你有没有见过与之相类似的民族。

这场革命是如此突然、迅猛和彻底，而且又充满了反复，以及矛盾和对立，我想也只有它才能制造出来。我所讲述的那些原因是大革命所必需的，没有它们，大革命也必然不能成型，然而我们也必须承认一点，法国以外的与之类似的革命也不是所有这些原因都能解释得通的。

到了现在，我已经窥得大革命的门径，也许以后我会进去，但现在我不打算这样做。到那时，我将对革命的本身进行探究，而不再是对这场革命的原因进行研究，我最终会对大革命所产生的社会做一个大胆的评价和判断。

【注 解】

p013 人们根据与罗马法相对立的法制创造了这些法制，并且依据罗马法去改造、废除它们。

中世纪末期，大多数德意志法学家都在意大利的各所大学接受教育，在这一时期，德意志法学家最主要的研究对象便是罗马法——它也是唯一的研究对象。这些法学家并没有能力去废除日耳曼法，他们所能做到的无非是去改变它们，使它们尽可能地融入罗马法之中。因此，他们所承担的是一个负责解释、运用法律的角色，而不是以政治社会领导者的身份出现。在日耳曼制度中运用罗马法，这让我们从中看到了查士丁尼（优士丁尼安的简称，又译优士丁尼）立法的影子，也正是因为如此，一些新惯例与新精神开始被纳入到民族立法之中，使得民族立法变得面目全非起来，甚至到了 17 世纪的时候，已经难以被人们所辨认。这种新立法我们无法为它冠名，只知道它是顶着日耳曼法名字的罗马立法。

这些法学家们把农民的地位与史上记载的承租人（罗马长期租赁契约中的承租人）和罗马奴隶相提并论，这使得之前所拥有部分财产或全部财产统统失去，所拥有的全部自由与部分自有也是如此。所以，我认为，法学家的这一行为无疑是使得日耳曼旧社会的多个阶层处境变得越来越糟的主要原因，其中农民的处境是最为严重的。

纵然人民百般阻挠，依旧不能阻挡民族法改造的步伐，这种情况最为明显的是出现在符腾堡[1]的历史上。

[1] 符腾堡是德国西南部的一个政治实体，由康拉德伯爵（死于 1110 年）以斯图加特为核心建立。他的后裔将领地扩展到符腾堡，撑过了德意志宗教战争、帝国政策的变更和法国的入侵。符腾堡有一套基本的议会体系，但在 18 世纪转向专制主义。该国在 1806 至 1918 年间成为王国，现在是巴登 - 符腾堡州的一部分。

1250—1495年，从符腾堡伯爵领地的问世到符腾堡公国的创立，完全用的是本地立法。这种立法的构成非常繁杂，多是由城市法庭或者领主法庭所制定的地方法、三级会议所颁布的法规以及习惯法构成，其中教会事务是唯一一个用外来法（教会法）解决的事务。

立法性质开始发生变化是从1495年开始的，那个时候罗马法开始渗透进来，在外国学校研究法学的人（人们以博士称呼他们）开始进军政府，并将高等法院的领导职务也一并占据。从15世纪初期到15世纪中期，与英国同期发生的斗争一样，反对法学家的斗争始终得到政治社会的支持，然而，斗争的结果却出乎人的意料，从1514年的蒂宾根会议到后来的历届议会，城市议员和封建社会的代表为阻止这些变化纷纷提出抗议。而由于法学家闯入所有法院并对一切法律有关的精神文字和习惯法进行了更改，所以这些人便攻击法学家。最开始，他们的确占有了绝对优势，因为他们是政府所允许的，而且今后高等法院所要安插的人必定不是博士，而是那些贵族、公爵领地中有教养、有名望的人，一个通行全国式的规章法典将要被委员会（由三级会议代表组成）和政府官员起草。不过事实证明这一切都是徒劳的。民族法最终被罗马法从大部分立法中排除，在一些允许民族法存在的地方，罗马法也彻底站住了脚步。

对于这种本地法被外来法排除的情况，很多德国历史学家都总结出了两个原因：首先，是对民族天才产物的不尊重，错误地将人们的精神引向了文学与古代语言的运动；其次，在中世纪，人们统一认为神圣罗马帝国是罗马帝国的延续，而它的立法——罗马立法——也一定继承下来，是以在这个时代的立法和德意志中，一直都流行着这样的思想。

但是为何在同一时期的整个欧洲罗马立法都广泛传播，显然光靠这些原因是不够的。在我看来，君主制政权在各地依旧稳固，而欧洲非常古老的自由化消灭殆尽，因此，君主们最称心如意的法律就是像罗马法这种奴役性极强的法律。

追溯罗马法的由来，它是来自一个非常文明但又非常奴役化的民族，它在使公民社会不断完善的同时又努力地毁坏着整个政治社会。因此，国王在所有取得统治权的地方都喜欢用罗马法进行统治。在整个欧洲，国王的许多大臣和主要官员都是罗马法的解说者。为了对抗法律，法学家们负责在需要的时候提供法律支持。因此，经常会出现这样的情况：当君主一旦破坏了法律的时候，其中一位法学家便站出来澄清这是合法的；对于这种破坏性的行为，他还能够引经据典地说成是正当的行为，而被压迫一方才是真正错误的。

p015 我并不是在陈述欧洲旧政体逐渐削弱衰败的过程，而是想通过这些来说明，18 世纪的欧洲政体正四处面临颓败崩溃。

在同一时期，所有的君主制都变成了专制君主制，因此在各国的同一时刻所出现的一些特殊情况并不会影响整个整体的变化。因此，在各地都起作用的普遍原因才是引起这一相似的同期事件的主要根源。

两种不同社会状态的互相转变，或者是从封建不平等社会向民主平等社会转变即是普遍原因。当时的贵族已经彻底垮台，而人民又没有受到教育，两者都不达标准，是以对于权力的运动根本无法掌控。通常君主有 150 年的黄金时代，在这个黄金时代里，他们的统治固然是稳定而强盛的，但是这两者之间也必是相互排斥的——他们神圣如封建君主制的那些世袭首领一样，专制如民主社会的主宰一样。

p015 中世纪权力所呈现出的老化和衰落，现今依然存在。

据德国历史学家所讲，14 世纪和 15 世纪是这些城市最为辉煌的时期。在这一时期，它们是最为强盛的文明中心，掌控着欧洲各商业，集艺术、财富和知识于一身。在德国的南方和北方，它们与相邻的贵族结为联盟，这一点如同瑞典的农民与城市结为联盟一样。

16世纪，它们还是逐渐走向衰落，但是表面上还依旧保持着繁荣的景象。真正加速它们灭亡的是三十年的战争，在这一时期，破坏和毁灭几乎蔓延了所有的城市。

威斯特发里亚和约[1]里提到它们，说它们直属于皇帝，这也是所能给予它们的直接国家资助，处在皇帝本人（皇帝的权力自从三十年战争以后就仅适用于那些小诸侯）与和它相邻的君主之间，所处的范围被皇帝与君主限制的极为狭窄。到了18世纪的时候，留下的城市总共还有51座，虽然在会议中它们仍有两席地位，并且拥有独特的呼声，但是它们已经没有权力去影响一些普通的事物。

由于城市疏于治理，再加上城市要按照鼎盛时期的标准征收帝国税，这使得城市的内部早已经负债累累。当然，这种治理不善也并不是个别例子，仿佛是所有城市共有的特殊疾病，而且与政体没有任何关系。不论是民主政体还是贵族政体，都会滋生民怨，而且都十分激烈，哪怕怨尤各不相同。在贵族政体下，少数家族的小团体左右着政府，一切都牵扯到私利和恩惠，而民主政体下，买卖官爵以及阴谋诡计也都随处可见。于是人们开始指责、抱怨政府不够刚正无私。所以，一些城市的事务，皇帝不得不去亲自过问，以确保新的秩序能够确立出来。城市居民的处境堪忧，人口也不断减少。艺术被一些新兴的城市吸引而去，它们不再拥有往日的光辉，更不复日耳曼文明城市的称号，而那些新兴的城市是新世界的标志，为诸侯们所创造。帝国城市的商业也开始没落，昔日强烈的爱国情怀以及精力都开始在它们身上慢慢消失，唯一还存有知识和财富的地区就剩下汉堡了，当然，这是一些特殊原因存在的缘故。

[1] 威斯特发里亚和约，结束三十年战争和约。1648年，在威斯特发里亚签订。

p021 **这些规定，我无须在那些陈旧的法律条文中查阅。它们在由伟大的弗里德里希拟定，经他的继位者在大革命刚刚爆发之际颁布的法典里，就已经存在了。**

弗里德里希二世法典是依照弗里德里希二世的命令起草，并由他的继位者颁布的，这部法典在弗里德里希二世的所有业绩里乃至整个国家中是最不显赫、最不为人知的一个。能够说明弗里德里希二世所处的时代以及他本人的也只有这部法典了，因为最能够体现出两者之间相互影响的也只有它了。

根据人们赋予宪法的定义，称这部法典为真正的宪法也不足为过。在这部法典中，明确地规定了国家与公民的关系、公民与公民的关系，它是一部法典，也是集刑法、民法于一身的宪章。

这部法典所表述的普遍原则好像是涵盖了许多抽象的、有哲理的东西，在 1791 年宪法的《人权宣言》中，有许多原则与这些普遍原则的很多方面都是极为相似的。

法典中明确指出，社会的主要目的就是确保国家和居民的幸福，同时这也是法律的限界；除却共同一致的目的外，公民的权利和自由是不被任何法律所限制的；根据每个人的财产和地位，工作都该以公益为先，公益是个人权益的主导。

对于君王和王室继承权的问题，法典中只字未提，更没涉及那些与国家利益不相关的个人利益。国家似乎已经成了一个特指名词，用来专指王权。

而讲到普遍人权的时候，法典中提出了相反的观点：普遍人权既要求保证自身的利益，又要求不损害他人的利益，一切都建立在天赋自由上。只要行为不在国家人为法和自然法所限制的范围之内，那一切都是被允许的。对于个人人身和财产，居民有权要求得到国家的保护，在得不到国家帮助的情况下也有权以武力进行自卫。

立法者在将这些重大原则陈述出来之后，便直接转到另一个民主但却没有自由的结果之上，这与 1791 年的宪法不一样，1791 年的宪法是将人民主权的信条和自由社会里人民政府的组织直接引了出来；在他们看来，国王的确是国家的唯一代表，社会所拥有的且被承认的一切权力都为国王所享有。在法典中，弗里德里希表述得非常明白：君王是社会的公仆、社会的代表、代理人，而不再是上帝的代表，然而能够代表社会的也只有君王，一切权利也由他独自行使。社会的唯一目的就是为社会谋利，同时这一目的也是君王的义务；他得到授权，对于一切单人行动，都可以为此目标进行调整和指挥。

这位社会代理人是全能的，同时他还有许多的重要义务，列举如下：维护国内安全与和平，避免暴力侵犯事件发生在任何人头上。缔结战争与和约是他在国外所拥有的权力，他是赦免、撤销刑事诉讼，制定普通警察制度和颁布法律的唯一持权者。

君主领导并监督着一切国内现存的公共设施与联合体，使得它们能够切实服务于国民的安全与和平。给予国家元首一定的实权和收入才能够更好地使他履行这些职责，这样，在制定捐税的时候，他就有了参考的东西——职业、人身、私人财产、消费、商业和产品等。在职权允许的范围内，公职官员以国家元首的名义发布的命令和元首本人发布的命令具有同样效力，应被遵从和执行。

我们可以看见，这颗头颅是完全现代化的，而他的躯体却充满了颓废和堕落。对于弗里德里希而言，他所做的不过是将那些妨碍自己权力运转的东西去掉，然而这具躯体却逐渐发展成为一个庞然大物，就如同两种创造物的过渡一样。弗里德里希在这奇怪的造物中不但表现出了对逻辑的蔑视，还表现出了对权力的关注，对于一切上还存在自卫能力的东西，他都不会选择与其正面冲突，给自己造成无谓的困难是他所不愿见的。

在农村，很多地方尚还处在世袭的奴役之下，仅有个别地区和地方除外。世袭奴役已经开始扩展到了占有者自身，而不仅仅是局限于占有一定土地所俱来的劳役和服役。

土地所有者的大部分特权都由法典重新确认，当然，这一情况是与法典的规定相悖的：法典中明确指出，当地方惯例与新法典出现不一致的想法的时候，应该以新立法为准。此外，除了履行司法手续和通过赎购之外，所有这些特权都不能被国家废除，这是在法典中庄严宣告的。

由于法典中确立了人身奴役，所以真正意义上的奴役（Leibeigenschaft）便被法典废除了，取而代之的是世袭隶属（Erbunterthänigkeit），这依旧是一种奴役，与人们在读法典本文时所推断的相吻合。

资产阶级与农民在这一法典中被精心地划分开来。而此时，教士、非贵族的高级官员、中学和大学的教师以及专门学校形成了一个中间阶级，处在贵族阶级和资产阶级之间。

这些资产者与贵族不同，同时也有别于其他资产阶级，但是和贵族比起来，他们显然是地位比较低下的。一般情况下，他们既不能在民政部门谋得最高的职位，也不能购买地产和骑士。除一些特殊情况外，他们是不能去宫廷的，他们没有谒见君王的资格，更不能携带家庭成员一同前往。随着时间的推移，这个阶级不断变得更有教养，影响力更加强大起来，然而，越是这样，其低下的地位就越让他们伤心。出身于资产阶级的他们已经占据了最繁重、最有座位的职位，哪怕这个职位并不显赫，这一点同法国一样。法国大革命也是由于这些对贵族特权的怒火而被大大促进，德国对法国大革命的大加赞赏也正是由这怒火而引起的。虽然制定法典的人也必然是个资产者，但他也是在遵循着主公的命令办事，这一点是确定无疑的。

弗里德里希认为，由于欧洲的古老政体尚还苟延残喘，所以即便在德国的那部分激起了他对政体的蔑视，但是还是要假以时日才能使那些残余彻底消失。贵族个人的特权还是给予保留的，只是对某些权力进行了限制，在规定范围内使用罢了，而剥夺贵族的权力便成为唯一治理和集会团体的权利。最后，这部法典（在法国哲学家的弟子的命令下拟定，大革命爆发后付诸实施的法典）成了最新、最真实的立法文件，封建不平等即将被法国革命从整个欧洲全废除，然而这部法典却为其奠定了法律基础。

法典中明令指出贵族阶级是国家的主要团体，因此，一些有能力的贵族将被优先赋予有荣誉的职位。而贵族财产是也只有贵族才能拥有，同样，创立代理继承，享受贵族财产所固有的司法权和狩猎权，赞助教堂以及用所占土地的名字为自己命名都是贵族才拥有的特权。而一些由于特别情况，资产者被批准占有贵族财产的，他们享受占有同样财产所赋予的荣誉和权利，但是会有严格的范围控制。当然，即便拥有了贵族的财产成为占有者，仍旧不能将这些财产继承给资产者的继承人，当然，如果继承人是第一亲的话是可行的。倘若没有其他贵族继承人或者这类继承人的话，死后的财产必须进行拍卖。

在法典中，附加的有关政治方面的刑法才是弗里德里希法典最独具特色的部分。

弗里德里希·威廉二世（弗里德里希的继位者）对于我所描绘的那部分封建专制并没有在意，仍旧认为他叔父的这部著作革命倾向严重，因此，一直到了1794年，这部著作才正式发表。当然，他之所以能够如此放心地发表是因为他认为法典中那些非常出色的刑法条文足以将其中的有害原则纠正。事实也的确如此，如此全面的刑罚自那以后再没出现过相似的，或者从来没有。刑法中，对于密谋和起义会施以最严厉的惩罚，甚至就连对政府的法令做一些不尊敬的批判也会遭到最为严厉的镇压。购买和发行一些危险的读物也是被严令禁止的，对于作者的行为，出版、印刷和发行部门要进行严格地把关。而一些化装舞会、舞会、公共场所的聚餐以及其他的一些娱乐活动也被定义为是公开集会，必须获得警方批准方可进行。言论自由和出版自由受到了专横而严密的监督。此外，携带火器也是被严令禁止的。

这部法典，有一半是取自中世纪，它所谓的中央集权制的极端精神与社会主义的精神有很多相似之处。例如法典中有一条：对于那些无权取得公社和领主赈济的，没有能力维系自己的生活的，国家会保证给予他们一些力所能及的工作，解决他们的雇佣问题、衣食问题以及工资问题。拯救贫困公民的一些设施国家必须建立。对于那些鼓励好吃懒做的基金，国家有权将之撤销，并用这些设施所拥有的钱财来赈济贫民。在弗里德里希二世的法典中，普遍存在着这样一个特点——有着大胆创新的理论，行事起来又是处处谨慎。虽然它宣布人人必须平等捐税，且称为是现代社会的一大原则，但是，那些提倡免除捐税的各省法律却依然存在着。还有，法典中指出，当君主与臣民之间出现争讼的时候须按照其他诉讼的规定和形式进行裁决，但是一旦出现这样的情况的时候，国王的感情和利益受到忤逆，它是不可能被执行的。而人们也是，一边在许多地方无声无息地破坏着法律，一边煞有声势地对桑苏西堡的风车大肆炫耀。

对于这一法典的公布，普鲁士民族丝毫没有感觉得到，这也能充分地体现出法典革新的东西其实很少，只是在表面上貌似改变了许多而已，因此，想要通过这部法典对 18 世纪末德国这部分地区社会的真实情况进行了解是不可能的。能够研究它的也只有当时的法学家了，像今天的许多开明之士根本就不会触及它。

p022 在德国，这些拥有完全土地所有权的自由农民充斥在各个时期各个地方。

在德国，曾经，有很多自由的农民地产所有者在这里，然而，一种永久性的限定继承制却制约着他们的家庭财产。不管土地如何，它都在一个家庭中以完整不可分割的状态存在。在家庭中，继承人是唯一的，所以只能由一个儿子来继承。继承人的选定大多以家庭中最小的儿子为主。在英格兰的一些地区，像这种确认继承人的习俗非常普遍。在确定了继承人之后，给他的兄弟姐妹们准备相应的嫁妆和资产便成了他们的第一要务。

农民继承财产的情况在德国非常普遍。那时，几乎所有的土地都是在封建制度的控制之中。在西里西亚，有许多的地产，甚至村舍都是被贵族阶级占有。然而，一些村舍却并不受贵族阶级的掌控，而是被当地居民完全占有。在德国，像是弗里西亚州和蒂罗尔州等一些地区，绝大多数都是农民继承得来的财产。

这种形式的财产在其他地区是一种普遍存在的情况，而在德国却是一种例外，而且在德国的大部分地区都是如此。这种形式的资产在乡村偶尔也会得见。一旦有人拥有了这种形式的财产，那么，即便他们是身份低微的地产所有者，在别人眼中他们也是与贵族的地位相当的人。

p023 **这些土地只是简单地易手而已，地产所有者的数目并没有得到明显的增加。**

土地的划分是如何受有息贷款的法律促进的？

无论其利率怎样，有息贷款都是为法令所不允许的。而且这种法令的效用一直持续到了18世纪末期。蒂尔戈曾向人们揭示，1769年，在很多地区都存在这样的法规。“尽管这些法规经常遭到人们的亵渎和反对，但是它们却仍旧在法典中残存。”他补充道。只要没有什么变化出现，领事裁判对于这种收取利息的贷款会持以默认的态度。然而，这种做法却受到了普通法院的谴责。很多刑事指控便是被这些奸诈的债务人造成，这些也很快被人们发现。这部分资金从债权人手里贷给他们之后却未发生任何变化，为了与自己的债权人相抗衡，他们便采取了这种方式。

这样的法规不但会对国家的商业生产造成严重的影响，而且还会对土地的划分和占有，以及对国家的工业都造成很大的影响。与它们相关的数额巨大的永久性资金产生了，其中涵盖了土地以及其他形式的财产。在很久以前，一些古老的地产主在其需要的时候总能够筹集到钱财，然而现在，他们不得不以一小部分财产作交换，来获取一部分永久性的租金和一部分现金。而这种情况的发生则是造成了两种情形：一是造成了土地的肆意分割，二是使得占用小规模土地的费用增加。

p025 **修道院成了法国唯一还拥有农奴的地方**。

封建税收由教堂堂主所占有，其中一个典型的例子就是 1753 年在法国建立的瑟堡大教堂。

这一时期，瑟堡大教堂拥有贵族的大量租金。在瑟堡大教堂内，它们常以实物或者现金的形式存在。306 蒲式耳重的小麦便是当时一个教区每次所缴纳的实物租金。像是圣日内维吾山领地诺、伊维尔太子港平原以及下杜鲁莱的贵族领地是为这座教堂所拥有，这些地区被教堂挖掘出来并重新进行整合，以联盟区的形式进行划分，且划分数量在十个以上。另外，许多半岛上的教区也要向教堂缴纳什一税，有一些距离那些教区是非常遥远的。

p027 **虽然封建制度已经退出了政治舞台，但是它在民事制度中的影响却是变本加厉**。

有一些机构长期处于领导地位，当它在自己的领地上建立起来后就会试图向范围之外发展，以图扩大自己的影响。虽然这一情形在这种法律结构中并非是高高在上的权力，但是在法律的结构未受到这一情形足够的影响之前，会一直持续。封建体制对于民事法律、个人所有权的地位，甚至是与人们私生活相关的方方面面都存在着影响，尽管它在政治法律面前已不再强势。在诺曼底的一些省份，遗产的继承深受封建体制的影响，其地产的划分方式极不平等，是按照中产阶级下限为标准划分的。虽然封建法律已经不再对土地所有者形成束缚，其管理标准也在现有土地上难以实施，但是几乎一切土地财产仍受封建体制的影响。封建体制所造成的影响除却个人财产的所有权之外还有市政当局的财产所有权。国家工业与封建体制通过征收费用密切地联系在了一起。国家工业的收入经常受到封建体制的影响，这源于它不同的征税。除此之外，它影响所有与金钱和利益相关的个人事务：其税款和租金都由地主替其缴纳，相应的劳务也由地主承担；它通过土地租金、专卖权以及土地变卖金等方式对农民的生活造成影响；其市场费和通行费大多都由交易者和商人为其支付。大革命自身也随着封建制度被摧毁而变得显而易见，从各个角度来讲，这种情形的出现使得人们对于个人利益接受和认可。

p034 **很显然，那些把手伸得很长的救济大业不是盲目地进行，就是一些突如其来的想法，永远满足不了人们的所需**。

有一定的偏向性是国家慈善事业的一大特点。

国王于 1748 年下拨的粮食达到了两万磅。在 18 世纪，饥荒时有发生，那年也正是发生了这种情况。教会之中，大主教对外宣称自己已经得到了帮助，且得到了帮助人们的唯一权力，当然，这一切都是以教区为局限的。然而区长却认为所有税区都该得到粮食的分配，且分配权都该落在他的手上。对此，双方还争论了许久，最后还是国王将粮食的数量增加了一倍，并且规定大主教和区长各分一半，才将这场争端平息。这种做法得到了双方的认可，并做出协定——大主教负责教区。这件事把议院和贵族们都牵扯其中，可谓是牵连甚广，我们在区长和议会长来往的信件中——特别是区长的信件——得到这样一件事实，大主教希望所有的粮食都发放在他所管辖的地区，当然，如果将大多数粮食都发放在蒙提斯班侯爵夫人所在的教区那是最好不过了。还有一些大贵族，他们同样通过信件来争取粮食能够发放在他们所在的地区，这些都能够在档案中有迹可循；一些议员也通过信件特地将一些人和其所在的教区指了出来。

p035 御前会议有时候不会考虑个人的想法，而一厢情愿地想要强迫个人发家。

区长所拥有的权力——即行业规范的制定。

有关工业规范的一些文件，已经填满了区长的档案袋。

在那段时间，不只是行业协会等机关和国家机构对工业造成了影响，政府的随意性也对其造成了严重的影响，而这种影响起作用的形式也是由区长们制定的法律法规以及国王议会做出的决议来实现。有这样一个特别的现象，区长对于如何选择纺织物、如何测算布匹、如何防止在制造过程中产生纰漏等问题表现出了超乎寻常的耐心。而其他手下的工作人员都是本地工业的监察人员和副代表。所以，相较于现在，在这方面的集中控制要显得更加随意、更加自由和普遍。但是也有弊端，它使得政府官员在数量上急速增加，使得人们的依赖性和服从性蔓延滋长起来。

在一开始，那些习惯是被灌输给资产阶级，以及商人和重视商业的人的，因此值得我们留意。而在没多久之后这种习惯就以胜利者的姿态出现在人们面前，而非是失败者。所以，革命旨在使它们的优势得到保证并加以扩散，而并非是将人们习惯摧毁。

综上所言，是我在阅读过大量的信件之后以及对那些以“化学品及布匹的研究制造”为题的机密文件做过了解之后而得出的结果。在法兰西岛所监管的档案中，这一切都可以被找到。一些详细、真实且繁重复杂的报告，我们能够在相同的档案中找到。而这些报告大多是由调查员走访制造商得到的，旨在使那些为制造业制定的规范得到保证，能够切实地被遵守。除此之外，各种行业规范也在区长的意志下由会议进行签发，该禁止的和允许的东西都包含其中：如某个地方都允许和禁止制造什么，纺织物中有哪些可以制造，那些不可制造，甚至连制造的方式也要做个规定。

我们通过阅读检察人员的监察报告能够发现，他们对于厂商的轻视是如此明显，使得厂商们尽职尽责是国家的权利及任务，这样既符合了公众的利益，又符合了厂商自身的利益。所以，让制造商采取最好的办法、讨论自己手中最小的细节等都是有必要的。同时，还有大量的违规者被检察人员公布出来，并给予他们大数额的罚款。

p035 各种职务得以在城市中通过购买获得，国王开始在各个城市中向居民们出售可以永久统治他人的权力。

路易十一时期的政府精神。

路易十一的政府精神在他给城镇所颁布的宪法中明确地体现出来，而其他文件则不能比它更有效地说明这一精神。对于他给曼恩、安如和图莱纳几个城镇颁布的一些法令，我曾有机会对其做深入的研究。我们在所有这些法令中都能找到一个相同的原型，这一点不难办到，因此这些法令无论是在设计上，还是在清晰度上，都是极为相似的。

通过这些法令，一个与我们印象中完全不同的路易十一出现在我们面前，给予我们更多的是陌生感。贵族们常常视这个国王为敌人，但是同时，除却残忍的一面，他又是人民诚挚的朋友。然而对于人民的政治权利以及贵族的政治权利他都态度淡然。下层民众受上流社会的压迫的减少是他通过资产阶级来实现的。之前，他是资产阶级的老大，而且超乎绝伦，对于贵族和民主他同样报以反对的态度。对于一些镇里边比较有名望的公民，他给予他们特权，并想尽一切办法使他们的重要性得到提高，并授予贵族头衔。他就是通过这些方法使得贵族的价值降低。政府的民主性还遭到了他的破坏。政府对于一些家庭圈子的限制都受到了他的限制，他们是想通过这一举动来对改革进行牵制，并从中获得足够的好处使他们的权利得到控制。

p048 虽然，我们之前所讲的很多制度被许多不同的地方争相仿效，但是它们仍然存在法国所特有的特点。

对于旧制度的行政中央集权制，也只有在加拿大，人们才能够最好地对它做出评价。

所以，如果我想对路易十四的政府精神和一些弊病进行评价的时候，去加拿大是最好的选择。这种感觉就像我在用显微镜来观察物体的变态一样。

在旧社会状况下和旧现象中，通常会出现大量的障碍与自由精神的自由发展进行对抗，这种对抗或是暗中的，或是公开的，然而在加拿大却不会出现这样的情况。贵族阶级在这里已经几近消失，即便还有残存也早已失去了根基，封建传统也已经几近消失或者变得模糊不清，统治地位也不再归教会所有，古老的习俗和古老的制度也在难以掌控司法权力。中央权力的发展已经不受任何阻碍，更没有谁能根据它的内在精神制定所有法律。因此，像是城市或者省级的政治制度，授权的集体权力以及得到承认的个人立法创议权根本不可能出现在加拿大。与法国的总督地位相比，这里无疑要优越许多；比在宗主国所管辖的事务也多了很多，有着将从巴黎统辖一切的趋势，尽管距离巴黎尚有 1800 法里之远；对于使殖民地物产丰富、人民安乐的重大决策，政府从来没有采取过，反而是想尽各种办法增加、散布人口，对种植施以强制政策，一切土地转让的诉讼都由政府独自审理，而不上交于法庭；强制人们在指定的地点定居，以固定的某种方式进行种植等，这都是路易十四时期所发生的事情。

科尔贝尔副署负责下达敕令。处在现代中央集权制之下，让人们感觉有一种身处阿尔及利亚的感觉。事实也的确如此，阿尔及利亚一直存在的状况都在加拿大真实地体现出来。人们能够在这两个地方同时看到一些政府，它们几乎与人口的数量不相上下；这些政府的特点就是非常活跃和积极，企图压倒一切，制定规章制度并强制要求人们去执行；对于一切它们都要进行预见和负责，它们非常了解被治理者的利益，甚至比它们资深都更加了解；它们不停地进行努力，但似乎都是白费力。

不同的是，英国人的地方分权制度在美国得到了广阔的施展空间，市镇也向独立式政府发展，成为某种意义上的民主共和国。那些一路顺畅发展的正式构成英国整体和风尚的基础的共和成分。在英国，几乎很少有真正意义上的政府出手管事，真正有所作为的是个人；例如在美国，个人相互联合起来，什么都可以干，而政府也可以说不参与任何事务。同一时期，加拿大的居民相较于法国居民来说对政府更加服从，因为没有上层阶级，而英国所管辖各州的居民独立于政权之外的趋势也越来越明显。

最终，一个完全民主的社会在这两个殖民地建立起来，然而在法国，是平等和专制混合的时期，最起码在加拿大是这样；自由与平等在英属各州结为了一个整体。1763 年，在这一征服的时期，英国所属的各州有 300 万人，而加拿大仅有 6 万人，很明显显示出两种殖民方式的物质后果。

p057 **“大家都能看得见，只要骑警队骑兵一出现，即便是那些看似无畏无惧地要超越天地的人也都要像老鼠见了猫一样安分起来。”这是基耶纳省议会所阐述的观点。所以，门口能有这样一队骑警队的骑兵是所有人的期望。**

有关组建新骑警的问题在上基耶纳会议上曾有过大声呼吁，并且要组建数个旅之多，在方式上，与组建一个旅的宪兵的方式基本相同，就像总理事会的阿维隆以及洛特所呼吁建立的宪兵方式一样。在想法上，它们出奇地相同：政府是一切命令的源头，而警察作为命令的执行者分散在全国各地，也就使得命令能够在全国各地被执行，因为警察的力量就是命令。在报告中有这样一段补充："每天都会在农村听到有关警察不在场的抱怨。"（如果不是这样，这自然就不会发生。对于这些问题，贵族和资产阶级们不是回避就是躲在城市之中，而留下来代表农村的都是一些鄙陋、粗浅的农民，这样的现状下他们是不可能获得丝毫权利的。）当然，也存在少数几个区与此相反，但那都是因为仁慈的领主们肯将权利和威望施加在他们属民的身上的缘故。因为农民的天然倾向就是其举止和性格的粗鲁和鲁莽，所以这一做法也不过是为了阻止那些农民的暴力行径而已。可以说，要想使得这些粗鄙、无知且愤怒的人群得到控制，除此之外别无他法。

这一讨论方式不仅是省议会贵族们允许自己被讨论的方式，而且是第三等级成员们公开对普通百姓讨论的方式，其中第三等级的成员占据议会人数的一半以上。

贵族们只保留那些仅仅空有外表的门面上的东西——领主的定期租金，而土地则一份份地出卖给农民。

租金的轻重在不同省份中的分量。

在工作中，蒂尔戈曾这样说道："在诺曼底，皮卡第和巴黎等一些富裕的省份或地区，这一种类会费的数字级别会是全然不同，这一点我应该做出指示。在这些地区，土地自身的产出是财富的主要来源，而地产主们则是想要将这些大型农场结合在一起，以图获得一笔不菲的租金。然而，领主所拥有的最大一块土地所获得的租金也仅仅是其所有租金中一个适度的份额而已，这之前只是把它当作一种最终来进行支付的。有一些省份并不富裕，所以在一些农业政策不同的地区，贵族和领主们几乎没有自己的土地。虽然他们所继承的土地已经被分割，但是实物租金却丝毫不少，因此那些土地承租人就要共同担负这一租金。在这片土地中所产出的大部分都要用来抵付租金，因此地产主的收入也几乎全部来源于此。”

p072 **发生在14世纪初期的一场有名的运动可谓世人皆知：为了抵制王权的侵害，捍卫各省特权以及国民自由，城市中很多资产者和贵族开始为了共同的目的联合起来**。

到了18世纪，一起讨论共同利益起了反种姓的作用，这一点从同一时期农业协会的文件中就可得到证明，尽管这些文件存在很少。在旧制度鼎盛时期——也就是在大革命前30年，才召开了这些会议，会议就理论问题进行了讨论，同时也只有这一理论的问题才能够引起讨论各种问题，而这种问题常常是不同阶级所感兴趣的。人与人之间相互接近，相互融合很快就被人们发现，非特权者的心最终被这些合乎理性的改革思想占据，特权者亦是如此，他们最终的话题也无外乎是有关农业和管理之类的东西。

旧制度的政府，旨在自身力量的追求，进而使得人们分化，而现今的政府是不可能存在这样的情况的。也只有这种政府才会在大革命来临之际仍旧保持着这种荒谬可笑的不平等现象，我想，哪怕是稍微渗透一些自治的思想，这个政府也能够发生迅速、根本上的改变，当然，如果不选择改变那就被淘汰。

p072 **有许多类似的插曲仿佛是从英国的历史中剪辑出来的一样，出现在那个时期我们的历史之中**。

人们的风俗、习惯和回忆早已经融为一体，因为各省自由是非常古老的，所以，对于新出现的自治制度，即便限制了全民族的自由，各省自由也尚能苟延残喘，但这并不是就此取消了普遍自由，所以认为能够长期维持或者任意创造地方自由的想法是不切实际的。

p073 对此人们也万般小心，只要是有一起交税的地方，征收的情况也是各不相同的。

在一些地方，即便是共同进行交税，其征收方式也是各不相同的，这边是特权阶级在税收中得到的特殊关照。

为此，蒂尔戈特意做了介绍，根据它的一些文件以及著作，我对于他的意见的正确性报以相信的态度。

特权阶级在征收人头税这一项上享有非常大的优势。从本质上讲，人头税在所有税种中属于任意性极高的一种，但是由于其辐射面广，涉及全体公民，所以具有一定的盲目性势力，是理所当然的了。还有人认为，人头税是一种简便易行的基础税种，有点儿像地毯式的征收模式。这个特殊的税种被特权阶级创造出来，自然，这个特权阶级就有了照顾自己的能力。但相对而言，那些低收入的人就很艰难了，他们是为人头税的主要来源，又没有人为他们出头。在各个省，特权阶级的人头税越来越少，甚至少到了一个不合理的额度，然而对于那些低收入者来说，这些税收金额却抵得上他们的全部家当。

还有一个例子是涉及常见税收不均的。

人人都要上交人头税，这是一个人人皆知的事实。征收此税则的委员会命令道：所有公民，不管是否享有豁免权、特权或非特权，一律上交人头税，或者按照比例上交，几乎将各个层面全部涵盖。

与法国君主时代的征收制度几乎相同，有特权的人所要支付的特殊税金总会少于国民普遍的人头税，因此在一些地方看似不公平的征税被取消了，但是它却依然存在着，这一点的确应该值得我们注意。

同样，1764 年，曾有法令试图组建一个平等的税务征收制度，然而我们却发现这样一个现象：一切有关征税的条款都倾向于对特权阶级的维护。此外，一些仅只是适用于特权者本身或者其授权代理人的目的和措施，都是以评估税金的价值为主体的，这是我们发现特权阶级享受另一特殊关照的情形。

p083 与法国不同，在18世纪的英国是穷人享有捐税特权，而非富人。

有关两种社会状况，我们在阿瑟·杨格《1789年游记》里面能够找到这样一幅图画，它机构精巧，画面细致，让我情不自禁地想到它。

攻占巴士底狱的第一次动乱的时候，也正是阿瑟·杨格在法国游历的时候。在一个小村子中，他由于没带帽徽而被一群百姓抓住，并且要将他押送到监狱。为了能够解决当时的困境，他试图跟这些百姓们进行沟通，对话是这样的：

“先生们，我刚才听见你们说捐税依旧要遵循以前的标准和流程走，虽然同样是需要交纳捐税，但我感觉大可不必这样。你们应该像英国人那样去缴纳捐税。在英国，甚至还有一些你们没有的捐税，但是只有富人才是捐税的唯一承担者，人民作为第三等级是不用缴纳捐税的。每个窗户在英国都是要纳税的，但是唯一不用纳税的是房子只有六个窗户的家庭。拥有一个小花园的所有者是不用缴纳军役税和二十分之一税的，但是领主们缴纳这些是必需的。小所有者们不像是那些富人一样，需要为他的仆人、车辆和马匹纳税，抑或为他们打到的山鹑缴纳自由税。更值得一提的是，英国特意为赈济穷人，还专门设立了一项有富人缴纳的捐税。所以你们应该学习英国的纳税方法，那才是最好的。”

“所幸虽然我的法语不怎么样，但是和他们的方言也没有太大的区别，他们终究听懂了我所表达的意思；我的这一段话深深地博得了他们的好感和欢呼声，我的好人形象也便在他们的心中树立起来，而且我也并没有令他们失望——第三等级万岁，我高声呼吁，又赢得了他们的一片欢呼，并且为我放行。”

p086 路易十五在八十年后的官衙管理上也深谙此道。

在法国大革命的旧制度时期，对协会自由、城镇自由的方式以及正式合同和既得权利都非常尊重。

在一则皇室的宣言中，有过这样的介绍："在战争时期的借贷，例如用于援助乡村、城市以及各类团体、慈善机构、贸易协会和医院管理层等，都是经过政府明确同意的，但是这些当时所需要的并被延缓偿还的其贷款利率此时却依旧有效。"

虽然这条规定表面上是放宽了人们还贷的时限，但是贷款所需的抵押不得不为人们深刻地去考虑。在这样一个集会和公众组织监督下的政府主体，人们很难接受这一旧制度时期的常见措施。在英格兰乃至美国，这种情形也在像罗马政策的反应中出现过。人们对法律的轻蔑在这时候就便愈发明显起来，如同轻蔑地方自由一样。

p087 "这种捐税已经演变为一种非常苛重的捐税，并不像最初那样一辈子才征收一次。"这是与他同时代的另一人所说的。

特权的出现给特权者提了个醒，它使得特权者明白特权在增加农户压力的同时也使他们自身的利益受到了影响，因此案例中的情形并非是唯一的一种情况。在农业社会时期，一位特权者在革命前三十年这样说过："一块价格昂贵的地产，债务人在征收时会因为非摊销性租金而变得困难重重，而且在是否是地面租金或封建租金上并没有明显的区别，这就使得这种地产征收成了一种自杀性的行为，也必然会导致地产的消失。为此所要付出的抵押品已经完全超出了他们的能力范围，他们根本无法筹集得到，同时他们又找不到买家将土地转售，所以，他们的地产也不得不被放弃。当然，倘若选择将租金摊销的话，那些站在利益一方的人会有层出不穷的办法将自己损失的抵押品和租金从其他买家身上获得，所以在这种情况下他们是有权为了避免自己的损失而拒绝租借的。在这之中，当人们感觉到安静的时候，人们就会试图去舒坦地改善并维护自身所享有的所有权。倘若各种租金能够以一种实用的方式进行分批偿还，这必然使农业更加振奋。对于这项政策，其中一大部分领主持以渴求的态度，并对此抱有很大的信心。地面租金所引起的一系列不良反应也会因为这种方式去激发人们去探寻、发表现实可行的方法的兴趣。”

p094 在代议制的37年中，政府所拥有的几乎所有反对权力滥用的保障都被贵族所觊觎，而且要求极其强烈。

在法国大革命刚开始的时候，不同阶级的思想感情尚未被革命改变或歪曲，那时候，它们能够真实地表达情感和思想，我想在所有革命中有这种情形的，也只有法国大革命了。在1789年三个等级所起草的陈情表中，我们能够找到有关这一事实的真实记录，我想这些大家都知道。当时，根据最为广大的人民群众的条件以及每一个等级的充分自由，这些陈情表和奏折被拟定出来，在一些相关的方面，起草人还对它进行了不断重复地思考，并且进行了长时间的讨论，所以，对于当时那个政府，它对国民讲话的时候要么只负责提问，要么只负责回答，并不是两者兼顾的。在所有的图书馆中我们都能够看到这一情况，在陈情表起草的时候，陈情表的主要部分被人们汇编，并分成了三卷。在国家档案馆里，存放着起草陈情表的会议记录和陈情表的原件，同时存放在这里的还有一部分信函——同时期内克先生和他的代理人对这些会议的讨论。将这些文献整理起来已经完全可以印成一本书了，而且是那种对开本的多卷本的书。这部文献能够充分让我们了解到先辈们在大革命爆发时的精神状态，所以，它也是旧法兰西留给我们的最为珍贵的历史资料。

上文所提到的印成三卷的摘要，在我看来也并不全面，只是其中的一部分而已，想要精确地再现这次大规模调查的特点是不够的，然而当我对这些缩减了的文献与比较全面的文献进行比较的时候发现，它们还是有很大的相似之处的。

为了使人们了解大多数贵族阶级的真实情感，我在这里对贵族阶级陈情表摘要进行简单叙述。这部分摘要中显示，贵族阶级中的绝大多数人会心甘情愿让出一些特权，或选择牺牲哪些特权，同时，对于一些旧特权选择顽固地坚守，这些我们都能够看得一清二楚。人们还能从中发现，在政治自由的问题上，当时整个贵族阶级的精神无不受其影响，为之激动。这幅画面是多么凄惨而怪异啊！

个人权利。首先一份明确的宣言需要起草，应贵族的要求，此宣言会对人们的安全和自由做出保证。

人身自由。取消黑奴贸易，废除奴役制是贵族们的迫切希望，在他们看来，在所有还存有封建领地奴役制的地方都应该实施这项措施。此外，旅行和居住不应有国度限制，人们可以在自己想去的地方任意去留而不会遭到逮捕；对警察制度的一些固有弊端进行改革，加大法官的控制权，即便是在骚乱时期，法官也能够掌控一切，而非警察；只有本来的法官才能对个人实施逮捕和审判，所以应撤除原有的非法拘留所以及国家监狱，甚至连巴士底狱都有贵族要求予以铲除。在这一点上巴黎的贵族态度最为显著。

国王密札或所有密札都应该被严禁。倘若遇到国家危机的情况，对于那些不得不逮捕的公民，在逮捕后应保证不会对其滥用刑法，或者将这一事件上报给国务会议，用一些其他方法等，当然，这一切都是在不立即送交给普通法院的基础上。

贵族阶级认为，对那些推行和下达专横命令的人应给予最严重的刑罚；所有特别的或者权力分配的法庭、特别的委员会、延期判决以及辩护等都应该革除，普通法庭是唯一保留下来的法庭，为保障个人自由，应采取一些必要的措施，在刑事犯罪的问题上，这一表现尤为明显；必须撤销无益的法庭，受理裁判也必须是免费的。其中一份陈情表这样说道：

“行政官员是为了广大的人民而设立的，不应该本末倒置。”在大法官的辖区范围内，人们甚至要求为那些穷人们设立免费的辩护人以及委员会，此外，还要求必须公开预审，诉讼人的辩护自由必须得到保障；在遇到刑事犯罪的情况，被告方一定会被指派一名顾问，诉讼的整个程序中，法官一方需要有一定数量的公民进行辅助，这些公民大都是与被告人身处同一等级，对于犯人的犯罪行为应根据他的不法行为以及犯罪事实进行宣判；英国宪法往往是人们在这方面经常引用的；根据不法行为的情节轻重，刑罚也会或轻或重，刑罚的轻重也不会随不同的人而改变；刑讯拷问、肉刑、体罚等均被取消，而死刑的判处概率也是少之又少；最终，囚犯的处境必须得到改善，其中以刑事被告为甚。

在陆海军的征兵中，人们必须想尽一切手段使得个人自由得到尊重，陈情表中充分表明了这一点。必须达到金钱给付与服兵役义务之间的转换，进行征兵抽签的条件就是三个等级的代表都在的情况下，这样，公民和自由人的权利与纪律和军事服从的义务便能够互相结合。必须取消那种用面刀抽打的行为。

财产是自由而不可侵犯的。在陈情表中，除却一些必不可少的公益原因外，财产是不受任何侵犯和损害的。如果在公益情况下对财产造成侵犯，高价补偿是政府必须做到的，而且不得有任何拖延。没收充公的字眼儿应该就此消失。

工业、商业以及劳动自由。工商业自由必须要得到保障，因此授予某些公司的一些其他特权以及控制权都必须予以取消，关税也必须向边境转移。

宗教自由。在法国，唯一占有统治地位的宗教是天主教，但是每个人的信仰自由不应该被剥夺，对于那些非天主教的公民，他们的财产以及地位，我们应该给予恢复。

邮政的保密不受侵犯以及出版自由。关于普遍利益的各项权限，法律应事先就做好规定，保证出版自由。教会只审查一些涉及教义的书籍，而不会去审查其他的任何人；为了方便知道作者以及印刷者，其他书籍采取一些必要的防范措施就可以了。许多人认为，将出版罪交由陪审员审判是唯一的途径。

邮政必须要得到尊重和保密，只有它不受侵犯，控告的理由和手段里才不会出现信件的影子，所有的陈情表都坚持这一点。陈情表还非常干脆地说，拆读他人信件是侵犯了公众信仰的，是可耻的，是间谍的行为。

教育和教学。在贵族的陈情表中，谈及了对教育应当积极关心并给予赞助，使得无论是城市还是农村，孩子们都能有依照自己的预期得到相应的领导教育；给孩子们尽心国民教育是尤为重要的，公民应该履行的权利和义务必须让他们学会。陈情表中，为孩子们撰写讲义问答是给予人们的要求，在编写这些宪法的要点的时候，应力图适用孩子们所能够理解的方式。即便是这样，陈情表也没有指明运用哪些手段和方法使得推广教育更加顺风顺水，它只是起到了呼吁的作用，让那些贫困的贵族子弟对教育设施进行建造。

对人民关心是必须的。要给予人民尽可能多的关心，许多陈情表都坚持这一点。对于警察在规章中滥用职权的行为，很多陈情表都持以反对的意见，据他们所说，有很多有用公民和手工业者仅仅是因为犯了错误或者遭受怀疑便被人投入监狱或者国家监狱，期间未经过任何审判，这无疑是对天赋自由的一种践踏。因此，所有陈情表对于废除劳役制都是惊人的一致。在多数法官所管辖的区域内，通行税，使用领主面包烘炉、磨坊税均允许赎买。同时，废除世袭领地税，减轻很多封建捐税的要求不断出现在陈情表之中。其中一份陈情表这样说道——土地买卖容易起来无疑是对政府有益无害的。同时，这一理由也成了另一些要求的理由——要求废除一切领主的主权，要求对不可转让的法人财产进行出售等。为了减轻农业所受到的损害，陈情表要求减轻鸽舍权。陈情表中同样要求立即予以废除的还有王室狩猎总管管区，虽然这是专门用来保存国王猎物的设施，但是却侵犯了财产权。陈情表中表明，现行捐税较重，应换以人民负担较轻的捐税。

贵族阶级认为，想办法普及福利和富裕在农村尤为重要；为了使得农村人在农闲季节有事情干，应在农村建立粗布纺织厂；为了预防饥荒，使食品价格维持一定的比例，应建立公共粮仓；想方设法完善农业，使得农村的情况得到改善；此外，一些公共工程也需要增加，其中防洪防涝、排干沼泽尤为重要；农业和商业在各个省都该得到鼓励。

陈情表中认为，应该将分散在各区的小型收容所撤除，用慈善工厂取代那些乞丐收容所；救济金库在省三级会议的领导下建立起来，各省更是为了给穷人们免费治病纷纷将医师、外科医生、助产士等分散在各个区；对于人民来说，法庭是永远免费的。聋哑人、盲人、弃婴等都需要创建各种设施满足他们的生活。

一般来说，一些重大的细节问题贵族阶级是不会去考虑的，他们只限于在所有问题中考虑自己改革的愿望。不像是下层教士那样长期生活在下层阶级当中，贵族阶级对于民间的疾苦根本就不了解，所以，像如何医治这些苦难者根本就不在他们考虑的范围之内。

由贵族担任公职时，贵族地位荣誉权与等级制的问题。由于社会地位的差异以及贵族的等级制，贵族阶级最终与要求改革的普遍精神相背离，虽然他们做出了很多让步，但是对于旧制度的一些原则却是固执得很。在这里，他们能够感觉到，战斗一切是为了自己的生存。在贵族阶级的陈情表中，要求维护贵族的特殊等级地位以及教士的等级地位。陈情表中，为了保持贵族等级的纯粹性，那些以金钱为代价换取贵族头衔的行为便被禁止，更不会在某些场合授予封号，当然，那些长期为国家效力的人除外。面对假贵族，陈情表中迫切希望对其进行起诉。贵族的全部荣誉最后都在陈情表的坚持中被维护着。有的陈情表会提出要求，给贵族颁发一个特殊标记，使得从外表即可认出来。

贵族与平民之间虽然在社会地位上有差异，但是却又如此完全相似，基本没有这样的要求更加典型和更能证明这一点的了。虽然贵族们在陈情表中对一些权益表现得很随和，但是对于他们的荣誉权仍旧固执己见。他们既要保持他们所固有的特权，又要尝试发明他们所没有的特权，民主的浪涛已经将他们淹没，使他们对于自己的生存产生了深深的恐惧。这种危险他们全依靠本能预感，但是对此却全无意识，这是多么奇怪的一件事啊！

在职务的分派上，捐纳法官职位被贵族要求予以取消，当关系到这类职务的时候，国民会向国王推荐所有公民，并且根据年龄，国王对他们一一加以任命，从不偏袒。在军阶问题上，大多数陈情表都不排斥第三等级，因为军人能否得到晋升甚至达到最高官位完全在于他是否有功于国。其中有几本陈情表这样写道："将第三等级排斥在军职大门外的法律是不被贵族等级所赞成的。"不需要低级军官的特殊特权，直接担任军官的权利被贵族的要求。差不多所有的陈情表都确定这一点——要求军队的分配规章适用于所有人，除却高级军官，年资是取得其他各阶军官的主要途径，将军衔全部留作恩典是不可以的。

陈情表要求，有国王创立委员会，或者是恢复有奉圣职选举制，向国王提出意见决定有奉圣职的分派，这便是教士职务的问题。

最后，陈情表提出，今后分发年金时不要将注意力集中在某些家庭，而是识别能力要更强，同时拥有一份以上的年金是不允许存在的，同时领取超过一个职位的官俸也是不允许存在的。职位继承人的制定权必须予以废除。

教会和教士。问题涉及教会的组织和特权的时候，便跟贵族阶级的权力和特殊结构没有任何联系，因此贵族阶级便失去了之前那种细心斟酌的态度，他们往往是瞪大眼睛盯住弊端不放。

教士在贵族阶级的要求下，不得不偿还债务，享有免税权，而且不得将这一切转嫁给国民，也不得不对修道会进行彻底的革新。很多陈情表中表明，这些修道会的精神已经完全背离了教会。

在大多数大法官所管辖的区域内，有很多陈情表要求减轻什一税，甚至废除什一税，为的是使农业受到的危害减小。其中一份陈情表这样说道："本堂神父征收了什一税的绝大部分，但是他们却很少将之用来给予人们精神上的庇佑上。"根据第二等级的话语，我们能够看出他们对第一等级的不满，更不会对教会报以客气的态度。在很多的大法官管辖区域，三级会议开始被赋予权限，有权对某些宗教等级予以取消，并且有权将教会的财产分配作为其他用途。17 个大法官辖区声明，三级会议拥有制定教规的权利。很多的大法官辖区这样说道：宗教庆典的节日太多会助长游手好闲的风气，对农业有害，所以必须大量废除或者推迟到礼拜天。

政治权利。陈情表中表明，有关政治权利，所有法国人都应参与政府，这种参与或直接或间接，也就是说拥有选举权与被选举权，不过这一切都要建立在地位等级制的保持上，所以即便是个人被提名或者是提名，都要在本等级的范围之内。国家的所有等级都可以认真地参加国家事务的领导，待这一原则得到确立，国家所有等级也因此以制度的建立而得到确保。

三级会议议会的表达方式多种多样：要求按等级进行分开投票的占了绝大多数，认为捐税表决应属例外的也大有人在，还有一些人认为，这样的表达方式应该作为定例。他们这样说道："唯一合理的形式是按照人头计算选票，而非依靠等级，也只有这样才能够消除团体利己主义这一万恶的形式。它能够让人们团结起来，把国民引导到一个国民所期望的结果上，因此它是集爱国、伟大品德以及知识于一身的议会。"然而，这项革新不能够操之过急，否则会在目前的精神状况下产生危险，随意必须要小心谨慎，很多人都是这样认为的，是否要将依人头来进行表决推迟到下几届三级会议才最好，这必须要经过议会的判断。贵族阶级要求，每一个等级都该有法国人所应有的尊严，所以，旧制度下的第三等级被迫服从那些侮辱的形式势必要予以废除。一份陈情表中这样写道：“在这些形式中，一个人给另一个人下跪便是有损尊严的事情，因为人与人之间是天生平等的，这样会让人感觉到卑贱，与其基本利益完全不符。”

就政府的形势而言，宪法和制度上的原则应该采取的方式。贵族阶级对于政府的形势有着这样的要求，既要使得君主政体得以维持，使国王本人的司法、立法和行政权得到保护，又要确立根本法，使得国民执行权力的各项权利得到保障。

是以，几乎所有的陈情表都声明，国民有权召集三级会议，而且为了保证会议的独立性，三级会议成员的人数必须要符合要求。陈情表中宣布，今后会定期召开三级会议，每次新国王即位的时候虽然不会发放召开会议的通知书，但是也会召开三级会议，甚至许多大法官辖区希望这种议会被定为常设会议。在法律指定期限内，如若三级会议不能按时召开，人们有权利拒绝缴纳捐税。有一些陈情表中认为，必须在两届三级会议的间隔时间内，建立一个中间委员会——负责监督王国政府的组织，但是对于建立中间委员会的想法，大多数陈情表中持以明确的反对态度，并且声称这是一个完全违反宪法的委员会。他们所担心的就是这个与政府并存的小议会会经不住政府的诱惑和挑唆，这个理由听起来非常奇怪。

对于大臣们解散议会的权力，贵族阶级要求予以消除，同时，大臣们若想要用一些阴谋诡计对议会的秩序进行破坏，将会受到法律的惩处；对议员的要求很严格——政府官员或者与政府存在某种依附关系的人均不能成为议员。陈情表中还提到，议员的人身是受保护的，因为表面的政见而对议员起诉是不允许的，此外，议会会议应该实行公开制度，通过印刷的形式对当时的情况进行传播和讨论，使得国民能够参与到这个议会讨论中来。

贵族阶级还达成一致，认为各项制约国家政府的原则应在不同部分的领土智力上付诸实施，所以，各个省、区和教区必须建立议会，而且议会的成员都是自由选出且定期任职的。

很多陈情表中提出，必须将总收税员与总督的职位取消，而且所有的陈情表都认为，今后负责摊牌捐税的只有省会议，同时省会议还负责对省里的一些特殊利益进行监督。陈情表认为，三级会议是他们今后的唯一依靠，而且不论是教区议会还是区议会，在今后都将依附于三级会议。

立法权以及权力的区分。贵族阶级要求，聚在一起议事的国民与国王之间的权力划分，必须通过国王以及三级会议的同意，才能使得法律生效，完成法院的注册；至于捐税的数额，也只有三级会议才有权设立确定；给予津贴也是在两次三级会议召开的间隙才能够实现；那些没有经过三级会议的同意而设立的或者征收的捐税一律被定位是非法的，而那些下令征收这种捐税的相关人员（大臣和税收员）则会以贪污犯的名义被提起诉讼。

借款也是需要由三级会议同意才能实施的，贷款只有具有三级会议的决定才可能开放，在一种重大灾害和战争的影响下，政府不得不动用一笔贷款，当然，如果能在短时期内召开三级会议，那就不必动用了。

此外，在三级会议监督之下的还有所有的国库。对于各部门的收入和支出，三级会议都非常了解，为确保收支平衡，它必须采取最为可靠的措施。

对于一些令人生厌的税目，如：百分之一得尼埃税[1]、登记税和批

[1] 得尼埃税：除了直接继承或婚姻契约赠与外，财产和享有不动产的一切转移，均须纳税百分之一。此税于1703年制订，以作登记费用，在旧制度末期已达近850万里佛（1得尼埃等于十三分之一苏）。

准税等，这些都在过往的税务局名下，然而大部分陈情表都强烈要求取消这些税则。还有一份陈情表这样说道：“税务局本身这个词就是对国民的伤害极大的，因为它向人们宣布，那些本属于公民的财产的真正部分却归为了国王所有。”省三级会议掌管一切未经让与的领地，而且想要颁布一些法令也必须得到三级会议的同意才可以实施，例如有关财政问题的敕令、法令等。

按照贵族阶级的想法，全部的财政管理权终将通过省会议和三级会议授予人民。捐税的征收以及规章制度或者是借款都属于这些管理权的范畴。

司法权。很多陈情表这样宣布，在司法组织上，贵族阶级经常使法官的权力大部分是从属于聚会议事的国民。

“出于自身的职守，法官必须对聚会议事的国民负责。”没经过三级会议的同意，法官不得被免职；同样没经过三级会议的同意，不得以任何借口扰乱法庭行使职能；最高法庭以及最高法院的渎职的最终审判由三级会议执行。在很多陈情表的意见中，我们了解到，国王任命法官首先要考虑人们的推荐。

行政权。所有行政权都由国王掌控，然而为了防止专权的出现，一些必要的限制也是必不可免的。

例如，在陈情表的要求以及行政管理上，对于聚会议事的国民，大臣们要负责，不同的账目也要印刷出来公布于众；国王必须在向三级会议表明意图之后才能运用部队来进行对外防御。而在国内，能够用来对付公民的也都是经过三级会议的征调的。必须限制部队的人数，平时在第二兵员中只留下三分之二就够了，而那些政府雇用的外国军队则必须远离王国中心，派到边境去。

在贵族阶级的陈情表中，贵族浸透他们时代的程度令人啧啧称奇，这是任何摘录都无法再现的事实。时代的精神为他们所拥有，时代的语言也为他们所掌握。对于社会公约中一些固有的原则，以及一些不可剥夺的人权，他们都有谈及。当然，在涉及个人的时候，个人权利才是他们所真正关心的，而在涉及社会的时候，他们便将心思转移到社会义务上。在他们看来，政治原则与社会原则是一样绝对的，他们拥有共同的基础——理性。例如，他们认为，废除农奴制的根本目的就是将人类堕落的最后影像消除。对于路易十六，他们经常以公民国王来称呼他，对于危害国民罪，他们曾屡次谈及，后来人们经常认为这条罪状是他们所发明的。与其他人一样，他们认为尽力地去发展公共教育才是正途，而国家正是领导公共教育的主力。其中一份陈情表这样说道，根据儿童教育中的一些变革，三级会议开始将一种国民性格灌输进来。对于立法的统一，他们所表现出的爱好强烈而持久，只是在涉及等级问题时便有了不一样的看法，这个同时代的其他人一样。他们同样要求度量衡和行政的统一，这一点与第三等级几乎相同。虽然各种改革他们都有提及，但是改革的彻底一些才是他们所期望的。依照他们所说，所有捐税都需要废除或者改变，无一例外；除了领主司法，所有司法制度都应该进行变革，因为领主司法只需完善一下就好了。像是对待所有其他法国人一样，对待他们就像是对待法兰西的一块试验田，在这里，除了生长着他们个人特权的小天地之爱，一切都将翻转过来，并值得去进行尝试，有一种模范农场的感觉。此外，我还应该为他们说句公平的话，哪怕是这么一块小场地，他们也没有遗漏。从贵族阶级的陈情表中我们深刻地体会到，如果这些贵族是平民的话，那么这场大革命必定由他们发起，这一点人们能够非常肯定。

p095 **在其限定的范围之内，种种约定俗成的限制制约着教权本身。在这里，一些低级的教士既不必担心来自上级的暴虐，又不必担心被主教滥用权威胁迫他们向君主违心服从，因此他们在这里还是有着严格的保障的。**

18 世纪中期，在一个宗教政府下的基督教省份，有大主教、七位常人牧师以及两个基督法庭（人们称为官方机构）和两个财政法院。

其中官方机构有两个分支：其中一个叫作“宗主机构”，有对副主教的判决进行管制和审议的权力；而另一个被称为“教区主教机构”，对符合圣礼的联姻教士间的个人诉讼进行监管。而“教区主教机构”中，又有很多的公正及律师人员在里边工作，包含了三个管辖机构。

两个财政法院：其中一个财政法院被称作是“教区办事处”，对于一切跟牧师有关的税收案件，这个机构都具有管辖的权利，而且这些税收均为神职人员自己设置的。这个法院包含了六位牧师以及一位负责主持的主教。而另一个财政法院是对上诉法院提供的一些诉讼（基督教省份中，有关教区教士的财政诉讼）进行处理。对于第三方的认罪证据以及来自律师的供词，两个法院均给予接受并承认。

p095 **他们在这些行业上的技术水准已经等同于或者高于那些负责同类事务的教外人士。**

在省议会以及升级地产中，神职人员所体现的精神。

在 1779 年和 1787 年的各省会议中，尤其是基耶纳省会议，郎格多克情况在这里极为适用，而且这一情况我已在前文中有所提及。在参政时，该省议会中的神职人员大多都表现得最为豁达、积极而开明。当时罗德兹主教还提出过这样的建议：向公众们公开议会召开的全过程。

p098 **资产阶级被一些特别的小团体分裂成无数个部分，使得人们在被分裂出来的各个部分中只顾及得到小团体的权利和利益，进而忽略整体的利益。**

民间的社会关系始终如一，而政府的社会关系却未得到建立，这一点尤其值得我们注意。不同阶级之间的关系是始终存在的。此外，那些曾经使得平民和贵族得以保持密切联系的东西也始终存在。对于存在于民间的这种情况，政府是有足够的感知力的，对其所造成的后果也了如指掌。这些民众在这样的关系下组成了一个整体，但是却极其缺乏规则和组织，然而即便是这样，政府对他们控制起来依然存在一定的难度。奴役和平等也正是在这种社会背景中取得了相同的条件，这时的社会关系已然被大革命摧毁，但同时新的社会关系却没有在革命的废墟中萌生出来。

p099 政府的行为也就被法官们干脆地称为是武断与专制的举动。政府受到法院的不正规地干涉。

在面对某些专制独裁的时候，法院始终有其自己的方式，下面我们通过一些例子来阐明这一点。

在当时的各个教区中几乎都存在着这样一个惯例——设有两个理事，其中一个理事是由当地居民在副代表的主持下选举而出的，而另一个理事则是负责对前一个理事的监督，这些我们能够从 1781 年的一份报告中看出端倪，这份报告是当时的巴黎区区长提交给总审计长的。其中在吕埃教区内就有过两名理事之间互相争执的情况，原因是那个被居民选举出来的理事不甘对区长任命的理事服从。而这名被居民选举出来的理事就被区长告知布里德耶公爵，并在区长的影响下在拉斯福被监禁 15 天，当然，这位理事的职位也自然被取消，改由他人代替。对于这种情况，最高法院一旦收到请愿书（被监禁理事的请愿书）就立刻提起诉讼。诉讼书中是这样讲的：这名理事的职位是经过民众选举而获得的，然而即便是这样也遭到监禁和撤职，这种做法明显是专制独裁的行径。然而对于这份诉讼书的更准确的记录，我却始终没有找到。在一些情况下，一些正义的言论在那段时期是备受压制的。

p102 我们是没有权利去瞧不起我们的先辈的，因此我们还要善于在他们的缺点与偏见之中发掘他们的伟大之处。

被压制和征服的群体中始终没有知识分子和富有阶层，这是在旧制度时期所特有的。然而事实上，由于国王既不敢将这些阶层驱赶到自己的外面，又不敢对他们施加伤害，所以，在他们之中包括资产阶级在内的所有人都是非常自由的，可以按照自己的心愿去做自己想做的事情，因此国王政府始终存有这样一个观点：让这些人对自己的态度保持宽容，使他们不再有反对意见，时时刻刻屈服在自己的恩典之下已经势在必行。在18世纪，法国的这些阶层的成员更加容易对政府实施反抗，并迫使政府优先考虑他们的利益，这是在同一情况下相较于英国人而言的，而且说得很公平。与英国政府相比较，在很多类似的问题上，法国政府认为在自己前行的旅程中要格外谨慎、小心。最错误的莫过于把自由与独立相互混淆。应为一个自由的民族必然是独立的。

p102 **这种自由是极具生命力的，虽然形态发生了改变，范围也非常狭窄**。

在马耶讷地区，其农户是众多村民中的一种，在此，我发现了在这一地区的租赁原则。这些农户在人们的眼中就是一群身份卑微的佃农。他们一无所有，但是却又不得不付出他们所现有的，哪怕是一些生活中所必需的工具。对于限制他们自由的地主阶级，这些农户没有任何义务去对他们仁慈，这是显而易见的道理。因为这些封建地主阶级所玩弄的一些手段要更甚于在中世纪时期，甚至比之更加严苛和残酷。

p105 **但这一做法很容易部分地刺激人们对此制度产生应有的仇视和愤恨**。

那些内心孤立的人们本应该聚在一起，是牧师运用租金的手段将其分开的，下面我讲的就是这个例子。

诺塞亚教区的牧师曾向人们宣称：对于他的印刷厂和谷仓，本教区的人们有义务对其进行休整，而其所造成的损失则依靠地方税来弥补。这里的管理者是这样说的，当地的居民负责修缮牧师所管辖的地区。牧师掌管着印刷厂和谷仓。租金对于牧师来说极为重要，其重要性甚至超过了他的牛群、羊群。

p111 然而就是这样的想法却是很自然地在那些谋利者的心中深居下来。

道路修建所需要的两大资源——金钱和劳力。而在这之中，无偿的劳动力是十分重要的，因为工程需要这些劳力，这也是最主要的工作，一些普通的赋税相较而言就比较次要了，但是这却是能够让桥梁公路工程局保证工程有效实施的一个不可或缺的条件。对这些工程最感兴趣的莫过于那些享有特权的贵族，因为他们不用服徭役，也就不用担心付出劳力，甚至有的投机取巧者，在人头税和道路桥梁税一起征收的时候将之混为一谈，从而获得双重的豁免权。

p112 徭役所担负的范畴也越来越广，如：押送乞丐进收容所、押送苦役犯重返监狱以及军队换防时军队用具的搬迁工作等。

蒂尔戈的记述和描绘不带丝毫的夸张性，对于那些损失和负担，让那些被奴役的劳动力被驱使着去运送物资，这一切我都在材料中有所发现。此外，他还指明了这一措施的一个缺点——即这副重担在分派上极不公平。其中一小部分教区受其位置的影响而被选中，最终成了它唯一的倚仗。这些被选中的教区，相互之间基本是在五六里之间的距离，也有的达到了十至十五里之多，如果在其间转一圈儿的话，起码要三天的时间。在那些领主身上所摊派的份额也就占所有花费的五分之一。夏季，这些义务劳动力在需求上始终有增无减，即便是在农忙的时候也无可避免。而在那段时期，耕牛总会因为过度的疲劳而病弱不堪，所以，领主们大多都不愿意将自己的车或者四头耕牛先出去，而是选择缴付十五或者二十里弗尔。逐渐的，一些欺负、凌辱的行为就开始蔓延开来：农民们总是在士兵的武力之下残存，而官员们的要求也是所应得的。我们经常看见这样的情形：士兵们会吆喝着把耕牛套在车上，对于已经满载的车辆，他们始终坚持自己也乘坐其上；当耕牛的速度缓慢时，他们就会急不可耐地用剑刺耕牛，促使其加快速度，对于这些，即便是农民就在旁边也不敢有丝毫怨言。

p122 有关政府问题的普遍抽象性理论，他们为何如此兴趣盎然和盲目相信？这与作家们本身所处的境地有很大的关系。

18 世纪，有人对哲学做了分析。在他们看来，18 世纪的哲学就是对于人类理性的过渡崇拜，并且能够借此对规章制度、法律和风尚进行随便更改。确切地说在这些哲学家里，一部分人是崇拜自己的理性，而非是人类的理性。对于公共智慧产生置疑的从没有像他们那样那么严重。对于那些蔑视群众如同蔑视仁慈的上帝一样的人，我可以罗列出许多。在民众面前，他们就像一个个暴发户一样，炫耀着自己的骄傲，而在上帝面前，他们则又是一副竞争对手的嘴脸。就像服从神的意志一样，真正服从多数人的意志也是如此，但是对于他们来说却是风马牛不相及的。这一双重的性格几乎在所有的革命家身上都出现过。在这里，完全没有体现出英国人和美国人对他们的公民的情感的尊重。在他们的国家中，理性固然是使人们充满信心和自豪感的，但是不会不讲理，也正因为这样，理性产生了自由，只不过我们的理性还发明了一种新的奴役方式罢了。

p134 我们这种非宗教的哲学在很久以前就在他们那里传授了，甚至比法国大多数哲学家出世还要早，比如正是柏林布鲁克培养了伏尔泰。

“有一些伟人，给宗教造成了致命的打击，他们是霍布斯、沙夫茨伯里、伏尔泰和丰特内尔、柏林布鲁克以及科林斯等。对于他们曾经一向愚蠢地崇拜的东西，他们开始进行检查，用理性将迷信驱逐，人们开始对于自己曾经信以为真的神话不屑一顾。有大量的宗派信徒崇尚自由神论。如果说异教徒的偶像崇拜受到了伊壁鸠鲁主义的严重损害，那么今天，我们的祖先所接受的犹太教观念也同样受到了自然神论的损害。在英国，思想自由开始兴盛，从而也促进了哲学的进步。”这是弗里德里希二世在回忆录中提到的。

弗里德里希二世在写这几行字的时候是在18世纪中期，这从上面的这段话中就可以看出，而且还把英国当成了废宗教信条的发源地。我们甚至还可以在这里发现一件惊人的事情：有一位君主，他精通国务科学和人文科学，对于宗教的政治效用他没有提出质疑，然而由于他的老师们的精神错误，从而使他固有的精神品质也受到了影响。

p152 **在君主立宪制的37年里，是唯一能够在这个方面与路易十六统治时期相媲美的时期，也是我们和平、迅速发展的时期**。

这种精神进步在法国的18世纪末期出现，在同一时期，德意志也出现了，此时改革政治制度的愿望随处可见，下面我就引用一下一位德国历史学家对当时德国发生的事件的描述：

“18世纪后期，教会领地本身开始融入新时代的精神。在那里，人们开始实行改革。到处传播着宽容和技艺，并且一些开明专制已经在一些大国处于统治地位，这一点在德意志就已经出现了各种迹象。可以这样说，像这样值得尊敬和杰出的君王，在整个18世纪，在法国革命的前后几十年里，在这些交会的领地中，根本就没有出现过。”

我们可以看见，人们所描绘的画面与法国当时的场景毫无二致：在同一时期，改良和进步共同兴起，在大革命即将将一切吞噬的时候，一个最有资格进行统治的人物横空出现。

这让我们不得不承认，很明显德意志的这一部分依然身处法兰西的文明与政治运动之中。

p153 其中，形成这一现象最重要的原因在于推动整个英国的立法精神，而并不是这套法律有多好。

虽然，一些国家的政治体制的附属部分并不完善，但是，如果这些体质遵循精神富有生命力这一原则，那么这些国家一定具有繁荣昌盛的能力。我们可以通过研究上一世纪英国的司法体制便可以清晰地看到这一现象。向我们充分证明了这一点的是，布莱克斯通。

在英国，有两大引人注目的多样性被发现——法律的多样性和执行法律的法庭的多样性。

一、法律的多样性。

首先，在这些地区的法律都各不相同，如：爱尔兰、英格兰本土、大不列颠的各欧洲附属地、苏格兰、诺曼底群岛和马恩岛等。

其次，英格兰本土上存有四种法律——罗马法、习惯法、衡平法和成文法。其中习惯法的本身便是通行全国的普通习惯法，或是行于某些城市、领地或者某些阶级的特殊习惯法，商人习惯法便是其中的一个。这些习惯法相互之间有时候会存在很大的差异，例如有些法律就与英国法律的普遍倾向的习惯法相对立——遗产（gavelkind）按规定由所有的子女平分，并且由最年幼的子女继承本该属于长子的继承权。

二、法庭的多样性。按照布莱克斯所说，由于法律设置出了不同的法庭，所以很多惊人的多样化也便呈现出来，下面就是简单的分析：

首先，爱尔兰法庭和苏格兰法庭是在英格兰以外建立的法庭，在我看来，英国的贵族法庭将是它们的最后总归宿，但是它们不会总是从属于英国的最高法庭的。

其次，我记得布莱克斯有关于英格兰本土的分类：

1. 存在于法庭的 11 种普通法中，有 4 种已经真正的废弃不用了。

2. 虽然有三种裁判管辖已经遍及全国，但是只在某方面的法庭有用。

3. 10 种具有特殊性的法庭，地方法庭便是其中之一，地方法庭是由最高法院的不同法令创建出来的，有的是在伦敦，有的是依附传统而存在，还有的是在各郡的市镇。像是这样的法庭种类极其繁多，机构规则也是各不相同，所以在这里我就不详细介绍了。

所以，按照布莱克斯的说法，当时的法庭，仅仅在18世纪后期的苏格兰本土就有24种，这些法庭中又有许多可以分为更为细致且具有特色的法庭。除却从那个时候就已经消失的几种法庭，还有18－20种之多。

当然，这种司法制度也并不是完善的，只要对它的司法制度稍作考察就能看得出来。

虽然法庭看起来不少，但是第一审小法庭（这种小法庭花费少、离诉讼人近且能就地审判）却很少见，因此这就出现了司法阻塞、昂贵的情况。许多法庭会管辖同样的案件，因此有时候从第一审就开始就如坠云里雾里。在上诉法庭的案件中，都会进行初审审判，只不过有时候是衡平法法庭，有时候是普通法法庭。在上诉的法庭中，种类各种各样，其中英国贵族的上院是唯一的中心点。普通诉讼与行政诉讼的共同存在使得大多数法国法学家感觉到这是畸形的存在。自后，裁决自由要根据四种不同的立法而定，所有法庭都是这样，其中一部是根据先例确定的，而另一部衡平法却是不知道它的依据，而对成文法和习惯法进行抵御则是它最为平常的目的，对于习惯法和成文法中过于苛刻的东西，法官会给予强行修正。

在英国的司法中，的确存在着许多缺陷。与英国司法制度相比，法国司法制度像是一个现代化的工厂，而英国的司法制度却像是一个庞大而古老的机器。在司法制度中，法国司法制度表现得简单、连贯和一致，而英国的司法制度却是复杂而不一致，这就很明显地突出了英国司法制度所存在的缺陷。自布莱克斯通那个时代以来，能够彻底达到司法的伟大目的也就英国一个，这使得我们知道，在英国，一个人无论地位怎样，所控诉的是个人还是国王，他都能够确信使自己的控诉为世人所皆知，而那些维护他财产、生命和自由的保障，他都能够在英国的所有法庭中找到。

当然，这只能说明一些次要缺陷在所有的司法组织中都会存在，它对司法的目的不会造成太大的损害，而不是说在实现司法的这一伟大目的过程中，这些缺陷是有益的。在所有司法组织中，危害最大的是一些主要缺陷，它不但会危及司法的主要目的，还会彻底将其摧毁，所以它所存在的一些次要的完美性是起不到太大作用的。最容易被人们察觉的是第一种缺陷，这一缺陷也常常最先惊动民众精神。也正像是人们所形容的那样，一眼就能看见。而另一种缺陷则隐藏得非常深，往往能够发现这一缺陷的不会是法学家或者其他从事此职业的人。

值得注意的是，随着社会政治组织以及时间的变化，同样的品质是次要还是主要，不一而足。在贵族存在的那个不平等的时代，为了让归法院管辖的弱者对付强者，试图使某些个人特权在法院面前减少，使得居于统治地位的是国家行为，这时的诉讼只涉及两个臣民的时候，自然是公允的，而且成了其主要的品质。但是随着政治体制以及社会状况不断向民主制发展，其重要性也随之减小。

如果我们在研究英国的司法制度的时候依靠这些原则，就会发现，倘若人们有足够的防范措施使得个人的牺牲并不会给国家获利，弱者的牺牲也不会为强者获利，那么所有那些使得我们邻邦的司法变得迟缓、模糊、阻塞、不便和昂贵的缺点都不值一提。通过深入地了解，我发现，英国的司法制度为每个公民都提供了可以进行自卫的武器，这都是为了给每个人提供足够的保障而设立的，为的是与那些法官的买卖官爵以及不公正形成制约，由于这类买卖官爵是由于法庭对于国家力量的屈从而产生的，所以出现在民主时代很平常，但很危险。

综上分析，英国的司法制度还是优于法国司法制度的，尽管它依然存在着许多次要的缺点。法国的司法制度不存在英国司法制度所具有的主要品质，但同时也不存在英国司法制度所具有的那些缺陷；对于每个公民进行的私人之间的争辩，它为之提供绝对的保障，但是在对付国家的保障上就是薄弱的一环了；相反在法国这样的民主社会，这方面的保障始终是不断加强的。

p155 由此可以看出，封建制度在即将灭亡的时候，在法国人心中激起的仇恨要远远大于它最鼎盛的时候。

一些范围极其广泛的权利会在不同时期被旧政府建立起来，但是大多都是就金融方面的需求而做的，并非是政府本身。这些权利在使用的时候很可能会产生交叉，因此在运用时如果能够相对保守一些，或者弃之不用就会大大降低甚至避免那些冲突和混乱。当然，当那种需求变得强烈起来后，无论什么时候，各种权利都会变得相互冲突起来，而且变得相互纠缠不清。在大革命的前几年，他们对于行政机构的庞杂和职责混乱的抱怨使得他们比以前的三四十年更加敏感。在行政机构上，不但没有变得更坏，反而是在很大程度上取得了完善，在政治上的震动也是空前的活跃。

p172 对付总督代理，人们采取与对付总督相同的方式。

各种行政权利在 1787 年所存在的冲突。

我举一个这样事例：在巴黎省议会上，临时委员会声称有它来负责救济所，然而总督却是想由自己来承担此责任，所以他这样写道：“维持救济所的并不是省基金。”这个临时委员会会在争论时间里给其他省份的临时委员会致信以寻求意见。在所有请求的答复里，我们看见了一封来自香槟临时委员会的信件，信中向巴黎委员会指出，他们那里同样面临相同的挑战，并在抗拒中争取。